Patricia W. Cummins

West Virginia University

Commercial French

PRENTICE-HALL, INC., Englewood Cliffs, New Jersey 07632

Library of Congress Cataloging in Publication Data

CUMMINS, PATRICIA WILLETT, date
    Commercial French.

    English or French.
    Includes bibliography and index.
    1. French language—Business French.   I. Title.
PC2120.C6C8   448.2′421   81-13775
ISBN 0-13-152710-X   AACR2

Editorial/production supervision and interior design by Fred Bernardi
Cover design by Wanda Lubelska
Manufacturing buyer: Harry P. Baisley

Printed in the United States of America

10   9   8   7   6   5   4   3   2

ISBN 0-13-152710-X

PRENTICE-HALL INTERNATIONAL, INC., *London*
PRENTICE-HALL OF AUSTRALIA PTY. LIMITED, *Sydney*
PRENTICE-HALL OF CANADA, LTD., *Toronto*
PRENTICE-HALL OF INDIA PRIVATE LIMITED, *New Delhi*
PRENTICE-HALL OF JAPAN, INC., *Tokyo*
PRENTICE-HALL OF SOUTHEAST ASIA PTE. LTD., *Singapore*
WHITEHALL BOOKS LIMITED, *Wellington, New Zealand*

Contents

Preface

This text is designed for English speakers who would like an introduction to business in France and in Quebec. It covers business vocabulary, economic geography, government requirements for business, letter writing, transportation, insurance, accounting, and labor relations. Given the broad scope of the text, students may want to consult other material listed in the bibliography and referred to in individual chapters.

Many students who take commercial French would like to prepare for international exams of the Paris Chamber of Commerce.[1] This text touches on all areas covered by the lower-level *certificat* exams and by the higher-level *diplôme* exams. Both the *certificat* and *diplôme* attest to students' knowledge of commercial French and to their ability to express themselves orally and in writing.

The book is divided into fourteen regular chapters and one review chapter. Each regular chapter has three sections. The first section emphasizes vocabulary and goes over grammar that students should be familiar with in

[1] Teachers who are unfamiliar with the Paris Chamber of Commerce's international exams and their summer seminars for French teachers may want to contact both the part of the Chamber of Commerce responsible for exams:

Examens pour étrangers
Direction de l'Enseignement
Chambre de Commerce et d'Industrie de Paris
14, rue Chateaubriand
75008 PARIS

and the Centre de Formation Permanente, which is run by the Chamber:

Professeur responsable du département de français pour étrangers
Centre de Formation Permanente
Groupe E.S.C.P.
79, avenue de la République
75011 PARIS

Summer seminars of varying lengths are held at the Centre de Formation Permanente.

order to express themselves. The second section gives information on specific topics, such as economics, geography, business law, or labor relations. The second section of each chapter gives suggestions for outside reading. This is especially helpful for students who plan to take the higher-level *diplôme* exam of the Paris Chamber of Commerce. The third section introduces letter writing, documents, and the like. Chapter XV is a review chapter which students may use to help prepare for exams after the course is over.

A book of this length may be covered in one semester (or quarter) or two. For schools with a one-semester course in commercial French, students should have about one class meeting for each section covered. Although the fourteen regular chapters have three sections each for a total of forty-two sections, teachers may not find it necessary to cover all sections in a one-semester or one-quarter course. If their students' main goal is to take the international exams of the Paris Chamber of Commerce, they may want to eliminate the three sections devoted exclusively to Canada. Teachers whose students' primary aim is to do business in Quebec may want to eliminate sections on the French government, French labor relations, and French publications. *Commercial French* may also be used over two semesters. This is good for the teacher who wants to provide students more time to apply their newly acquired vocabulary, to do outside readings and assignments, and to improve their communications skills orally and in writing. The *Teacher's Manual* offers suggestions for all these activities. Two semesters also make frequent testing and review sessions easier to schedule. And a teacher whose school has not yet approved commercial French for the catalog may well be able to include it in a third-year civilization or composition and conversation class.

Students using the text should have completed two years of college-level French or its equivalent. The grammar exercises of section 1 in each chapter are meant to review points of grammar that the student should already have learned; the text does not attempt to teach new grammar. In order to speak and write well, the student needs a grammar reference, a verb list, and a glossary. This text's grammar reference is designed to answer the most frequently asked questions teachers hear in the classroom; it is not meant to cover every grammar rule. Appendix B lists regular verbs from each conjugation, irregular verbs, and verbs with spelling changes. The French-English glossary is extensive, while the English-French glossary provides enough information to do exercises in the text.

The text presumes that neither teachers nor students have a background in international business. There are frequent explanations of business terminology in footnotes in English, and comparisons between French practices and American and Canadian practices are also made there. The *Teacher's Manual* gives answers to the exercises and suggests ways of moving class discussion.

Patricia W. Cummins

Acknowledgments

I would like to express my thanks to the following individuals, businesses, and agencies for their encouragement and support:

Jacques Cartier of the Paris Chamber of Commerce who, with his secretary Madame Mourot, provided me with guidance, documentation, and personal assistance.

Pierre Baudez of the Centre de Documentation et d'Information de l'Assurance who provided me with documentation and helped to edit the final version of the sections on insurance.

Françoise Stauber, the French lawyer who helped to edit the manuscript of the entire text.

West Virginia University administrators William Collins and Robert Elkins, who provided travel assistance and support services.

André Baeyens and C. Zabal of the French Embassy in New York for information and photos.

Merle Fabian and Maurice Tourigny of the Quebec Government House for information and documentation.

Jacques Vimeux of the Ministère des Postes et Télécommunications (France) for documents and information.

J. C. Devis of the Compagnie des Lampes Mazda for documents.

Messrs. Teissier and Schurck of the Centre Français du Commerce Extérieur for documents and information.

M. Leglu of the Fédération Française des Sociétés d'Assurance for information.

A. Preel of the Crédit Lyonnais for documents.

F. Dorlot and Anne Sylvestre of the Bourse de Montréal for information, documents, and a photo.

H. Krainik of Air France for documents.

Charles Couture of the French Centre de Renseignements et de Formalités pour le Commerce Intérieur et Extérieur for documents and information.

Sylvaine Géraud of the French Ministère du Travail for information.

M. Laroche of the French Ministère des Transports for maps.

M. Frybourg of the Institut de Recherche des Transports for maps.

Caratina Alston and Bill Crawford of the Industry and Trade Commission of the U.S. Department of Commerce for information and documents.

Valerie Druker of the U.S. Customs Service of the Department of the Treasury for information and guidance.

Marcel Tremblay, Geneviève Bégin, Lin Gingras, and James Thwaites of Laval University for guidance and information.

Pierre Auger of the Quebec Office de la Langue Française for information and glossaries.

J. C. Martinez of the Entrepôt de la Douane Centrale for customs forms and information.

Lieutenant-Colonel Pronost of the French Ministère de la Défense.

H. V. Wyers of the Canadian Banker's Association for information.

Fran Nissley of the American Bankers' Association.

Elaine de Nicolini of the Quebec Ministère de l'Industrie et du Commerce for information.

Michel Cléroux of the Canadian Department of Labour for information.

John Pootmans of the Canadian Department of Industry, Trade and Commerce for information.

E. J. McAllister of Employment and Immigration Canada for information.

West Virginia University professors Fodor (chemistry), Givens (accounting), Campbell (transportation), Conner (marketing), Wright (insurance), and Almasy (commercial English).

The Quebec Government for a summer scholarship to Laval University.

French Ministère de l'Intérieur for maps and information.

French Ministère des Transports and the S.N.C.F. for maps and information.

Jules Rochon of the Service de Documentation Photographique of the Quebec Ministère des Communications for photos.

Guy Ménard of the Direction de l'Aménagement et des Equipements of the Paris Chamber of Commerce for documents.

P. Blas of the Institut de la Statistique et des Etudes Economiques for information, maps, and personal assistance.

French Ministère de l'Economie et des Finances for information and documents.

Comité des Expositions de Paris for information and documents.

Canadian Embassy for information and photos.

The following documents were provided courtesy of: the French Ministère de l'Economie et des Finances (doc. 1 and the listing of the Ministry's makeup in section VI-2); Compagnie des Lampes Mazda (doc. 2, 3, 8, 10); Chambre de Commerce et d'Industrie de Paris (doc. 4); Crédit Lyonnais (doc.

5, 13, 14, 15); *L'Express* for job advertisements; *Le Figaro* for stock report excerpts; the Centre de Documentation et d'Information de l'Assurance (doc. 6 and 7); the Compagnie des Agents de Change (doc. 11 and 12); the Ministère des Postes et Télécommunications (doc. 18, 19, 20, 21, 22, 23); and Hydro-Québec for its 1980s projections in section XII–1.

The following maps were provided courtesy of: the French Institut National de la Statistique et des Etudes Economiques (nos. 1, 5, 9, based on information in the *Journal de la marine marchande et de la navigation aérienne*); the French Embassy (nos. 3, 4, 8, 23, 24); the French Ministère des Transports (nos. 5 [Secrétariat général à l'aviation civile, reproduced by l'INSEE] and 6); the Société Nationale des Chemins de Fer (no. 8); the French Comité Professionel du Pétrole (no. 12); the Commissariat à l'Energie Atomique (no. 14); the Canadian Department of Supply and Services (no. 18); the Quebec Ministère des Transports (no. 19); Tourisme Québec (no. 20).

Photos of France were provided through the courtesy of the French Embassy and French Cultural Services in New York. The photo of the Montreal Stock Exchange was provided courtesy of the Stock Exchange, while other photos of Quebec were provided courtesy of the Service de Documentation Photographique of Quebec's Ministère des Communications.

Finally, I would like to thank Chris, John, and Mary for their help and moral support.

Table of Maps

Table of Documents

Chapitre I

Section I–1

Les Entreprises en France

Vocabulaire

l'achat (m): purchase
acquérir: to acquire
l'action (f): share of stock
afin que: in order that, so that
l'agriculteur (m): farmer
l'apport (m): contribution
l'apprenti (m): apprentice
l'Assemblée générale des actionnaires (f): general stockholders meeting
l'associé (m): partner
l'avocat (m): lawyer
le commanditaire: silent partner
la commandite: limited partnership
le commandité: active partner
compter: to count
le Conseil d'administration: board of directors
le détaillant: retailer
le Directoire: directorate

diriger: to direct, to manage
l'entreprise (f): company, business; *l'entreprise individuelle:* sole proprietorship
la filiale: subsidiary
le gérant: manager
le grossiste: wholesaler
investir: to invest
la location: rental
la marchandise: merchandise
la part: share (in S.A.R.L.)
le pêcheur: fisherman
plusieurs: several
pour que: in order that, so that
préalable: preliminary
Président–directeur général: president, chief executive officer
la société: company (Canada: partnership)

solidaire: jointly responsible
la succursale: branch office

train de, être en: to be in the middle of
(doing something)

Avant d'investir en France, Monsieur Roberts parle avec son avocat et une personne attachée à l'Ambassade de France.[1] Ils sont en train de remplir une *déclaration préalable d'investissement*[2] afin qu'Archway Cameras, Inc. puisse établir une *filiale*[3] en France. M. Roberts veut utiliser son français, mais il a besoin de demander l'explication de plusieurs mots.

M. ROBERTS: Cette déclaration est difficile à remplir. Dans la première partie on demande la "dénomination" et, selon la note, on doit aussi inclure la "nature juridique" de la société. Qu'est-ce que je dois mettre?

MME. SAVATIER: Vous mettez tout simplement Archway Cameras, Inc. *La dénomination* est le nom de votre société, et votre *nature juridique* est une "corporation", ce qui est indiqué par l'abréviation I-n-c.

M. ROBERTS: Est-ce que les Français ont eux aussi des "corporations"? Dans la troisième section de cette déclaration, les formes possibles d'une entreprise—entreprise individuelle, succursale, société de personnes ou de capitaux—sont mentionnées dans une note. Mais je n'y vois pas "corporation".

M. COLE: Deux des termes, *société de personnes* et *société de capitaux,* n'ont pas de véritables équivalents aux Etats-Unis. Rappelons les trois sortes d'entreprises américaines.

M. ROBERTS: "Sole proprietorship", "partnership", et "corporation".[4]

MME. SAVATIER: C'est ça. En France, nous avons aussi *l'entreprise individuelle,* mais pour *les sociétés commerciales,* nous avons *les sociétés de personnes* et *les sociétés de capitaux.* Nous avons aussi des entreprises civiles.

M. ROBERTS: Expliquez-moi ce qu'est une société commerciale. Toute société n'est-elle pas commerciale?

M. COLE: La grande différence entre *les sociétés civiles* et *les sociétés commerciales* réside dans l'activité de la société. *Les sociétés commerciales* s'engagent dans des *actes de commerce*: la grande production des marchandises et leur distribution (*détaillants* et *grossistes*), l'achat des marchandises pour les revendre, la location des marchandises, le transport, les assurances, les activités bancaires, etc. En plus, pour être considérée société commerciale, il faut engager

[1]*Ambassade de France:* French Embassy.

[2]*Une déclaration préalable d'investissement:* a preliminary investment declaration. See excerpts from the form on pages 4–5.

[3]A subsidiary (*filiale*) is controlled by a parent company, but it is a separate entity.

[4]A sole proprietorship is a business owned by an individual. A partnership is an association of two or more persons to conduct business. Their rights and responsibilities are either covered in a partnership agreement or determined by law. Partnerships do not have stock. A corporation is a business organization with any number of owners. Each owner has shares of stock and is liable only for the amount of his investment. The corporation is an artificial person created by law and is treated as an entity regardless of the number of owners.

Note: In Canada (Quebec) we find different terminology than that of France. A *société* is a partnership, and a *compagnie* is a corporation. This chapter deals only with types of French companies.

DOCUMENT 1. Déclaration préalable d'investissement (extraits)

MINISTÈRE DE L'ÉCONOMIE
ET DES FINANCES

NOVEMBRE 1975

DIRECTION DU TRÉSOR

42, rue de Clichy - 75009 PARIS
Tél. : 280.68.44

Dossier F   N° _____ **(1)**

DÉCLARATION PRÉALABLE
D'INVESTISSEMENT DIRECT EN FRANCE (2)

Observation importante : CETTE DÉCLARATION DOIT ÊTRE REMPLIE CONFORMÉMENT AUX INDICATIONS DONNÉES DANS LA NOTICE DATÉE DE NOVEMBRE 1975.

I. DÉSIGNATION DE L'INVESTISSEUR (OU DES INVESTISSEURS) (3)

1° Dénomination (4) : Archway Cameras, Inc.

Nationalité (pour les personnes physiques) : Americaine
Adresse : 1012 Avenue of the Americas

N° de téléphone : 212-555-6363

2° Dénomination (4) :

Nationalité (pour les personnes physiques) :
Adresse :

N° de téléphone :

II. RENSEIGNEMENTS COMPLÉMENTAIRES AU SUJET DE L'INVESTISSEUR (OU DES INVESTISSEURS) ET, S'IL Y A LIEU, DES PERSONNES PHYSIQUES OU MORALES QUI LE CONTRÔLENT (OU LES CONTRÔLENT)

RENSEIGNEMENTS ADMINISTRATIFS ET JURIDIQUES; FINANCIERS; ÉCONOMIQUES ET TECHNIQUES **(voir notice)**

(1) A n'indiquer que lorsque le déclarant connaît le numéro de dossier porté sur une précédente autorisation d'investissement direct en France concernant l'entreprise française dans laquelle doit se réaliser le nouvel investissement.

(2) La présente déclaration et ses annexes doivent être adressées en *triple exemplaire* à l'administration destinataire (à l'adresse mentionnée ci-dessus pour les documents envoyés à la Direction du Trésor).

Des exemplaires supplémentaires pourront être demandés, notamment pour les investissements qui doivent être soumis au Comité des investissements étrangers.

Les pièces annexées à la déclaration doivent être établies en autant d'exemplaires que la déclaration elle-même.

(3) S'il existe plus de deux investisseurs, utiliser une note annexe pour donner les indications qui ne pourront trouver place sur le présent imprimé.

(4) Pour les sociétés, préciser la nature juridique; s'il s'agit d'une entreprise individuelle portant un nom distinct de celui de son propriétaire, spécifier qu'il s'agit d'une entreprise individuelle et indiquer les deux noms (donner des indications semblables s'il s'agit d'une entreprise en indivision); si l'investissement est fait par une succursale, donner les renseignements prévus pour la société et ajouter la désignation de la succursale.

4

III. ENTREPRISE OU SOCIÉTÉ EN FRANCE (EXISTANTE OU À CRÉER) DANS LAQUELLE DOIT AVOIR LIEU L'INVESTISSEMENT

A. Désignation. Renseignements administratifs et juridiques.

Dénomination : Archway Cameras France, S.A.

Forme de l'entreprise ou de la société (5) : société de capitaux (société anonyme)

Nature des activités (6) : fabrication et vente des appareils photo

Adresse :

Pour les entreprises déjà existantes :

Numéro d'identification SIREN
(9 premiers chiffres du n° SIRET)

Code APE
(4 chiffres)

Nom, adresse, nationalité et qualité des principaux dirigeants :

B et C. Renseignements financiers, économiques et techniques (voir notice).

---

(5) Entreprise individuelle (ou en indivision), succursale, société de personnes ou de capitaux (préciser la nature de la société).
(6) Indications sommaires; des renseignements détaillés seront donnés à la rubrique C ci-après.

— 3 —

5

du personnel, acquérir du matériel, et investir des sommes importantes.

M. ROBERTS: Mais qui est exclu?

MME. SAVATIER: On ne compte pas les artisans, les agriculteurs, les pêcheurs et ceux qui ont tendance à travailler seuls ou avec des apprentis, des amis, ou des membres de la famille. Pour ceux-là nous avons *les sociétés civiles*.

M. ROBERTS: Est-ce que *les sociétés de personnes* sont des "partnerships"?

M. COLE: Dans un certain sens. Mais les Français distinguent deux sortes de sociétés de personnes, et ni l'une ni l'autre ne correspond parfaitement à l'idée américaine de "partnership."

MME. SAVATIER: En effet. L'une est *la société en nom collectif*, où les associés sont tous commerçants et solidairement responsables de l'entreprise. L'autre est *la société en commandite simple*, où les *commanditaires* sont responsables dans la limite de leur *apport*,[5] et les *commandités* sont responsables sur tous leurs biens.[6]

M. ROBERTS: Donc, dans la société en nom collectif, on risque tout ce qu'on possède, et on est commandité, c'est-à-dire responsable sur tous ses biens, tandis que dans la société en commandite simple, on peut être commanditaire et perdre seulement son apport.

M. COLE: Vous avez bien compris en quoi consistent les sociétés de personnes, mais passons aux sociétés de capitaux, qui vous concernent plus directement. Elles correspondent à l'idée américaine de "corporation." Comme dans une "corporation", il faut avoir des actions. Mais en France, on distingue deux sortes de *sociétés de capitaux*.

M. ROBERTS: Je crois que nous sommes une société anonyme, n'est-ce pas? Mais je ne comprends pas pourquoi.

MME. SAVATIER: Une *société anonyme* a une *Assemblée générale des actionnaires*, un *Conseil d'administration* et un *Président-directeur général*, ou PDG, pour la diriger. Quelquefois un *Directoire* remplace le Conseil d'administration et le PDG.

M. COLE: Elle est distincte de l'autre société de capitaux, *la société en commandite par actions*, qui a un *gérant* pour la diriger. En plus, la société en commandite par actions est composée non seulement de commanditaires, mais de commandités aussi.

MME. SAVATIER: Il faut mentionner aussi une autre sorte de société qui se trouve entre les sociétés de personnes et les sociétés de capitaux: c'est la société à responsabilité limitée, ou S.A.R.L. Elle a des règles spéciales. Les associés ne sont pas commerçants, et leur responsabilité est limitée selon leur apport. Un gérant, associé ou non, dirige la société. La S.A.R.L. a des *parts*[7] au lieu d'*actions*.

M. ROBERTS: C'est beaucoup à assimiler en même temps. Arrêtons-nous le temps de prendre un café.

[5]One's contribution may include money, services, or goods.

[6]An active partner plays an active role in the running of a business, while a silent partner does not play an active role.

[7]*Part* will be discussed later as a share in Quebec's *caisses populaires*, XIV–2.

Exercices

I.   Questions sur le texte

1.   Pourquoi M. Roberts veut-il remplir une déclaration préalable d'investissement?

2.   Quelle est la dénomination de sa société? Quelle est la nature juridique de cette société?

3.   Quelles sont les trois sortes d'entreprises aux Etats-Unis? Laquelle a un équivalent français?

4.   Quelle est la différence entre une société civile et une société commerciale?

5.   Citez des exemples d'actes de commerce.

6.   Quelle sorte d'entreprise américaine ressemble à la société de personnes?

7.   Expliquez les deux sortes de sociétés de personnes.

8.   Quelle sorte d'entreprise américaine ressemble à la société de capitaux? Pourquoi?

9.   Expliquez les deux types de sociétés de capitaux.

10.   Qu'est-ce qu'une S.A.R.L.?

II.   Review of the present indicative, the compound past, and the imperfect indicative. Consult Appendix B and give the correct forms for the following verbs in all three tenses:

1. je (avoir)	8. nous (trouver)	15. ils (venir)
2. tu (être)	9. tu (savoir)	16. elle (devoir)
3. nous (changer)	10. nous (tenir)	17. nous (croire)
4. tu (stationner)	11. elles (vouloir)	18. je (mettre)
5. nous (atterrir)	12. nous (sortir)	19. nous (remplir)
6. il (prendre)	13. il (voir)	20. vous (dire)
7. elles (connaître)	14. tu (aller)	

III.   Go over nos. 2 and 6 of the Grammar Review. Give three answers for each of the following questions. Model: *Depuis quand êtes-vous ici?* *(trois semaines)* Answers: Je suis ici depuis trois semaines. Cela fait trois semaines que je suis ici. Il y a trois semaines que je suis ici.

1.   Cela fait combien de temps que vous voyagez? (un mois)

2.   Combien de temps y avait-il qu'elle nous attendait? (deux heures)

3.   Depuis quand dirigez-vous cette entreprise? (dix ans)

4.   Combien de temps cela faisait-il qu'il étudiait l'allemand? (sept mois)

5.   Depuis quand es-tu dans mon bureau? (un quart d'heure)

IV.   Consult no. 4 of the Grammar Review on agreement of the past participle and put the following sentences in the compound past:

1.   Nous en buvons.

2.   Je la vois ce matin.

3.   Ils s'écrivent.

4.   Elles se comprennent.

5.   Nous y allons.

6.   Nous descendons vite.

7.   Elle descend la facture.

8.   Je les reçois cet après-midi.

9.   Vous leur parlez.

10.   Elle se fait couper les cheveux.

V.   Translation

1.   The manager wants to invest in several companies.

2.   The apprentice was in the middle of counting the materials.

3.   Do active partners and silent partners hold shares of stock in a "société de personnes"?

4.   The contribution of the chief executive officer was his work for the board of directors.

5.   A fisherman asked for a preliminary report so that he could acquire information about the rental.

6.   The collectively responsible partners are wholesalers or retailers.

7.   Did the lawyer approve the purchase of the subsidiary?

8.   The directorate told the general stockholders' meeting why it needed a new branch office.

VI.   Discussion. Divide class into groups of two.

Après avoir reçu leur diplôme universitaire, Charlotte et Renaud envisagent la possibilité d'ouvrir une librairie.[8] Ils doivent se poser deux questions importantes avant de prendre une décision. Jouez les rôles de Charlotte et de Renaud en répondant aux questions suivantes:

1. Quand aurons-nous assez d'argent pour ouvrir une librairie?

[8]*librairie:* bookstore.

Considérations possibles

a. *dépenses*
(1) achat des livres
(2) annonces (announcements, ads)
(3) salaires
(4) meubles (furniture)
(5) location (*rent*: le loyer)
(6) impôts (taxes)

b. *sources d'argent*
(1) Charlotte a hérité (inherited) de 100.000 F
(2) les parents de Renaud ont une bonne collection de vieux livres; ils vont prendre leur retraite (retire)
(3) un prêt bancaire
(4) acheter à crédit
(5) recherche d'investisseurs (investors)
(6) comptes en banque (bank accounts)

Après votre discussion, dressez une liste des dépenses et des sommes que vous aurez reçues de sources diverses. Toutes les sommes sont imaginaires, donc il n'y a pas de réponse unique. A la fin de l'exercice, comparez votre liste à celle des autres groupes.

2. Quelle sorte d'entreprise aurons-nous?

Considérations possibles

a. *entreprise individuelle*
(1) à qui appartient l'entreprise?
(2) rôle de l'autre personne?
(3) à qui la responsabilité civile?[9]
(4) risques (m)
(5) pertes (f); (*to lose*: perdre)
(6) profits (m)

b. *société de personnes*
(1) quelle division de responsabilité?
(2) combien d'associés?
(3) y aura-t-il des commanditaires?
(4) société en nom collectif ou société en commandite simple?

c. *S.A.R.L.*
(1) est-ce possible?

d. *société de capitaux*
(1) à qui la responsabilité d'émettre des actions?
(2) nécessité d'avoir des renseignements sur les avantages financiers
(3) sommes-nous assez grands? (7 personnes minimum pour une société anonyme)

Après avoir pris une décision, comparez votre réponse à celle des autres groupes.

[9]The owner (*le propriétaire*) is liable (*responsable*) in a sole proprietorship. Losses and gains are also his.

Section I–2

Le Droit commercial

Les genres de sociétés en France sont très différents de ceux des Etats-Unis et du Canada. Il n'est donc pas étonnant que les Français aient des obligations légales et des notions juridiques quelquefois inconnues de ce côté de l'Atlantique. Dans cette section, les différentes sociétés seront étudiées plus en détail, ainsi que les responsabilités des entreprises vis-à-vis de la loi, et ce qu'est un fonds de commerce.

Parmi les entreprises privées,[1] il faut compter (1) *les entreprises individuelles,* (2) *les sociétés de personnes (société en nom collectif* et *société en commandite simple),* (3) *les sociétés de capitaux (société en commandite par actions* et *société anonyme),* et (4) *les sociétés à responsabilité limitée.* A cela il faut ajouter deux sortes de sociétés publiques: *les sociétés nationalisées* et *les sociétés d'économie mixte. Les sociétés nationalisées* étaient autrefois des sociétés anonymes privées, comme la Régie Renault. Aujourd'hui, l'Etat est leur seul propriétaire. *Les sociétés d'économie mixte* sont des sociétés anonymes dans lesquelles l'Etat participe largement, comme dans la Société Nationale des Chemins de Fer (SNCF) et Air France, mais l'Etat n'est pas le seul propriétaire.[2]

---

[1] These were discussed in section I–1.

[2] Canada allows some government ownership of companies. The Canadian National, for example, is a rail system owned by the federal government. It is a crown corporation, while the Canadian Pacific is a privately owned rail system. The Canadian government permits both federal and provincial ownership. In the United States government ownership is virtually nonexistent. The closest the United States comes is the Postal Service or the Tennessee Valley Authority.

Il n'est pas rare que des entreprises travaillent ensemble. Dans un *Groupement d'Intérêt Economique* (GIE), des entreprises commerciales ou civiles peuvent grouper leurs ressources—services des ventes, d'exportation ou importation, ou autre—pour améliorer leurs activités déjà existantes. Dans des *sociétés en participation,*[3] deux entreprises ou plus décident de s'unir pour une certaine période en vue d'accomplir un certain but. Les termes de leur accord peuvent varier en ce qui concerne les apports, la division des pertes et des profits, et la désignation d'un gérant pour l'opération. Ces deux méthodes de travailler ensemble s'utilisent au Canada et aux Etats-Unis, mais la loi française règle certains détails d'une façon différente.

Dans d'autres circonstances, une entreprise peut contrôler une autre entreprise, en France, au Canada, et aux Etats-Unis. Une *société mère*[4] contrôle sa *filiale,* bien que cette dernière soit juridiquement distincte de *la société mère. La filiale* a une dénomination différente de celle de *la société mère.* Par exemple, si Ford Motor Company a une filiale, elle peut s'appeler Ford France, mais non pas Ford Motor Company. Par contre, une *succursale* est un établissement secondaire du *siège social,*[5] et elle garde le même nom. La Banque Nationale de Paris a beaucoup de succursales à travers la France. Un *holding*[6] contrôle un groupe d'entreprises, tandis qu'un *conglomérat*[7] est un groupement de sociétés aux productions variées.

Toutes les entreprises ont certaines obligations légales. Les sociétés civiles doivent observer le code civil, et les sociétés commerciales, le code commercial.[8] Tous les commerçants sont immatriculés à un Tribunal de Commerce où ils doivent requérir du greffier du Tribunal un numéro sur le Registre du Commerce. Ce numéro doit paraître dans leur correspondance officielle. Parmi leurs autres obligations, les plus importantes sont la tenue des livres comptables (discutée dans la section X-2), et la tenue de certains registres: personnel, contrôles techniques de sécurité, Inspection du Travail, etc.[9] Il leur faut aussi ouvrir un compte de chèques dans une banque ou dans

[3] *sociétés en participation:* joint ventures. In French Canada: *syndicates.*

[4] *société mère*: parent company

[5] *siège social:* main office, head office

[6] *holding*: holding company. It controls other companies because it holds title to a large number of their securities (stocks and bonds). As a large shareholder it can sway votes on key issues.

[7] *conglomérat*: conglomerate. It is a corporate consolidation in which one company acquires another in a different industry.

[8] This distinction is not typical of all countries. The United States does not have a classification for "civil companies" and "commercial companies" which was explained for French companies in section I–1. Nor does its legal system have a civil code for some companies and a commercial code for others. The United States has no commercial courts either. Canadian law normally considers the following forms of business organization individually in legal treatment: *public companies* (federal or provincial in ownership), *private companies, branches* of foreign corporations, *general partnerships* (members are jointly liable for the firm's debts), *limited partnerships* (at least one partner has unlimited liability as a *general partner,* while at least one partner is a *limited partner* liable only to the amount of capital he has contributed), and *joint ventures.*

[9] The *Inspection du Travail* is part of the *Ministère du Travail.* A company must inform this office about hirings, firings, and other matters. The register in question records items that must be reported.

un centre de chèques postaux. Les obligations légales du Canada et des Etats-Unis sont différentes.

Le commerçant français doit aussi payer les charges sociales suivantes: cotisations de sécurité sociale, assurance chômage et assurances retraites complémentaires,[10] et il doit se soumettre aux prescriptions du Droit du Travail. Les prescriptions du Droit du Travail comprennent congés payés, durée du travail, majorations pour heures supplémentaires, etc.[11]

Quand un Français distingue entre son entreprise (*biens corporels*) et son *fonds de commerce,* il entend donner au *fonds de commerce* une définition plus large. *Le fonds de commerce* comprend non seulement les biens corporels (bâtiments, outillage, mobilier et marchandises), mais aussi la clientèle et des éléments incorporels. *L'enseigne, les marques de fabrique,* et même *le droit au bail*[12] forment des éléments incorporels. Un autre nom pour le droit au bail est *le pas de porte.* Quand on vend une entreprise française, normalement on vend aussi le fonds de commerce.

Exercices

I.   Questions sur le texte

  1.   Nommez les quatre sortes d'entreprises privées qui existent en France.

  2.   Quelle est la différence entre une société nationalisée et une société d'économie mixte?

  3.   Dans quel but forme-t-on un Groupement d'Intérêt Economique?

  4.   Que font les sociétés en participation?

  5.   Expliquez la différence entre une succursale et une filiale.

  6.   Quels codes gouvernent les entreprises françaises?

  7.   Citez quelques charges sociales des commerçants français.

  8.   Donnez trois exemples de prescriptions du Droit du Travail.

  9.   Etablissez la distinction entre un fonds de commerce et une entreprise.

  10.   Mentionnez trois éléments incorporels d'un fonds de commerce.

II.   Identifiez les termes et les sigles:

société mère	Inspection du Travail	société en nom collectif
pas de porte	siège social	conglomérat
société anonyme	holding	Tribunal de Commerce

---

[10]*les charges sociales . . . complémentaires*: the following worker-related expenses: social security contributions, unemployment insurance, supplementary retirement contributions.

[11]*congés payés . . . supplémentaires*: paid vacation, hours worked, increases for overtime, etc.

[12]*L'enseigne . . . bail*: The sign, the trademark, and even the leasing right

III. Donnez une réponse convenable choisie dans la liste à droite:

1. Les sociétés nationalisées et les sociétés d'économie mixte sont toutes les deux des _____s.

2. La Compagnie des Pneus et la Compagnie des Roues décident de former un _____. Les mêmes reprêsentants vendront les produits des deux entreprises.

3. La Compagnie des Pneus et la Compagnie des Roues décident de former une _____. Pendant l'année 1982, ils vont fabriquer 30.000.000 de roues et de pneus dans la même usine.

4. Ford Motor Company est la _____ de Ford France.

5. Le _____ de la Banque Nationale de Paris se trouve à Paris.

6. La plupart des sociétés de notre _____ appartiennent (belong) à l'industrie chimique.

7. Ce _____ comprend des compagnies de pétrole et des supermarchés.

8. Un _____ comprend des biens corporels et des biens incorporels.

9. Une chaise et un bureau sont des exemples de _____.

10. Quand vous louez (rent) un terrain, on vous demande de signer un _____.

a. société en participation
b. fonds de commerce
c. holding
d. mobilier
e. bail
f. société publique
g. société mère
h. conglomérat
i. Groupement d'Intérêt Economique
j. siège social

IV. Vocabulaire

1. Si un ouvrier travaille plus de 40 heures par semaine, il faut lui payer une _____ pour heures supplémentaires.
a. durée de travail   b. majoration   c. enseigne   d. congé payé

2. Une personne de 70 ans prend sa _____.
a. chômage   b. retraite   c. cotisation   d. durée du travail

3. Une machine qui sert à fabriquer des vêtements fait partie _____ de l'entreprise.
a. des bâtiments   b. de l'outillage   c. des marchandises
d. des prescriptions

4. Quand 15% de la population active (work force) ne travaille pas, nous avons un taux (rate) de _____ très élevé.
a. chômage   b. intérêt   c. banque   d. retraites

5. Combien de _____ le Crédit Lyonnais a-t-il?
a. greffiers   b. conglomérats   c. sièges sociaux   d. succursales

6. La personne qui s'occupe du Registre du Commerce s'appelle le _____.
a. greffier   **b.** gérant   **c.** tribunal   **d.** code commercial

7. Tous les _____ sont immatriculés à un Tribunal de Commerce.
a. éléments incorporels   **b.** codes   **c.** commerçants
d. services des ventes

8. Un synonyme de contribution est _____.
a. gérant   **b.** profit   **c.** perte   **d.** apport

V. Dictée tirée d'une partie du texte.

VI. Approfondissement

Lectures conseillées:[13] Mauger et Charon I, pp. 188, 265, 293–95; Boureau et al. I, pp. 15–25; Rapin, pp. 13–17.

1. Expliquez les termes et les sigles suivants:

transit	intermédiaire	monopole d'Etat
commerce extérieur	coopérative	taxe professionnelle
commerce intérieur	Régie	prix hors taxes
personne physique	personne morale	nom commercial
franchising	T.V.A.	impôts

2. Expliquez la différence entre les actes civils et les actes de commerce en donnant trois exemples précis.

3. Quels sont les quatre numéros qu'on reçoit en s'immatriculant au Registre du Commerce?

---

[13]See the bibliography for complete titles and bibliographical information. All "Approfondissement" sections, found at the end of section 2 of each chapter, require outside reading, but answers are available in the *Teacher's Manual*. If outside readings are unavailable, your teacher can help.

Section I–3

Lettre à une filiale

La lettre commerciale en français est très différente de la lettre commerciale en anglais. Dans les deux lettres qui suivent nous n'avons pas utilisé du papier à en-tête[1] mais du papier blanc où la personne qui dactylographie[2] doit fournir l'en-tête.

20, rue de Liège
B-1000 Brussels
BELGIUM
July 6, 1982

Mr. Charles Houlet
Engineering Representative
Mobilier Lefèvre Europe, S.A.
18, boulevard Raspail
75006 Paris
FRANCE

Dear Mr. Houlet:

As we already announced, two of our directors will attend the conference at the Centre International de Paris, and we would like you to make the following reservations:

---

[1]*papier à en-tête*: letterhead paper
[2]*dactylographie*: types

Since they will be accompanied by their wives, we would like you to reserve two double rooms with bath at the C.I.P.'s hotel the Concorde-LaFayette. They will stay all four days of the conference.

In addition, please rent from Aug. 25 to 29 a Peugeot seating four and without a chauffeur. It should be at Charles de Gaulle Airport as of 4 P.M. next Aug. 25th.

Please go to meet these gentlemen. Their flight number and the precise time of their arrival will be sent to you next week.

When you have taken care of these matters, please give us confirmation. Thank you in advance.

Sincerely,

Hg

Hervé Gorski
Director
Mobilier Lefèvre

La lettre en anglais:

Remarquez l'emplacement de l'adresse de l'expéditeur et du destinataire. A moins d'avoir du papier à en-tête, on doit mettre l'adresse de l'expéditeur à droite. Normalement, on n'indique pas dans l'adresse le nom de l'expéditeur. Le nom et l'adresse du destinataire se trouvent à gauche. La date paraît normalement sous l'adresse de l'expéditeur, comme ci-dessus, ou au moins à deux interlignes au-dessus de l'adresse de l'expéditeur pour du papier à en-tête:

July 6, 1982

20, rue de Liège
B-1000 Brussels
BELGIUM

Entre la date du mois et l'année, on met une virgule.

Pour le titre de civilité, on commence par "Dear Mr." (ou Miss, Mrs., Ms., Dr., etc.), puis on indique le nom de la personne suivi de deux points. Pour taper le premier alinéa, on fait un retrait de cinq espaces (pica) ou de huit espaces (élite),[3] ou l'on commence à la marge.

A la fin de la lettre on conclut par "Sincerely", "Very truly yours", ou une formule semblable. Ces mots doivent être placés sur la droite, sous l'adresse de l'expéditeur.[4]

---

[3]Pica is the most common large type on a typewriter and elite the most common small type.

[4]The letter above is given in "modified block form with indentations." Indentation and placement of the closing and signature may vary. For several formats see Murphy and Peck, *Effective Business Communications,* chapter 6.

Entre les différentes parties de la lettre, il faut un interligne double. Pour la signature, il faut laisser deux interlignes *pica* ou trois *élite*.

Normalement, en anglais, nous mettrions "20 Liège Street", mais quand on indique l'adresse d'un pays étranger dans une lettre ou sur une enveloppe, il est préférable de mentionner la rue dans la langue de ce pays. En ce qui concerne la ville et le pays du destinataire, les noms doivent paraître dans la langue du pays de l'expéditeur.[5]

Voici la même lettre en français:

MOBILIER LEFEVRE, S.A.
20, rue de Liège
BRUXELLES
(BELGIQUE)

> Monsieur C. HOULET
> Ingénieur représentant
> MOBILIER LEFEVRE EUROPE,
>   S.A.
> Boulevard Raspail
> 75006 PARIS
> (FRANCE)

> Bruxelles, le 6 juillet 1982

Monsieur,

Comme nous vous l'avons déjà annoncé, deux de nos directeurs se rendront au congrès qui aura lieu au Centre International de Paris, et nous aimerions faire les réservations suivantes:

Etant donné qu'ils seront accompagnés de leurs épouses, nous vous prions de bien vouloir réserver deux chambres pour deux personnes avec salle de bains à l'hôtel du C.I.P., le Concorde-LaFayette. Ils y seront durant les quatre jours du congrès.

De plus, veuillez vous assurer, pour la période du 25 au 29 août, de la location d'une Peugeot à quatre places et sans chauffeur. Elle devra se trouver à l'aéroport Charles de Gaulle à partir de 16^h le 25 août prochain.

Nous vous prions d'aller au devant de ces messieurs. Le numéro de leur vol et l'heure précise de leur arrivée vous seront communiqués la semaine prochaine.

Lorsque vous aurez pris toutes ces dispositions, nous vous serions obligés de nous en donner confirmation.

---

[5]A letter in French sent from the United States to Brussels, Belgium should have an envelope and inside address with the city and country in English so that the American post office would know where to send the letter. The street address should be in French for the benefit of the Belgian post office.

Recevez nos remerciements anticipés, et veuillez agréer, Monsieur, nos salutations distinguées.

LE DIRECTEUR:

𝒢

GORSKI

Exercices

I.   Sur le format de la lettre française (comparer avec l'anglais):

   1.   Qu'est-ce qui précède l'adresse de l'expéditeur?

   2.   Est-ce que les noms des villes sont en majuscules ou en minuscules? et les noms de famille?

   3.   Quel signe de ponctuation accompagne le nom du pays?

   4.   Qu'est-ce qui précède la date? Y a-t-il une virgule?

   5.   En quoi consiste le titre de civilité?[6] Quelle ponctuation le suit?

   6.   Où commence-t-on les alinéas?[7]

   7.   Y a-t-il des interlignes entre les paragraphes?

   8.   Dans la lettre en français, quelle phrase est l'équivalent de "Sincerely"?

   9.   Comment traduit-on "Recevez nos remerciements anticipés" dans la lettre anglaise?

   10.   Où met-on le titre de l'expéditeur?[8]

II.   Ecrire une lettre

Ecrivez une lettre à votre filiale de Strasbourg. Vous êtes le Président-directeur général de la firme, et vous irez dans un proche avenir à Strasbourg, pour inspecter les travaux de fabrication de quelques nouveaux produits chimiques. Indiquez les préparatifs que vous désirez pour vous et pour le directeur qui vous accompagnera. Les codes postaux[9] de Strasbourg et d'autres villes se trouvent après la carte des départements, chapitre III–2. Les trois derniers chiffres sont 000.

[6]This is not the only greeting, as we shall see in subsequent letters. Other greetings include a person's title, the word "Cher" (Dear) for those one knows, and first names for close acquaintances and friends.

[7]This is not the only possible style, but indentation at the end of the greeting is common. The French may start paragraphs at the margin, indent the salutation itself, or indent a certain number of spaces.

[8]The title may also appear below the signature, as we shall see in later commercial letters.

[9]Postal codes in France precede the city and have five digits. They serve a function similar to that of a zip code in the United States.

III.   Questions sur le texte

1.   Pourquoi M. Gorski écrit-il à M. Houlet?
2.   Que signifie C.I.P.?
3.   Comment s'appelle l'hôtel du C.I.P.?
4.   Quel genre de voiture M. Gorski veut-il louer?
5.   Qu'est-ce que M. Houlet doit faire après avoir accompli tout ce qu'on lui demande?

IV.   Vocabulaire. Complétez les phrases suivantes par les mots qui conviennent.

a.	en-tête	f.	congrès	k.	prier
b.	destinataire	g.	bien vouloir	l.	aller au devant de
c.	expéditeur	h.	veuillez	m.	code postal
d.	dactylographier	i.	se trouvent	n.	chiffre(s)
e.	se rendre à	j.	à partir de	o.	fabrication

La secrétaire ne va pas (1)_____ la lettre avant que je lui donne l'adresse complète, y compris le (2)_____.
Je vais le (3)_____ de (4)_____ Paris demain matin. Il devra (5)_____ nos collègues de Bruxelles qui participeront au (6)_____ lundi.
L' (7)_____ a oublié de mettre des timbres, et le (8)_____ a dû payer 3 F.
(9)_____ mercredi, le papier à (10)_____ aura notre numéro de téléphone.
(11)_____ me lire les cinq (12)_____ de ce numéro. Ils (13)_____ au bas de cette page.
Le patron lui a demandé de (14)_____ veiller à la (15)_____ de ce nouveau produit.

V.   Composer des phrases en utilisant les mots suivants à la forme correcte:

1.   comme—se rendre—avoir lieu—réservation
2.   prier—au devant de
3.   prendre—disposition—être obligé—confirmation
4.   agréer—salutation—distingué

Chapitre II

Section II–1

Services de la Chambre de Commerce et d'Industrie (C.C.I.)

Vocabulaire

accroître: to increase
appartenir: to belong
l'avis (m): opinion
celle-ci (f): this one; the latter
ceux (m.pl.): those (pronoun)
comme résultat: as a result
le commerce: trade
convenable: suitable
d'une part ... d'autre part: on the one hand ... on the other hand
élire: to elect
l'entrepôt (m): warehouse
l'équipe (f): team
l'établissement (m): establishment, institution
fluvial: pertaining to rivers
fonder: to found
la formalité: formality
la formation: training, education, background (of a person)

gérer: to manage
la gestion: management
l'implantation (f): setting up, implantation (of a company)
l'impôt (m): taxation, tax
la mer: sea
la plupart de: most
le porte-parole: spokesman
les Pouvoirs Publics (m): government (N.B. "le gouvernement" is used to describe the prime minister and his cabinet or "conseil des ministres")
profiter de: to take advantage of
quoi que ce soit: anything at all
sauf: except
sujet, à ce: about this
toucher: to concern
y compris: including

M. Roberts dirige la filiale de Archway Cameras France, S.A. Aujourd'hui un collègue français déjeune avec lui, et ils discutent des chambres de commerce.

M. ROBERTS: Vous dites que si j'avais besoin de quoi que ce soit, la Chambre de Commerce et d'Industrie de Paris pourrait m'aider.

M. THIRIOT: C'est à peu près juste. Les chambres de commerce et d'industrie dans tous les départements ont trois grandes missions. La première est d'ordre consultatif. D'une part, elles donnent aux Pouvoirs Publics des avis et des renseignements sur les questions industrielles et commerciales, y compris les moyens d'accroître la prospérité de l'industrie et du commerce. D'autre part, elles aident directement les entreprises. La C.C.I.P. a des équipes spécialisées pour vous renseigner en matière de réglementation juridique, sociale, fiscale et financière. A un niveau plus général, elle a un Centre de Renseignements et de Formalités pour le commerce intérieur et extérieur. Elle peut aussi vous conseiller sur la gestion de l'entreprise, l'implantation industrielle ou commerciale, et la formation du personnel, et elle met à votre disposition toutes sortes de publications.

M. ROBERTS: Jusqu'ici vous m'avez parlé uniquement de la mission consultative de la C.C.I.P. Cette mission seule me paraît plus étendue que celle des chambres de commerce américaines.

M. THIRIOT: En effet. La conception anglo-saxonne d'une chambre de commerce ne prévoit qu'une simple association de commerçants et d'industriels. Les C.C.I. françaises jouent un rôle beaucoup plus large. Les commerçants élisent parmi leurs membres les cadres de la chambre de commerce; celle-ci reste encore un organisme public financé par l'impôt.

M. ROBERTS: Et si je voulais profiter des services consultatifs de la C.C.I.P., où devrais-je m'adresser? Y a-t-il une seule adresse?

M. THIRIOT: Il y en a plusieurs. L'hôtel consulaire, 27, av. de Friedland, pourrait vous renseigner à ce sujet, ou bien le Centre de Renseignements et de Formalités, 2, rue de Viarmes. Là, vous devriez pouvoir vous procurer une liste descriptive des services disponibles avec les adresses appropriées.[1]

M. ROBERTS: Et les deux autres missions des C.C.I.?

M. THIRIOT: Bon. La deuxième est une mission représentative. Les C.C.I. se font le porte-parole des intérêts des commerçants et des industriels devant les Pouvoirs Publics—des préfectures jusqu'aux ministères.[2]

M. ROBERTS: Cela me semble logique.

M. THIRIOT: Et finalement, elles ont une mission de gestion de services utiles aux entreprises et à leur développement.

M. ROBERTS: Comment cette mission me serait-elle utile?

M. THIRIOT: Les chambres de commerce peuvent fonder et administrer des établissements à l'usage du commerce—ports, entrepôts, et ainsi de suite.

[1]These are real addresses of the Paris Chamber of Commerce which businessmen often consult.

[2]The *préfecture* is a small administrative and geographic division administered by a prefect. The ministries are national in scope.

Il en résulte que la plupart des ports fluviaux et maritimes appartiennent aux C.C.I., sauf ceux qui sont très grands. Les aéroports sont aussi gérés par la C.C.I. Cela vous touche indirectement, sinon directement.

    M. ROBERTS: Est-ce que la Chambre de Commerce de Paris est différente des autres C.C.I.?

    M. THIRIOT: Oui, surtout parce que la région parisienne a le plus grand nombre d'industriels et de commerçants du pays. Une différence frappante réside dans le fait qu'elle s'occupe de plusieurs écoles de commerce, y compris une école de formation continue. Les cadres qui veulent connaître les techniques les plus modernes, ou les étrangers qui veulent perfectionner leurs connaissances du commerce en France, peuvent assister à des cours différents de ceux donnés aux élèves.

    M. ROBERTS: Ah! Il est 13ʰ45 et j'ai rendez-vous à 14ʰ00. Il faut que je parte. On peut se revoir lundi?

    M. THIRIOT: Oui, d'accord. Au revoir, et bonne journée.

Exercices

I.   Questions sur le texte

1.   Que signifie C.C.I.P.?

2.   Quelles sont les trois missions des chambres de commerce françaises?

3.   Quels sont les deux groupes conseillés par la C.C.I.P.? Expliquez.

4.   Selon M. Thiriot, quelle est la conception anglo-saxone d'une chambre de commerce?

5.   Comment peut-on profiter des services consultatifs de la C.C.I.P.?

6.   Devant qui les C.C.I. représentent-elles les intérêts des commerçants?

7.   Quel rôle jouent les C.C.I. dans la gestion de services utiles aux entreprises et à leur développement?

8.   Donnez un exemple d'activité de la C.C.I.P. qui n'est pas caractéristique de celle des autres chambres de commerce en France.

II.   Consult no. 18 in the Grammar Review and place the verbs in the following paragraph in the correct forms of the compound past and the imperfect depending on context:

1. Je _____ (s'approcher) de la maison. 2. Il _____ (pleuvoir). 3. Je _____ (avoir froid). 4. Je _____ (frapper) à la porte deux fois. 5. Je _____ (ne pas recevoir) de réponse. 6. Je _____ (être) vraiment malheureux. 7–8. Je _____ (devoir) voir une vieille dame qui _____ (vouloir) prendre une police d'assurance. 9–11. Pendant que je _____ (partir), je _____ (voir) une voiture qui _____ (commencer) à s'arrêter

devant la maison.   12. Un monsieur _____ (descendre).   13. Il _____
(s'avancer) vers moi.   14–15. Il m'_____ (informer) qu'on _____
(s'attendre) à la mort prochaine de la dame dans un hôpital voisin.   16. Heure-
usement que cela _____ (ne pas se passer) tous les jours.

III.   Review of the pluperfect, future, and future anterior. Consult the verb
lists of Appendix B and nos. 7, 8 and 11 of the Grammar Review. Give the
following forms in each of these three tenses:

1. je (finir)	8. ils (aller)	15. je (paraître)
2. tu (vendre)	9. je (être)	16. tu (prendre)
3. elle (rester)	10. tu (mettre)	17. elle (venir)
4. il (voir)	11. nous (se venger)	18. il (croire)
5. nous (dire)	12. vous (se souvenir)	19. nous (connaître)
6. vous (vouloir)	13. elles (monter)	20. vous (avoir)
7. elles (savoir)	14. ils (montrer)	

IV.   Consult no. 13 of the Grammar Review. Put the following sentences in the
future and future anterior. Model: *Je vous vois quand je suis rentré.* Answer: Je
vous verrai quand je serai rentré.

1.   Elle lui téléphone dès qu'elle a reçu son chèque.

2.   Nous leur parlons aussitôt qu'ils sont arrivés.

3.   Tu le lui dis quand il a fait une erreur.

4.   J'aime voir ces fleurs lorsqu'elles ont fleuri.

5.   Vous m'écrivez quand vous avez des nouvelles.

V.   Translation

1.   I wanted your opinion on the training of warehouse employees (i.e.
employees of the warehouse.)

2.   Management of the business belongs to those who (ceux qui) deserve it.

3.   The government managed most river ports and sea ports except those
that (ceux qui) are very large.

4.   Trade concerns everyone.

5.   As a result of his long efforts, he founded a suitable establishment.

6.   Taxation supports (soutient) those whom (ceux que) you elect.

7.   On the one hand he said he would do anything at all, including what (ce
que) the team wanted.

8.   On the other hand, he said he could not adhere to the formalities.

9. I should have taken advantage of that opportunity.

10. He knows nothing about this.

VI. Discussion. Divide class into groups of three.

Un directeur de Macee and Guimpels Department Store va envoyer deux personnes en France pour acheter toutes sortes de produits pour les vendre aux Etats-Unis. L'un de vous sera le directeur, qui veut limiter les frais de voyage, et les deux autres seront les acheteurs qu'on envoie en France et qui veulent profiter de leur séjour et rester deux semaines pour voir le pays. La chambre de commerce franco-américaine de New-York et les chambres de commerce en France vont vous aider à organiser le voyage. Déterminez:

1. les cinq produits qu'il faut absolument acheter et leurs quantités

Considérations possibles

a. un budget de $100.000 pour les marchandises (frais de voyage non compris)

b. articles qu'on vend dans un grand magasin

c. détermination des prix (à vous de les inventer)

d. nombre de régions à visiter pour vous procurer ces articles

e. qualité du produit et importance de la France dans la production mondiale (à vous de penser à une réponse logique sans consulter d'autres ouvrages)

Vocabulaire possible

acheter en gros: to buy wholesale
la cave: wine cellar
le champagne: champagne
cher: expensive
coûter cher: to cost a lot, to be expensive
le cuir: leather
le fromage: cheese (camembert, bonbel, etc.)
le grossiste: wholesaler

le maquillage: makeup
le parfum: perfume
le prix des hôtels (chambre à deux lits ou chambre individuelle)
le tarif d'avion (première classe ou touriste)
l'usine: factory
les vêtements: clothes
le vin: (blanc, rouge, rosé) (Chablis, Beaujolais, etc.)

2. la longueur de votre séjour

Considérations possibles

Macee and Guimpels permet le voyage en première classe plus une indemnité de $100 par jour. Pour acheter du vin, il faut visiter la Bourgogne, et pour acheter du champagne, il faut visiter la Champagne.

Pour acheter du fromage, il faut visiter ou la Bretagne ou la Normandie. Il est souhaitable d'obtenir les prix les plus bas.

Pour acheter les produits en cuir et les produits de beauté, il suffit de parcourir Paris.

Le directeur peut décider si les fonds alloués au voyage doivent se dépenser en une semaine ou deux semaines, mais il ne peut pas augmenter la somme.

MAP 1.   L'Europe

Section II–2

Le Marché Commun

La France joue un rôle prépondérant dans la Communauté Economique Européenne (C.E.E.), qu'on connaît aussi sous le nom de Marché Commun. Cette communauté, fondée pendant les années 1950, a pour but d'organiser l'Europe afin qu'elle devienne une force économique comparable à celle des Etats-Unis. On envisageait aussi une union politique éventuelle. La communauté s'agrandit petit à petit.

La Communauté Européenne du Charbon et de l'Acier (C.E.C.A.) naquit[1] en 1951. Etant liées géographiquement, l'Allemagne Fédérale, la Belgique, et la France virent la nécessité de travailler ensemble. Ces trois pays réussirent en deux ans à permettre une libre circulation du charbon, de la fonte, de l'acier et du minerai de fer entre leurs pays.[2] Les Pays-Bas, le Luxembourg et l'Italie devinrent aussi membres de cette communauté. Cette élimination des barrières douanières avait un précurseur dans l'union économique Bénélux (Belgique, Pays-Bas et Luxembourg). Le succès de cette étape de coopération amena la possibilité du libre échange d'autres produits.

En 1957, le traité de Rome créa d'un côté l'Euratom, ou la Communauté Européenne de l'Energie Atomique (C.E.E.A.), et de l'autre, la Communauté Economique Européenne (C.E.E.). La France, l'Allemagne de l'Ouest, l'Italie, la Belgique, les Pays-Bas et le Luxembourg signèrent ce traité.

[1]*naquit*: was born

[2]*une libre . . . pays*: a free circulation of coal, cast steel, steel and iron ore among their countries

L'Euratom avait pour but le développement commun de l'énergie nucléaire. Les pays s'entraidèrent pour construire des centrales nucléaires.[3] Pourtant le succès de cette communauté resta limité car les Six ne se mirent jamais d'accord sur une politique énergétique commune.

L'évolution de la C.E.E. fut progressive. En 1968, les Six mirent fin[4] aux barrières douanières entre eux et travaillèrent pour un tarif extérieur commun (T.E.C.). Cette union eut comme résultat de multiplier les importations et les exportations entre les pays membres. Tous améliorèrent leur niveau de vie. Et, bien sûr, tous participèrent aux organismes politiques de la C.E.E. Parmi les plus importants de ceux-ci, on peut citer le Conseil des Ministres, auquel chacun des six envoie un représentant; la Commission Exécutive, qui doit appliquer les décisions du Conseil, et le Parlement Européen, qui sert de chambre consultative.

En 1972, le traité de Bruxelles admit la Grande-Bretagne, l'Irlande et le Danemark. La Grèce s'ajouta le 1er janvier 1981.[5] En 1981, on parlait de l'admission possible de l'Espagne, du Portugal, et de la Turquie après certains délais.[6] L'expansion de la communauté est un des facteurs qui rendent difficile une union plus étroite de ses membres.

La présence d'économies fortes et faibles dans une même communauté pose un autre problème. Pour rapprocher les valeurs monétaires, on créa dans la seconde moitié des années 1970, ce qu'on appela "le serpent". Le serpent permettait peu de variations dans le taux de change[7] entre les pays membres. Mais ce fut un échec;[8] on découvrit, en effet, que les monnaies fortes (comme le *deutschmark*) ne pouvaient pas soutenir des monnaies faibles (comme la lire italienne) durant des périodes prolongées. La C.E.E. essaya un nouveau système en 1979, le Système monétaire européen (S.m.e.). Le Système monétaire européen créa une devise nouvelle—l'écu.[9] Huit des neuf pays membres de la C.E.E. participèrent au S.m.e. (l'Angleterre était la seule à s'abstenir). En 1979, le S.m.e. se limita au commerce entre les pays membres. L'acheteur d'un pays membre échangeait sa devise nationale contre des écus et payait les marchandises importées en écus. Le vendeur d'un autre pays membre, qui recevait des écus, changeait cette monnaie européenne contre celle de son pays. Contrairement au serpent, cette fois le taux de change entre deux monnaies nationales n'entrait pas directement en question. Mais la valeur d'une monnaie nationale pouvait changer vis-à-vis de l'écu. Pour le

---

[3]*s'entraidèrent . . . nucléaires*: helped each other build nuclear power plants

[4]*mirent fin*: put an end

[5]Greece did not immediately enjoy all tariff benefits, however.

[6]*après certains délais*: after a certain time

[7]*le taux de change*: the rate of exchange (for currencies)

[8]*un échec*: a failure

[9]*Ecu* also designates an old French coin, and so it is considered as a single word in French. In English, the three letters are considered as an abbreviation for European Currency Unit, and they are pronounced individually rather than as a word: e-c-u. In 1980 the *écu* was worth 5.80 French francs.

commerce intérieur, on ne supprima pas les devises nationales—le Français dépensait ses francs et l'Allemand ses *deutschmark*. Si cette première étape réussissait, l'emploi des écus devait se répandre en 1981.

Un troisième problème réside dans l'union politique. Si les organismes politiques commencent à avoir plus de force, chaque pays voudra avoir un rôle plus important. En 1980, la C.E.E. dut faire face à un problème de financement quand l'Angleterre exigea une réduction de ses paiements. La même année, le Parlement Européen vota un budget que la France et l'Allemagne refusèrent de payer. Quel degré d'autonomie l'union politique permettrait-elle? Quels changements y aurait-il dans les obligations financières?

En gros, la France profite bien de cette union communautaire. La fixation de prix européens pour ses produits agricoles se trouve souvent à un niveau supérieur aux anciens prix nationaux, et un mécanisme de restitution aide les agriculteurs à exporter leurs produits dans les pays extra-communautaires, même quand il y a une différence entre le cours européen et le cours mondial. En 1978 et 1979 les éleveurs[10] français se plaignaient que les montants compensatoires monétaires (m.c.m.)[11] aident trop les pays de monnaie forte. Les m.c.m. rendaient les viandes du Danemark moins chères et les viandes françaises plus chères à l'intérieur de la C.E.E. Cependant, en général l'agriculture française est favorisée par sa participation à la C.E.E.

En industrie, comme en agriculture, la France doit se moderniser pour faire face à la concurrence[12] de ses partenaires. Elle a moins de grandes firmes que certains autres pays de la communauté, notamment l'Allemagne. Bien que son commerce extérieur bénéficie de sa participation à la C.E.E., la France, qui dominait le Marché Commun à ses débuts, reconnaît le rôle prédominant de l'économie allemande.

Exercices

I.   Questions sur le texte

1.   Quel est l'autre nom du Marché Commun?

2.   Qu'est-ce que le traité de Rome a créé? (2 choses)

3.   Pourquoi dit-on que l'Euratom a eu un succès limité?

4.   Qui étaient les signataires du traité de Rome?

5.   Quand les six mirent-ils fin aux barrières douanières entre eux?

6.   Nommez trois organes politiques de la C.E.E.

7.   Quels nouveaux membres furent admis par le traité de Bruxelles? Est-il possible que d'autres membres s'ajoutent à la C.E.E. pendant les années 1980? Qui fut admis en 1981?

[10]*les éleveurs*: poultry and livestock producers

[11]*les montants compensatoires monétaires (m.c.m.)*: These are farm subsidies that make the price of agricultural goods in one country the same as in another.

[12]*la concurrence*: the competition

8. Citez trois problèmes qui rendent difficile une union plus étroite entre les membres de la C.E.E.

9. Comment l'agriculture française a-t-elle bénéficié de l'union communautaire? Quel problème a-t-elle eu en 1978 et 1979?

10. Quelle est la différence entre le rôle que jouait la France dans la C.E.E. en 1958 et celui qu'elle joue pendant les années 1980?

II. Expliquez les termes, les dates et les abréviations ci-dessous:

Bénélux	C.E.C.A.	S.m.e.
T.E.C.	1957	m.c.m.
1972	C.E.E.A.	1951
le serpent		

III. Vocabulaire. Choisir dans la liste de droite le mot ou l'expression qui convient:

1. Les producteurs d'automobiles américaines veulent une _____ qui les protège de la concurrence japonaise.

2. Qui est notre _____ à l'Organisation des Nations Unies?

3. En 1957 la France signa le _____ de Rome.

4. Le _____ est de cinq francs pour un dollar.

5. Le _____ satisfait à plus de besoins énergétiques que l'énergie nucléaire dans ce pays.

6. *U.S. Steel* est un grand producteur d'_____.

7. L'expression qui désigne le commerce avec d'autres pays est le _____.

8. Les deux pays ont organisé un _____ d'étudiants.

9–10. C'est la première _____ pour atteindre un meilleur _____.

a. charbon
b. barrière douanière
c. acier
d. traité
e. étape
f. représentant
g. commerce extérieur
h. échange
i. niveau de vie
j. taux de change

IV. Dictée tirée d'une partie du texte

V. Approfondissement[13]

Lectures supplémentaires conseillées: Marcel Baleste, *L'Economie française,* pp. 17–23.

[13] Since the Common Market changes faster than textbooks can keep up with it, your teacher may want to assign relevant articles in *L'Express, L'Expansion, Le Nouvel Economiste, Le Monde,* or other newspapers or periodicals.

1. Faites un contraste entre les importations et les exportations entre la France et ses cinq partenaires du traité de Rome en 1958 et en 1975.

2. Où placez-vous la superficie de la France dans celle de l'Europe des neuf? Quelle position occupent ses surfaces agricole et forestière?

3. Pourquoi la France se soucie-t-elle de sa population?

Section II–3

Lettre à un exportateur

Anthony MASSINOPLE
EUROPEAN BOUTIQUE, Inc.
10 Darcy Street
Cambridge, Massachusetts 02138

VOS REF:
EC/JL

Monsieur Edouard CAROT
21, avenue d'Assas
38000 GRENOBLE

NOS REF:
AM/LS

Le 10 mars 19..

OBJET:
Commande

Monsieur,

Ayant examiné avec attention le catalogue faisant l'objet de votre envoi du 1er février et dont je vous remercie, je vous prie de trouver, sous ce pli, le détail d'une première commande.

Comme je compte ouvrir notre nouveau magasin le 15 juillet, je vous demande de bien vouloir veiller à ce que la livraison me parvienne au plus tard le 10 juillet.

Je voudrais profiter des prix spéciaux pour un ordre d'essai, et je vous autorise à tirer une traite sur moi à la fin du mois de livraison.[1]

Veuillez agréer, Monsieur, l'expression de mes sentiments distingués.[2]

a. Massinople

A. MASSINOPLE

CRISTAL MODERNE, S.A.R.L.
21, avenue d'Assas
38000 GRENOBLE

Le 2 avril 19..

Monsieur Anthony MASSINOPLE
European Boutique, Inc.
10 Darcy Street
CAMBRIDGE, MA 02138
(USA)

Monsieur,

Je vous remercie de l'ordre joint à votre lettre du 10 mars, et je suis prêt à l'exécuter dans les délais que vous demandez.

Votre commande indique les numéros du catalogue correspondant aux verres que vous désirez, mais elle n'indique pas les couleurs souhaitées. Je vous prie de vous reporter à notre catalogue. A la page 3, vous trouverez le choix des couleurs.

Pour nous donner ces précisions, en complément de votre commande, il vous suffira d'ajouter les couleurs au bulletin de commande ci-joint. Votre ordre étant déjà partiellement en cours d'exécution, je vous serais obligé de bien vouloir nous fournir au plus tôt les données complémentaires indispensables.

Veuillez agréer, Monsieur, l'assurance de nos sentiments dévoués.

E. Carot

E. CAROT

Exercices

I.   Sur le format

1.   Comment savez-vous que nous avons du papier à en-tête dans les deux lettres ci-dessus?

2.   A quels endroits peut-on mettre la date dans une lettre française?

---

[1]*traite*: draft. Bank drafts will be explained in Chapters IX and X.
[2]This is the most common way to end a letter. It works for most business situations.

3. Où indique-t-on le but de la première lettre?[3]

4. Pour indiquer une correspondance passée, on donne ou le numéro d'un document envoyé ou les initiales de la personne qui a écrit la lettre et celles de la secrétaire qui l'a dactylographiée. Où trouvez-vous des références à la correspondance passée dans la première lettre?[4]

5. Comment conclut-on une lettre quand on veut souligner son désir de rendre service au client?

6. Dans la conclusion de chaque lettre, quel mot comporte une lettre majuscule?

II. Ecrire une lettre

1. Commandez des vins rouges ou des vins blancs de Bordeaux. Vous êtes un grossiste de New-York, et votre firme s'appelle Imported Wines, Inc. Vous envoyez un bulletin de commande avec votre lettre, et vous donnez une date limite pour la livraison aussi bien qu'une raison pour le choix de cette date. Consultez la liste qui accompagne la carte des départements, section III–2, pour le code postal.

2. Ecrivez la réponse du fournisseur français qui vous annonce la hausse des prix dans son catalogue plus récent.

III. Questions sur le texte

1. Qu'est-ce que M. Massinople joint à sa lettre?

2. Expliquez le sens commercial de "détail" et de "commande".

3. Quelle date limite M. Massinople donne-t-il pour recevoir les marchandises de M. Carot? Pourquoi?

4. Comment M. Massinople compte-t-il régler la facture de M. Carot?

5. Qu'est-ce que M. Carot demande à M. Massinople d'ajouter à son bulletin de commande?

6. Pourquoi M. Carot veut-il une réponse de M. Massinople dans le proche avenir?

---

[3] In English we sometimes find the indication "RE:" in a similar position. This English indication also tells what the letter is about.

[4] In English the secretary's initials follow her employer's at the end of the letter at the left hand margin:

A. Massinople

AM/ls

English letters give the secretary's initials in small letters.

IV.   Translate the letters into good English. (Oral or written)

V.   Vocabulaire

A.   **a.** fournisseur   **d.** sous ce pli   **g.** tirer une traite sur
      b. délai   **e.** exécuter   **h.** date limite
      c. livraison   **f.** hausse des prix   **i.** régler la facture

1. Vous trouverez (1) _____ l'annonce d'une (2) _____ avant laquelle vous devrez (3) _____ nos ordres.   2. Même après la (4) _____ annoncée dans votre dernier catalogue, nous pourrons (5) _____ immédiatement en vous demandant de (6) _____ nous.   3. Le (7) _____ pourra faire la (8) _____ dans le (9) _____ que nous avons fixé.

B.   **a.** bulletin de commande   **d.** remercier   **g.** faisant l'objet de votre
      b. détail   **e.** compte   envoi
      c. veillera à   **f.** ordre d'essai   **h.** parvient à
                                              i. complémentaire

1. Le (1) _____ contient le (2) _____ des articles dont il aura besoin. 2. Notre magasin voudrait vous (3) _____ de l' (4) _____ que vous avez demandé.   3. Mme. Jones a bien regardé la brochure (5) _____ du 14 mai, et elle (6) _____ acheter un de vos nouveaux modèles.   4. Si elle (7) _____ recevoir l'approbation du patron, elle (8) _____ la participation des jeunes dans le programme.   5. Il a commandé peu de choses parce que c'est une commande (9) _____.

VI.   Composer des phrases en utilisant les mots suivants à la forme correcte:

1. examiner—faisant l'objet de—envoi
2. prier—sous ce pli—bulletin de commande
3. bien vouloir—veiller à ce que—les disques—en bon état
4. autoriser—traite—fin du mois—livraison
5. exécuter—délai
6. ordre—cours d'exécution

Chapitre III

Section III–1

La Politique régionale

Vocabulaire

les accords (m): agreement
le bateau: boat; *le bateau à voile*: sailboat
la bobine: spool
le cadre: executive, member of managerial staff; *le cadre supérieur*: high level executive
le chômage: unemployment
coordonner: to coordinate
la cotisation: contribution, dues; *la cotisation de sécurité sociale*: social security contribution
la croissance: growth
le dégrèvement: reduction, relief (of taxes)
s'échapper: to get away, to escape
la fabrication: manufacture
foncier: pertaining to real estate (land)

le fonctionnaire: civil servant
le football: soccer; *le football américain*: football
s'implanter: to establish oneself
les impôts (m): taxes
l'investissement (m): investment
le lieu: place
le loyer: rent
la machine à écrire: typewriter
la main-d'oeuvre: manpower, labor
le ministère: ministry (government)
la mise en oeuvre: putting into practice
la planification: planning, national planning
recevoir: to receive (p.p. reçu)
réunir: to bring together; *se réunir*: to meet
souffrir: to suffer (conjugate like *ouvrir*)

la touche: key (typewriter)   *la ville nouvelle*: new city (created by
l'usine (f): factory   the government)

M. Roberts dîne chez les Hubert qui habitaient une maison voisine pendant leur séjour aux Etats-Unis.

MME. HUBERT: Une de mes amies vient en France pour représenter une firme américaine de machines à écrire. La D.A.T.A.R.[1] a organisé un voyage pour qu'elle puisse trouver le meilleur endroit pour la fabrication de touches et de bobines pour les machines à écrire.

M. ROBERTS: Que signifie D.A.T.A.R.?

M. HUBERT: C'est la Délégation à l'Aménagement du Territoire et à l'Action Régionale. Pompidou l'a établie en 1963 pour décentraliser l'activité économique et politique de Paris vers les différentes régions.[2]

MME. HUBERT: On essaie de diriger les investissements vers les régions qui souffrent le plus du chômage. Mon amie voyagera dans l'Est, en Alsace et en Lorraine, où l'industrie textile a été obligée de diminuer une grande partie de ses opérations. Si la firme de Catherine décide de s'implanter dans l'Est, l'Etat offrira à cette entreprise plusieurs dégrèvements d'impôts.

M. ROBERTS: Est-ce que la D.A.T.A.R. a le droit d'accorder certains dégrèvements?

M. HUBERT: Pas elle-même. Elle facilite seulement les accords entre les différents secteurs de l'administration, parce qu'elle réunit les fonctionnaires de plusieurs ministères.

M. ROBERTS: Donc elle coordonne les efforts de l'Etat dans sa politique régionale.

MME. HUBERT: C'est ça. La ville nouvelle où tu te trouves est un bon exemple de la mise en oeuvre de la politique régionale.

M. ROBERTS: Oui. En choisissant Cergy-Pontoise[3] de préférence à Paris, mon impôt foncier s'est trouvé réduit. J'ai bénéficié, en outre, d'une réduction temporaire dans mes cotisations à la sécurité sociale, et de la garantie d'avoir la main-d'oeuvre et les moyens de transport nécessaires.

M. HUBERT: Comment trouves-tu la conception de la ville?

M. ROBERTS: Pour moi, elle est idéale. La ville est organisée en quartiers: les logements sont loin des zones industrielles; un centre-ville offre tous les services, magasins et activités culturelles souhaitables; il y a même un

[1]D.A.T.A.R. is pronounced as though it were a word.

[2]For centuries France concentrated its economic activity in Paris such that the provinces had little influence on government and business expansion. Today the French government wants to spread out government services and economic activity in a more equitable manner.

[3]Cergy-Pontoise is one of four new cities in the Paris area. It is less than an hour from Paris by public transportation. New cities are artificially created through government incentive at short distances from over-industrialized areas of the country. This one is beside the "old" or already existing city of Pontoise. It relieves the overpopulated city of Paris.

grand parc pour faire du bateau à voile et des terrains de football. Les ouvriers qui demeurent dans la ville nouvelle sont à dix minutes de l'usine tout en habitant un quartier résidentiel.

MME. HUBERT: Je savais que l'Etat donnait la priorité pour le logement à ceux qui travaillaient dans la ville nouvelle, mais je ne savais pas s'ils voulaient tous habiter là.

M. ROBERTS: La plupart des ouvriers y logent, mais les cadres, surtout les cadres supérieurs, n'aiment pas toujours résider dans la ville nouvelle.

MME. HUBERT: Mais on a des logements à tous les prix et de tous les styles, des H.L.M. et I.L.R. jusqu'au grand standing.[4] Et on peut choisir entre un appartement et une maison individuelle. Pourquoi les cadres n'aimeraient-ils pas ces logements?

M. ROBERTS: Certains les aiment bien. Mais d'autres disent que c'est trop proche de leur travail et ils veulent s'en échapper. Quelques-uns pensent que c'est bon pour les ouvriers, mais pas pour les cadres. C'est un sentiment de supériorité de classe, je suppose.

M. HUBERT: Oui, probablement. De toute façon, l'Etat a réussi, avec les villes nouvelles et d'autres projets, à détourner une croissance trop rapide de Paris vers le reste du pays. Et sur le plan politique, les services de l'Etat commencent à se décentraliser un peu.

MME. HUBERT: On voit cela dans la consultation de chacune des vingt-deux régions économiques[5] pour la planification nationale.[6] Et on commence à avoir plus de sites tertiaires en province.

M. ROBERTS: Quand tu dis "sites tertiaires", tu veux dire plus de bureaux pour les services?[7]

MME. HUBERT: Oui. Non seulement des bureaux pour les Pouvoirs Publics, mais aussi la place pour des banques, de meilleurs transports, et d'autres services.

Exercices

I.   Questions sur le texte

1.   Qui a organisé le voyage de l'amie de Mme. Hubert?

2.   Que signifie D.A.T.A.R.? Que fait cet organisme?

3.   Quels avantages recevra la firme de Catherine si elle s'implante dans l'Est?

4.   Expliquez le terme "ville nouvelle".

[4]H.L.M. stands for "habitation à loyer modéré" and I.L.R. for "immeuble à loyer réduit"; they are forms of subsidized housing. "Grand standing" is elegant housing few can afford.

[5]The economic regions are included in chapter III–2.

[6]National planning will be covered in the section on the economy, chapter VI–2.

[7]The tertiary sector (*secteur tertiaire*) is neither agriculture (*secteur primaire*) nor industry (*secteur secondaire*), but services.

5. De quoi M. Roberts a-t-il bénéficié en s'implantant à Cergy-Pontoise?

6. Décrivez l'organisation de Cergy-Pontoise.

7. A qui l'Etat donne-t-il la priorité de logement dans une ville nouvelle?

8. Pourquoi certains cadres préfèrent-ils ne pas habiter la ville nouvelle?

9. Quelles sortes de logements trouve-t-on dans une ville nouvelle?

10. Comment l'Etat est-il en train de décentraliser le secteur tertiaire?

II. Review of the conditional, past conditional and supercompound past. Consult the verb lists of Appendix B and nos. 9, 10, and 17 of the Grammar Review in order to give the following forms in all three tenses:

1. il (préférer)	8. nous (dire)	15. elles (pouvoir)
2. nous (recevoir)	9. ils (faire)	16. elle (vouloir)
3. tu (voir)	10. elle (venir)	17. tu (choisir)
4. elles (savoir)	11. tu (comprendre)	18. je (descendre)
5. je (mourir)	12. vous (entendre)	19. nous (trouver)
6. vous (souffrir)	13. vous (courir)	20. vous (ouvrir)
7. je (manquer)	14. il (falloir)	

III. Consult no. 14 of the Grammar Review and insert the verb in the following sentences:

1. Si j' _____ (être) à votre place, je ferais la même chose.

2. Il viendra si vous _____ (vouloir).

3. Si elle _____ (aller) en avion, elle serait arrivée plus tôt.

4. Nous _____ (comprendre) si vous refusiez.

5. Tu _____ (avoir) de meilleures chances si tu pars demain.

IV. Put the following sentences in the future:

1. Je reste si je peux.

2. Il travaille dur quand on l'a embauché.

3. Aussitôt qu'elle le voit, elle lui dit "Bonjour."

4. Si vous avez l'argent, nous avons le temps.

5. Lorsqu'il aide les autres, il est content.

V. Translation

1. The ministry gave him tax reductions.

2. I disapprove of the manufacture of merchandise of poor quality.

3. The government brought together executives and civil servants to discuss future growth in the east.

4. If they had signed the agreement, they could now think about football and sailboats.

5. Will the typewriter need two new keys?

6. Unemployment does not guarantee the necessary manpower.

7. If he paid his social security contribution, what would he receive?

8. We shall coordinate the joint venture in Lorraine.

9. The government reduced rent for our firm during the first year after it established itself in the new city.

VI.   Discussion. Divide the class in groups of two.

Vous êtes tous les deux chargés de trouver le site idéal pour une nouvelle filiale de *General Light Bulb*. Lequel de ces trois sites vous semble le meilleur?

1.   Paris offre:

a. la clientèle nécessaire

b. la main-d'oeuvre nécessaire

c. les transports nécessaires

d. des impôts élevés

e. des terrains très chers

f. un coût de la vie très élevé

g. la proximité des fournisseurs (suppliers)

h. de bons services d'exportation

2.   Cergy-Pontoise offre:

a. peu de clientèle sur place, mais proximité de Paris

b. la main-d'oeuvre nécessaire à proximité (pas nécessairement dans la même ville)

c. transports inférieurs à ceux de Paris et de Lyon

d. des impôts réduits

e. des terrains meilleur marché que ceux de Paris et de Lyon

f. un coût de la vie raisonnable

g. une usine pas trop loin de Paris

3.   Lyon offre:

a. la clientèle nécessaire

b. la main-d'oeuvre nécessaire

c. les transports nécessaires

d. des impôts moins élevés que ceux de Paris et plus élevés que ceux de Cergy-Pontoise

e. des terrains à loyer modéré

f. un coût de la vie moyen

g. la proximité de quelques-uns des fournisseurs

h. l'exportation par Marseille

Considérations[8]

1. Vous voulez le moins de dépenses possibles.

2. Vous voulez le plus de services possibles.

3. Vous comptez exporter un tiers de vos ampoules (light bulbs) en Algérie.

4. Vous comptez vendre plus de 50% de vos ampoules en France, surtout à Paris (plus de 30%) et à Lyon (plus de 20%).

5. Vous voulez des clients et des fournisseurs aussi proches que possibles.

6. Vous voulez transporter vos ampoules le plus rapidement possible.

7. Vous voulez le coût de la vie le plus bas possible.

---

[8]There is more than one possible answer, but any answer should be justified.

THE 22 REGIONS

Region	Seat of Region	Departments	Region	Seat of Region	Departments
ALSACE	Strasbourg	*Bas-Rhin* *Haut-Rhin*	LANGUEDOC-ROUSSILLON	Montpellier	*Aude* *Gard* *Hérault* *Lozère* *Pyrénées-Orientales*
AQUITAINE	Bordeaux	*Pyrénées Atlantiques* *Dordogne* *Gironde* *Landes* *Lot-et-Garonne*	LIMOUSIN	Limoges	*Corrèze* *Creuse* *Haute-Vienne*
AUVERGNE	Clermont-Ferrand	*Allier* *Cantal* *Puy-de-Dôme* *Haute-Loire*	LORRAINE	Metz	*Meurthe-et-Moselle* *Meuse* *Moselle* *Vosges*
BASSE-NORMANDIE	Caen	*Calvados* *Manche* *Orne*	MIDI-PYRÉNÉES	Toulouse	*Ariège* *Aveyron* *Gers* *Haute-Garonne* *Hautes-Pyrénées* *Lot* *Tarn* *Tarn-et-Garonne*
BOURGOGNE	Dijon	*Côte-d'Or* *Nièvre* *Saône-et-Loire* *Yonne*			
BRETAGNE	Rennes	*Côtes-du-Nord* *Finistère* *Ille-et-Vilaine* *Morbihan*	NORD PAS-DE-CALAIS	Lille	*Nord* *Pas-de-Calais*
CENTRE	Orléans	*Cher* *Eure-et-Loir* *Indre* *Indre-et-Loire* *Loiret* *Loir-et-Cher*	PAYS DE LA LOIRE	Nantes	*Loire-Atlantique* *Maine-et-Loire* *Mayenne* *Sarthe* *Vendée*
CHAMPAGNE	Châlons-sur-Marne	*Aube* *Ardennes* *Haute-Marne* *Marne*	PICARDIE	Amiens	*Aisne* *Oise* *Somme*
CORSE	Ajaccio	*Corse du Sud* *Haute-Corse*	POITOU-CHARENTES	Poitiers	*Charente* *Charente-Maritime* *Deux-Sèvres* *Vienne*
FRANCHE-COMTÉ	Besançon	*Doubs* *Haute-Saône* *Jura* *Territoire de Belfort*	PROVENCE-ALPES CÔTE D'AZUR	Marseille	*Alpes-Maritimes* *Alpes-de-Haute-Provence* *Bouches-du-Rhône* *Hautes-Alpes* *Var* *Vaucluse*
HAUTE-NORMANDIE	Rouen	*Eure* *Seine-Maritime*			

THE 22 REGIONS (continued)

Region	Seat of Region	Departments	Region	Seat of Region	Departments
ILE DE FRANCE	Paris	Essonne Hauts-de-Seine Paris Seine-et-Marne Seine-Saint-Denis Val-de-Marne Val d'Oise Yvelines	RHÔNE-ALPES	Lyon	Ain Ardèche Drôme Haute-Savoie Isère Loire Rhône Savoie

MAP 2. Les Régions, leurs villes importantes, et d'autres villes mentionnées dans le texte

MAP 3. Topographie de la France

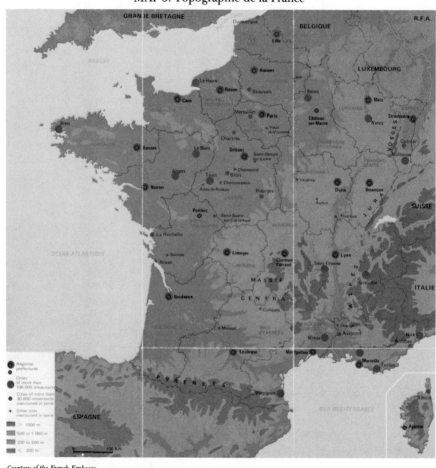

Courtesy of the French Embassy

Section III–2

Les Régions de France

Un Français parle souvent des 22 régions économiques de son pays en termes de provinces. Sous le règne des rois de France, le pays se divisait en provinces ou duchés, divisions territoriales qui changèrent de mains, et même de frontières, pendant des siècles. Aujourd'hui, la France se divise, du point de vue administratif, en départements, normalement plus petits que les anciennes provinces, et, du point de vue économique, en régions qui groupent plusieurs départements.[1] Les Français continuent à s'identifier à leur région ou à leur province autant, sinon plus, qu'à leur département.[2]

En entendant le nom d'une région, on pense immédiatement à ses grandes villes, à ses industries ou à ses produits agricoles. Quelques villes importantes sont indiquées sur les deux cartes qui précèdent. Plusieurs de ces villes jouent un rôle capital pour certaines industries. Lyon est le grand centre des synthétiques et de la soie. Sèvres et Limoges ont une renommée mondiale pour leur porcelaine. Bordeaux a des raffineries de pétrole presque indispensables au pays. Clermont-Ferrand est le centre de l'industrie des pneumatiques, Besançon, de l'horlogerie, etc.

On peut associer certains produits agricoles à des régions particulières. La Picardie, le Centre et le Nord produisent du blé et des betteraves à sucre. Le Pays de la Loire, le Centre, Rhône-Alpes et l'Auvergne ont des arbres fruitiers.

---

[1] A map of the "départements" follows this section.

[2] *autant, sinon plus, qu'à*: as much, if not more than with

47

La Champagne, la Bourgogne, et l'Aquitaine sont trois régions qui produisent et exportent du vin. On trouve de belles forêts en Ile-de-France, en Champagne, et en Lorraine. Pour la viande, on pense à l'élevage[3] bovin de Normandie, à la volaille de Bretagne, et à l'élevage du mouton du Limousin.

La France a beaucoup d'industries—automobile, métallurgie, textiles, constructions mécanique et aéronautique, produits chimiques, et ainsi de suite. La plupart de ces industries se trouvent dans les grandes villes et dans leurs banlieues. En général, il est difficile de localiser les industries, à quelques exceptions près,[4] telles que l'industrie textile dans le Nord (Lille-Roubaix-Tourcoing), ou la pêche et la construction navale le long de[5] la côte (surtout en Bretagne et en Provence).

Le Palais des Papes

Le tourisme joue un rôle important dans la vie économique de plusieurs régions. Les châteaux du Pays de la Loire, le Mont Saint-Michel sur la côte à la limite de la Bretagne et de la Normandie, et le Palais des Papes d'Avignon ne sont que quelques endroits qui attirent beaucoup de visiteurs chaque année. Les Français en vacances aiment fréquenter aussi les plages de Normandie ou de la Côte d'Azur, et ils font du ski en Haute-Savoie (Rhône-Alpes). Ajoutez à cela les églises, les monuments, et les musées, et vous aurez une idée du rôle du tourisme pour l'économie française.

Pour conclure, il faut mentionner quelques caractéristiques du parler des différentes provinces. En Bretagne, on peut entendre le français coloré par un accent distinctif ou même le breton, dialecte celtique qui survit encore là.

[3]*élevage*: animal husbandry
[4]*à quelques exceptions près*: with very few exceptions
[5]*le long de*: all along

Le Mont Saint-Michel

En Provence et dans le Languedoc, on parle quelquefois le provençal bien que le français soit la langue officielle que tout le monde apprend à l'école. Le Français du Midi[6] qui sait parler la "langue d'oc",[7] prononce souvent les "e" muets quand il parle français. De la même façon, celui qui habite Strasbourg peut avoir un accent allemand, et l'habitant de l'Auvergne aime rouler ses "r" plus qu'un Parisien. En somme, le français ne se prononce pas de la même façon dans toutes les régions du pays. On peut quelquefois identifier la région dont provient un Français en reconnaissant son accent.

Exercices

I.   Questions sur le texte

1.   Quelle est la différence entre une province et un département?

2.   Pourquoi parle-t-on des provinces aujourd'hui?

3.   Pour quelles industries Lyon, Sèvres, et Besançon sont-elles renommées?

4.   Nommez des régions où on produit (a) du blé, (b) des fruits, et (c) du vin.

5.   Quelles régions sont connues pour l'élevage?

6.   Où se trouvent Lille et Amiens? A quelle industrie associez-vous Lille?

[6]*Midi*: southern part of France, below Lyon.

[7]*langue d'oc*: Provençal. "Oc" is the Provençal word for "yes". In the Middle Ages it was distinguished from Northern French, which was called the "langue d'oil". "Oil" later became the modern "oui".

7. Où sont les châteaux de la Loire? le Mont Saint-Michel? le Palais des Papes?

8. Nommez une ville de la Côte d'Azur.

9. Où parle-t-on le breton? le provençal?

10. Quel accent les habitants de Strasbourg ont-ils?

II. En regardant les cartes de France ci-dessus et ci-dessous, décrivez où se trouvent:

la Champagne   le Languedoc   l'Aquitaine   Chamonix   le Massif Central
Grenoble   Bordeaux   les Vosges   la Picardie les Pyrénées

III. Vocabulaire

1. Aux _____ des Etats-Unis, nous trouvons le Canada au nord, l'Océan Atlantique à l'est, le Mexique au sud, et l'Océan Pacifique à l'ouest.
a. fronts   b. frontières   c. bordelais   d. barrières

2. Cent ans font _____.
a. une décennie   b. un siècle   c. un sigle   d. un centime

3. _____ est une étoffe synthétique.
a. La soie   b. Le coton   c. La rayonne   d. La laine

4. Une personne célèbre est une personne de grande _____.
a. renommée   b. céléri   c. taille   d. mesure

5. L'usine où l'on raffine du pétrole s'appelle _____.
a. un pétrolier   b. une centrale nucléaire   c. un raffinage
d. une raffinerie

6. L'industrie pneumatique fabrique des produits essentiels pour _____.
a. l'industrie automobile   b. la médecine   c. la chimie organique
d. la chimie minérale

7. Si Besançon est une ville connue pour l'horlogerie, on doit la connaître pour ses _____.
a. hôtels   b. orfèvres   c. églises   d. montres

8. Le blé est important quand on fait _____.
a. du pain   b. des produits chimiques   c. du veau   d. des scies

9. La betterave dans le supermarché est normalement de couleur _____.
a. verte   b. rouge   c. orange   d. marron

10. Quand on parle de poulet on parle _____.
a. d'élevage bovin   b. d'élevage du mouton   c. de volaille
d. de porc

11. La plage se trouve _____.
a. sur la côte   b. au château   c. dans un musée   d. sur la plaine

12. Le _____ n'est pas un arbre fruitier.
a. pommier   b. poirier   c. prunier   d. bouleau

IV. Dictée tirée d'une partie du texte

V. Approfondissement

Lectures supplémentaires conseillées: Prévot, Dosdat et Diville. *Connaissance de la France,* pp. 92–100, 115, 119–74. (or another book selected by your teacher). Students should concentrate on one of the five regions given.

1. Décrivez les produits agricoles importants et les industries principales de la région du Nord, l'Alsace, la Lorraine, Provence-Côte d'Azur, et la Bretagne.

2. Quels paysages associez-vous aux régions citées dans la question 1? (Mentionnez les fleuves, les montagnes, les plaines, etc., en donnant leurs noms).

Chaque département est administré séparément et possède des codes postaux spécifiques. Les codes postaux ont cinq chiffres. Les deux premiers chiffres correspondent aux numéros de zone en face de chaque département. Donc, si l'on écrit à une personne sans savoir tous les chiffres du code postal, il vaut mieux indiquer les deux chiffres correspondant au département plutôt que de ne rien mettre. Il faut faire précéder un chiffre seul par O dans un code postal (exemple: 3 devient 03 plus trois autres chiffres).

METROPOLITAN FRANCE: THE DEPARTMENTS

Zone No.*	Department	Department Seat	Zone No.*	Department	Department Seat
01	AIN	Bourg	49	MAINE-ET-LOIRE	Angers
02	AISNE	Laon	50	MANCHE	Saint-Lô
03	ALLIER	Moulins	51	MARNE	Châlons-sur-Marne
04	ALPES-DE-HAUTE-PROVENCE	Digne	52	HAUTE-MARNE	Chaumont
05	HAUTES ALPES	Gap	53	MAYENNE	Laval
06	ALPES-MARITIMES	Nice	54	MEURTHE-ET-MOSELLE	Nancy
07	ARDECHE	Privas	55	MEUSE	Bar-le-Duc
08	ARDENNES	Charleville-Mézières	56	MORBIHAN	Vannes
09	ARIÈGE	Foix	57	MOSELLE	Metz
10	AUBE	Troyes	58	NIÈVRE	Nevers
11	AUDE	Carcassonne	59	NORD	Lille
12	AVEYRON	Rodez	60	OISE	Beauvais
13	BOUCHES-DU-RHÔNE	Marseille	61	ORNE	Alençon
14	CALVADOS	Caen	62	PAS-DE-CALAIS	Arras
15	CANTAL	Aurillac	63	PUY-DE-DÔME	Clermont-Ferrand
16	CHARENTE	Angoulême	64	PYRÉNÉES-ATLANTIQUES	Pau
17	CHARENTE-MARITIME	La Rochelle	65	HAUTES-PYRÉNÉES	Tarbes
18	CHER	Bourges	66	PYRÉNÉES-ORIENTALES	Perpignan
19	CORRÈZE	Tulle	67	BAS-RHIN	Strasbourg
20a	CORSE DU SUD	Ajaccio	68	HAUT-RHIN	Colmar
20b	HAUTE CORSE	Bastia	69	RHÔNE	Lyon
21	CÔTE D'OR	Dijon	70	HAUTE-SAÔNE	Vesoul
22	CÔTES-DU-NORD	Saint-Brieuc	71	SAÔNE-ET-LOIRE	Mâcon
23	CREUSE	Guéret	72	SARTHE	Le Mans
24	DORDOGNE	Périgueux	73	SAVOIE	Chambéry
25	DOUBS	Besançon	74	HAUTE-SAVOIE	Annecy
26	DRÔME	Valence	75	PARIS (ville de)	Paris
27	EURE	Evreux	76	SEINE-MARITIME	Rouen
28	EURE-ET-LOIR	Chartres	77	SEINE-ET-MARNE	Melun
29	FINISTÈRE	Quimper	78	YVELINES	Versailles
30	GARD	Nîmes	79	DEUX-SÈVRES	Niort
31	HAUTE-GARONNE	Toulouse	80	SOMME	Amiens
32	GERS	Auch	81	TARN	Albi
33	GIRONDE	Bordeaux	82	TARN-ET-GARONNE	Montauban
34	HÉRAULT	Montpellier	83	VAR	Toulon
35	ILLE-ET-VILAINE	Rennes	84	VAUCLUSE	Avignon
36	INDRE	Châteauroux	85	VENDÉE	La Roche-sur-Yon
37	INDRE-ET-LOIRE	Tours	86	VIENNE	Poitiers
38	ISÈRE	Grenoble	87	HAUTE-VIENNE	Limoges
39	JURA	Lons-le-Saunier	88	VOSGES	Epinal
40	LANDES	Mont-de-Marsan	89	YONNE	Auxerre
41	LOIR-ET-CHER	Blois	90	TERRITOIRE DE BELFORT	Belfort
42	LOIRE	Saint-Etienne	91	ESSONNE	Evry
43	HAUTE-LOIRE	Le Puy	92	HAUTS-DE-SEINE	Nanterre
44	LOIRE-ATLANTIQUE	Nantes	93	SEINE-ST-DENIS	Bobigny
45	LOIRET	Orléans	94	VAL-DE-MARNE	Créteil
46	LOT	Cahors	95	VAL D'OISE	Pontoise
47	LOT-ET-GARONNE	Agen			
48	LOZÈRE	Mende			

*The zone number is used on mail addresses and on automobile license plates.

Courtesy of the French Embassy

Map 4. Les Départements

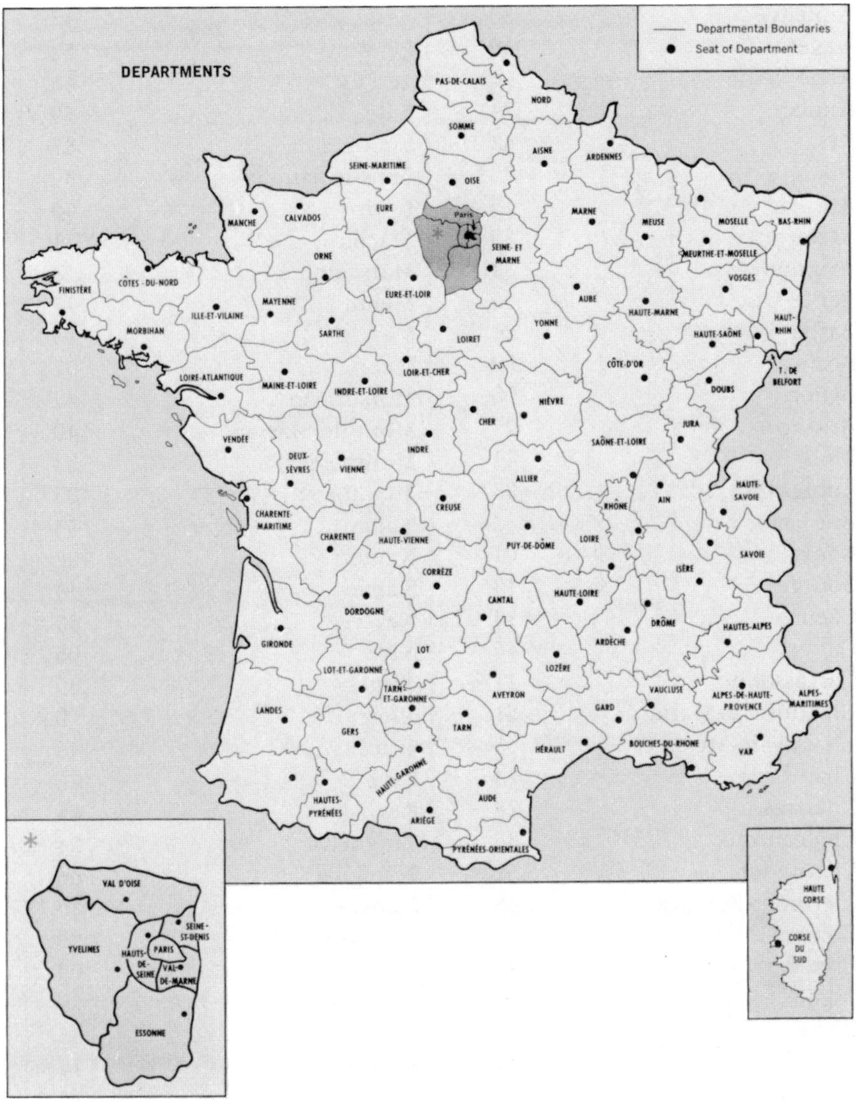

DEPARTMENTS

Departmental Boundaries
● Seat of Department

PAS-DE-CALAIS
NORD
SOMME
AISNE
ARDENNES
SEINE-MARITIME
OISE
MANCHE
CALVADOS
EURE
Paris
MARNE
MEUSE
MOSELLE
BAS-RHIN
ORNE
SEINE-ET-MARNE
MEURTHE-ET-MOSELLE
CÔTES-DU-NORD
FINISTÈRE
MAYENNE
EURE-ET-LOIR
VOSGES
ILLE-ET-VILAINE
SARTHE
AUBE
HAUTE-MARNE
HAUTE-SAÔNE
HAUT-RHIN
MORBIHAN
LOIRET
YONNE
T. DE BELFORT
LOIRE-ATLANTIQUE
MAINE-ET-LOIRE
INDRE-ET-LOIRE
LOIR-ET-CHER
CÔTE-D'OR
DOUBS
CHER
NIÈVRE
JURA
VENDÉE
DEUX-SÈVRES
VIENNE
INDRE
SAÔNE-ET-LOIRE
ALLIER
CREUSE
RHÔNE
AIN
HAUTE-SAVOIE
CHARENTE-MARITIME
CHARENTE
HAUTE-VIENNE
PUY-DE-DÔME
LOIRE
ISÈRE
SAVOIE
CORRÈZE
HAUTE-LOIRE
DORDOGNE
CANTAL
DRÔME
HAUTES-ALPES
GIRONDE
LOT
ARDÈCHE
LOT-ET-GARONNE
LOZÈRE
TARN-ET-GARONNE
AVEYRON
VAUCLUSE
ALPES-DE-HAUTE-PROVENCE
ALPES-MARITIMES
GARD
LANDES
GERS
TARN
HÉRAULT
BOUCHES-DU-RHÔNE
VAR
HAUTE-GARONNE
HAUTES-PYRÉNÉES
AUDE
ARIÈGE
PYRÉNÉES-ORIENTALES

VAL D'OISE
SEINE-ST-DENIS
YVELINES
HAUTS-DE-SEINE
PARIS
VAL-DE-MARNE
ESSONNE

HAUTE-CORSE
CORSE-DU-SUD

Courtesy of the French Embassy

Postal Codes of Major Cities (alphabetical order)

Agen	47	Guéret	23
Ajaccio	20	Laon	02
Albi	81	La Rochelle	17
Alençon	61	La Roche-sur-Yon	85
Amiens	80	Laval	53
Angers	49	Le Mans	72
Angoulême	16	Le Puy	43
Annecy	74	Lille	59
Arras	62	Limoges	87
Auch	32	Lons-le-Saunier	39
Aurillac	15	Lyon	69
Auxerre	89	Mâcon	71
Avignon	84	Marseille	13
Bar-le-Duc	55	Melun	77
Bastia	20	Mende	48
Beauvais	60	Metz	57
Belfort	90	Montauban	82
Besançon	25	Mont-de-Marsan	40
Blois	41	Montpellier	34
Bobigny	93	Moulins	03
Bordeaux	33	Nancy	54
Bourg	01	Nanterre	92
Bourges	18	Nantes	44
Caen	14	Nevers	58
Cahors	46	Nice	06
Carcassonne	11	Nîmes	30
Châlons-sur-Marne	51	Niort	79
Charleville-Mézières	08	Orléans	45
Chambéry	73	Paris	75
Chartres	28	Pau	64
Châteauroux	36	Périgueux	24
Chaumont	52	Perpignan	66
Clermont-Ferrand	63	Poitiers	86
Colmar	68	Pontoise	95
Créteil	94	Privas	07
Digne	04	Quimper	29
Dijon	21	Rennes	35
Epinal	88	Rodez	12
Evreux	27	Rouen	76
Evry	91	Saint-Brieuc	22
Foix	09	Saint Etienne	42
Gap	05	Saint-Lô	50
Grenoble	38	Strasbourg	67

Tarbes	65	Tulle	19
Toulon	83	Valence	26
Toulouse	31	Vannes	56
Tours	37	Versailles	78
Troyes	10	Vesoul	70

DOCUMENT 2. Facture pro-forma

COMPAGNIE DES LAMPES

SOCIÉTÉ ANONYME AU CAPITAL DE 51.958.200 F
Siège Social : 29, RUE DE LISBONNE - 75008 PARIS

TELEPHONE
522.72.60 A 522.72.68
19 LIGNES GROUPEES

ADRESSE TELEGRAPHIQUE
MAZDALAMP-PARIS 037
IRISLAMP - PARIS 037

TELEX : 28131 F

R. C. SEINE 54 B 5088

C. C. POST. PARIS 321-74

EXPORTATION   Paris, le *10 Septembre 1981* | **FACTURE PRO-FORMA**

COMMANDE CLIENT	VOTRE RÉFÉRENCE	CODE	REMISE	REPRÉSENTANT	N° DE COMPTE
	L.R. / D.F.		20%		

| MODE ET LIEU DE LIVRAISON | | | | MODE DE RÈGLEMENT | |

QUANTITÉ	DÉSIGNATION	PRIX NET	MONTANT NET	TOTAL
65	LAMPES 8613	225,30	14.644,50	
34	LAMPES 2223	185,00	6.290,00	
				20.934,50 HORS TAXE

Tous les marchés et commandes ne sont acceptés que sous la condition qu'en cas de variation des prix et conditions de vente, les prix et conditions applicables seront ceux en vigueur à la date de la livraison, le client conservant par contre la faculté au moment de la notification des nouveaux prix et conditions, de résilier la partie de la commande qui ne serait pas encore livrée.

Les Tribunaux de la Seine seront seuls compétents en cas de litige. Nos traites ou acceptations de règlement n'opèrent ni novation ni dérogation à cette clause attributive de juridiction.

Courtesy of the Compagnie des Lampes Mazda

DOCUMENT 3. Facture

COMPAGNIE DES LAMPES
SOCIÉTÉ ANONYME AU CAPITAL DE 51.958.200 F.
29, RUE DE LISBONNE, 75008 PARIS

MAZDA
lampes et appareils d'éclairage

TÉLÉPHONE : 522 72-60 A 68
ADR. TÉLÉG. : MAZDALAMP PARIS 037
TÉLEX : 28 131 F
R. C. PARIS 54 B 5088 - C. C. PARIS 321-74
I.N.S.E.E. 288.75.108.0003

FACTURE
Invoice

LIVRAISON
Delivery Address

Union Carbide France
1, place des Etats-Unis
94533 RUNGIS

Union Carbide France
1, place des Etats-Unis
94533 RUNGIS

DATE FACTURE : Le 3 mars 1983
Invoicing date :

N° FACTURE 66335
Invoice N°

| Numéro de compte | VOS RÉFÉRENCES | | Escompte | Taxe |
Account	your Références			
78861	E663		10%	17,6%

MARQUE Brand	CONDITIONS DE LIVRAISON Terms of delivery	CONDITIONS DE PAIEMENT Terms of Payment
	F.O.B.	

N°× Colis Pack Qty	Dimensions (cm) et Volume (m3) des colis Dimensions (cm) and volume (m3) y packs	POIDS NET kg Net weight	POIDS BRUT kg Gross weight	COMMANDE Order

TARIF DOUANIER CUSTOMS TARIFF	DÉSIGNATION DES MARCHANDISES Description of Goods	CODE	QUANTITÉ Quantity	PRIX - SELLING PRICE UNITAIRE - Unit	DOIT
	Lampes FE3		300	150,00	45.000 H.T.
					-4.500 remise
					7.128 T.V.A.

TOTAUX TOTALS	NOMBRE COLIS Pack qty	VOLUME (m3) Volume (m3)	POIDS NET (kg) Net weight	POIDS BRUT (kg) Gross weight		47.628F TTC
	30					

SPÉCIFICATIONS PARTICULIÈRES
Delivery Spécifications

France : Ventes à l'exportation en exonération de la taxe à la valeur ajoutée

Les prix et conditions applicables seront ceux en vigueur à la date de la livraison, le client conservant par contre la faculté, au moment de la notification des nouveaux prix et conditions, de résilier la partie de la commande qui ne serait pas encore livrée. Les Tribunaux de la Seine seront seuls compétents en cas de litige. Nos traites ou acceptations de règlement n'opèrent ni novation ni dérogation à cette clause attributive de juridiction.

3167 - Réf. CA2 - 105.000 - Fac 04-73

57

Ne sont valablement émis que les Récépissés-Warrants
frappés du timbre sec.

WARRANT

S° C
N° 0599

Les récépissés et les warrants peuvent être transférés par voie d'endossement, ensemble ou séparément (Art. 21 de l'ordonnance du 6 août 1945). L'endossement du warrant sépare du récépissé vaut nantissement de la marchandise au profit du cessionnaire du warrant (Art. 24 de l'ordonnance du 6 août 1945). L'endossement du warrant sépare du récépissé doit, en outre, énoncer le montant intégral, en capital et intérêts, de la créance garantie, la date de son échéance et les nom, profession et domicile du créancier. Le premier cessionnaire du warrant doit immédiatement faire transcrire l'endossement sur les registres de la maison, avec les énonciations dont il est accompagné. Il est fait mention de cette transcription sur le warrant (Art. 25 de l'ordonnance du 6 août 1945). A défaut de paiement à l'échéance, le porteur du warrant sépare du récépisse peut, huit jours après le protêt et sans aucune formalité de justice, faire procéder, par officiers publics, à la vente publique pour enchères et en gros de la marchandise engagée, dans les formes indiquées par la loi du 21 mai 1858 sur les ventes publiques de marchandises en gros. Dans le cas où le souscripteur primitif du warrant l'a remboursé, il peut faire procéder à la vente de la marchandise, comme il est dit au paragraphe précédent, contre le porteur du récépissé, huit jours après l'échéance et sans qu'il soit besoin d'aucune mise en demeure (Art. 27 de l'ordonnance du 6 août 1945). Le créancier est payé de sa créance sur le prix, directement et sans formalité de justice, par privilège et préférence à tous créanciers, sans autre déduction que celles : 1° des contributions indirectes, des taxes d'octroi et des droits de douane dus par la marchandise ; 2° des frais de vente, de magasinage et autres frais pour la conservation de la chose (Art. 29 de l'ordonnance du 6 août 1945). Le porteur du warrant n'a de recours contre l'emprunteur et les endosseurs qu'après avoir exercé ses droits sur la marchandise et en cas d'insuffisance. Le délai fixé par l'article 149 du Code de commerce, pour l'exercice du recours contre les endosseurs, ne court que du jour où la vente de la marchandise est réalisée. Le porteur du warrant perd, en tout cas, son recours contre les endosseurs, s'il n'a pas fait procéder à la vente dans le mois qui suit la date du protêt (Art. 29 de l'ordonnance du 6 août 1945). Les établissements publics de crédit peuvent recevoir les warrants comme effets de commerce, avec dispense d'une des signatures exigées par leurs statuts (Art. 31 de l'ordonnance du 6 août 1945).

PREMIER ENDOSSEMENT

BON pour TRANSFERT DU PRÉSENT WARRANT A L'ORDRE DE ___

M. ___

Profession ___

Adresse ___

Pour Garantie de la Somme de ___

PAYABLE { Le ___
{ A ___

Le ___

TIMBRE FISCAL

VU ET TRANSFERT L'ENDOS CI-DESSUS

AU REGISTRE ___ FOLIO ___

LE ___

LE CHEF DE SERVICE. LE DIRECTEUR.

CCIP - Spécimen

RÉCÉPISSÉ A ORDRE

S° C
N° 0599

Il a été déposé par M BAUXITE SUD-EST, S.A.

Profession exploitation bauxite

Adresse 83444 ST. MAXIMIN

Les marchandises ci-après désignées assurées, contre l'incendie par les polices du Magasin Général

ENTREPÔT DE Paris-Nord

MAGASINS	N° D'ENTRÉES	COLIS	MARQUES	NATURE DES MARCHANDISES	POIDS	OBSERVATIONS
F 18	indéter-minées	8	F 88	minéral bauxite	4160Kg	
					4160Kg	

CCIP - Spécimen

POIDS TOTAL (en toutes lettres) QUATRE MILLE CENT SOIXANTE KILOS

A Paris le 1er novembre 1981

Le Chef de Service

Le Directeur.

LES FRAIS DUS PAR LA MARCHANDISE SONT ÉTABLIS A LA PREMIÈRE DEMANDE DU PORTEUR DU WARRANT OU DU RÉCÉPISSÉ

LE WARRANT CORRESPONDANT AU PRÉSENT RÉCÉPISSÉ A ÉTÉ NÉGOCIÉ

POUR LA SOMME DE Vingt-et-un mille francs

PAYABLE LE 6 février 1982

TIMBRE DE DIMENSION AU PLUS PETIT RÉSERVÉ

DOCUMENT 4. Récépissé-warrant

Section III–3

Factures et warrants

La *facture* indique au client la somme à payer. Si le client demande à savoir le coût des marchandises à l'avance, le fournisseur peut lui envoyer une *facture pro-forma,* comme celle ci-dessus (document 2). Les mots *pro-forma* doivent figurer sur la facture. Ce n'est pas une vraie facture, mais seulement une indication des prix. Les prix peuvent changer.

Après l'achat, le client reçoit une autre facture sans les mots *pro-forma,* comme c'est le cas pour le document 3. Elle indique la somme due. Quelque-fois la facture s'appelle *la note.* Après avoir réglé sa facture, le client a le droit de demander un *reçu, un acquit de la facture,* ou *une quittance* (pour un loyer ou pour une dette antérieure) pour prouver qu'il a payé. Une *facture d'avoir*[1] ou *note de crédit* indique qu'une somme est due par le commerçant à son client.

Dans le doc. no. 2, nous notons une remise de 20%. *Une remise* est une réduction accordée sur le prix normal de la marchandise; souvent, elle est accordée parce que le client appartient à une certaine profession ou parce qu'il achète en quantité importante. *Un rabais* est une réduction basée sur la qualité inférieure de la marchandise ou sur le fait que le vendeur voudrait s'en débarrasser pour une raison ou pour une autre. *Un escompte de règlement* est une réduction de prix pour le client qui paie avant le terme normal.

Le chapitre IV traite de la livraison des marchandises. Ici, nous allons

---

[1]*facture d'avoir*: credit memo

considérer *les magasins généraux*,[2] qui servent à l'emmagasinage temporaire des marchandises. *Les magasins généraux* sont à la disposition de tout commerçant voulant entreposer ses marchandises au tarif applicable à la préfecture.[3]

Les magasins généraux se trouvent près des moyens de transport, surtout dans les ports. Ils offrent trois avantages à ceux qui y déposent leurs marchandises. L'avantage le plus évident est qu'ils louent la surface dont ils ont besoin pour le temps désiré, sans avoir à acheter ou à louer un local pour longtemps. Deuxièmement, ils facilitent le paiement des *droits de douane*[4] pour la marchandise qui n'est pas déjà vendue: ils sont payés au fur et à mesure que la marchandise est sortie des magasins généraux. Pour la marchandise qu'on va réexporter, on ne paie rien du tout. Le troisième avantage dont bénéficient les commerçants est la possibilité d'emprunter de l'argent en donnant leurs marchandises en *caution*.[5] Ils peuvent faire cela parce qu'ils reçoivent des magasins généraux *un récépissé* et *un warrant à ordre* (document 4). Comme ils sont *à ordre,* le propriétaire peut transférer le titre de propriété par simple endossement à qui il veut.[6] Les marchandises seront livrées contre remise du document.

Exercices

I.   Questions sur le texte

1.   Quelle est la différence entre une *facture* et une *facture pro-forma?*

2.   Donnez un synonyme de facture.

3.   Quelles preuves de paiement le client peut-il demander?

4.   Citez deux raisons pour lesquelles on peut accorder une remise.

5.   Où va un commerçant qui a besoin d'emmagasiner ses marchandises?

6.   Dans quelle division administrative les tarifs (rates) des magasins généraux sont-ils applicables?

7.   Où trouve-t-on les magasins généraux?

8.   Nommez trois avantages des magasins généraux.

9.   Comment transfère-t-on le titre de propriété avec un récépissé-warrant?

---

[2]*magasins généraux*: general warehouses for storing almost any kind of goods. The French government runs them.

[3]*préfecture*: administrative division of France governed by a prefect.

[4]*droits de douane*: customs duty

[5]*en caution*: as security, as a guarantee (for a loan). The depositor could endorse his *récépissé-warrant* to the lender until repayment. At that time the lender could reendorse the document back to the depositor.

[6]In English we may endorse checks to someone by writing "Pay to the order of" followed by the beneficiary's name and our signature. In French, the phrase for checks and warrants is "Payez à l'ordre de"; it too is followed by the beneficiary's name and the owner's signature.

II.   Questions sur les documents

1.   Où se trouve le registre de commerce (**R.C.**) qui s'occupe de la société du doc. 2? Sous quel numéro est-elle enregistrée?

2.   Où la compagnie du document 2 détient-elle un compte courant postal?[7] Quel est le numéro de ce compte?

3.   Est-ce que la firme du document 2 est obligée d'offrir les marchandises aux prix cités?

4.   En donnant les prix, le document 2 présente des virgules où les anglophones mettraient des points, et des points où les anglophones mettraient des virgules. Lisez les sommes du document 2.

5.   Que signifient les abréviations H.T. et T.V.A. du document 3?[8]

6.   Quelle est la valeur des marchandises du document 4?

7.   Qui est le propriétaire de ces marchandises?

8.   Où se trouve l'entrepôt?

9.   Quelle assurance le propriétaire possède-t-il?

III.   Translate the following terms into English:

acquit de la facture	magasins généraux	vente
facture pro-forma	récépissé-warrant	note de crédit
facture d'avoir	rabais	règlement
escompte de règlement	endossement	tarif (2 meanings)

IV.   Vocabulaire

1.   A la fin de l'été, les Galeries Lafayette vendent leurs maillots de bain (bathing suits) à prix réduit. Le grand magasin donne à ses clients _____.
a. un rabais   **b.** un décompte   **c.** un escompte de règlement
d. une remise

2.   Construction Limitée construit de nouvelles maisons. Quand elle achète ses matériaux en gros, elle reçoit _____.
a. un rabais   **b.** un décompte   **c.** un escompte de règlement
d. une remise

3.   Vous achetez un téléviseur, et le vendeur vous explique que vous avez 90 jours pour régler la facture. Vous indiquez que vous voulez payer tout de suite s'il peut vous offrir _____.

---

[7]*compte courant postal*: postal checking account. A company gives the number of its account so that a customer, if he wishes, may request a transfer of funds (*virement*) from his own account to the company's account.

[8]Abbreviations are listed following the Grammar Review at the end of the book.

a. un rabais   b. un décompte   c. un escompte de règlement
d. une remise

4. Il n'est pas nécessaire de payer la somme due qui est indiquée sur
_____.

a. la note   b. la facture pro-forma   c. votre compte   d. la facture

(Pour répondre aux questions 5 et 6, comparez les rubriques des documents 2
et 3)

5. Un synonyme de *prix net* (doc. no. 2) est _____.
a. prix unitaire   b. prix total   c. hors taxe   d. montant net

6. L'indication "doit" dans le doc. no. 3 correspond à l'indication _____
du doc. no. 2.
a. prix unitaire   b. prix total   c. hors taxe   d. montant net

7. Vous importez des autos du Japon. La somme que vous payez à votre
gouvernement afin de les importer s'appelle _____.
a. la caution   b. le warrant à ordre   c. les droits de douane
d. la livraison

8. La signature au verso d'un chèque s'appelle _____.
a. un endossement   b. un récépissé   c. une caution
d. un titre de propriété

9. Quand on dépose ses marchandises _____ on conserve un récépissé
et un warrant à ordre.
a. en caution   b. dans les magasins généraux   c. à la préfecture
d. à la douane

10. En endossant un récépissé à ordre et un warrant à ordre, le propriétaire
transfère _____.
a. l'endossement   b. la marchandise   c. la caution
d. le titre de propriété

11. Après avoir réglé une facture, on ne reçoit pas _____.
a. une recette   b. un reçu   c. une quittance
d. un acquit de la facture

12. Le représentant garantit _____ des marchandises dans les trois jours
après la vente.
a. l'incendie   b. la livraison   c. le récépissé   d. la recette

13. Si vous n'avez pas votre reçu quand vous rapportez un article au
magasin, on ne vous rend pas votre argent, mais on vous donne _____.
a. une caution   b. un récépissé   c. une facture d'avoir   d. une note

14. Quand vous laissez des caisses (crates) dans les magasins généraux, il faut
payer _____ à la préfecture.
a. le tarif applicable   b. les droits de douane   c. un prix énorme
d. une facture d'avoir

15. Si vous empruntez de l'argent pour payer le coût (cost) des marchandises

entreposées dans les magasins généraux, vous endossez le warrant à ordre et le récépissé à ordre _____.

a. comme une note de crédit   b. en caution   c. en quittance

(so sió)
guarantee

d. en livraison

V. Trouvez dans le texte un autre mot de la même famille:

remettre—to hand over   _____

emprunt—something borrowed   _____

endosser—to endorse   _____

entrepôt—warehouse   _____

location—rental   _____

(bon) *débarras*—(good) riddance   _____

appartenance—belonging   _____

régler (une facture)—to pay (a bill)   _____

recevoir—to receive   _____

dépôt—deposit   _____

Chapitre IV

Section IV–1

Les Assurances

Vocabulaire

l'amende (f): fine
l'assuré (m): the insured
assurer: to insure
l'assureur (m): insurer
atteindre: to attain; to strike
l'avarie (f): damage; average
le bris: breaking
la cargaison: cargo
le courtier: broker
le chargement: loading
couvert: covered
la couverture: coverage
se débarrasser de: to get rid of
le débiteur: debtor
les dégâts des eaux (m): water damage
les dommages (m): damages
endommager: to damage
l'incendie (m): fire
le mandataire: authorized agent

le manquant: shortage
la manutention: handling
le particulier: individual
pénal: criminal
la perte: loss
la police: policy
la prime: premium; bonus
le prix de revient: cost price
protéger: to protect
la responsabilité civile: civil liability
le risque: risk
le sinistre: disaster; casualty; accident;
    wreck; loss; claim
survenir: to occur
le trajet: journey, trip
le transbordement: transshipment,
    transferring
le vol: theft

M. Roberts prend un café avec M. Foulon, un de ses directeurs français. Ils parlent des assurances.

M. ROBERTS: Qu'est-ce que nous avons comme assurances maintenant?

M. FOULON: Nous avons trois types d'assurances ici même—pour les personnes, pour les marchandises, l'équipement et les bâtiments, et pour notre responsabilité civile. Pour les transports nous avons encore d'autres assurances.

M. ROBERTS: En ce qui concerne les personnes, nous sommes assurés contre les accidents de travail?

M. FOULON: Certainement. Les salariés sont couverts pour la maladie et les accidents de travail par un régime social obligatoire. Mais nous avons aussi des assurances sur la vie pour certains de nos cadres et pour tous nos directeurs, en complément des protections obligatoires.

M. ROBERTS: Pour quels risques avons-nous assuré notre usine, ses marchandises et son équipement?

M. FOULON: Nous avons une police multirisques. Nous sommes couverts pour l'incendie et l'explosion, les dégâts des eaux, le bris de glaces, le bris de machines, le vol, la tempête . . . .

M. ROBERTS: Qu'est-ce qui arrive si un de nos débiteurs ne peut pas payer ses dettes?

M. FOULON: Nous avons une assurance-crédit qui nous protège à l'intérieur de la France, et c'est la COFACE (Compagnie Française des Assurances pour le Commerce Extérieur) qui nous protège vis-à-vis des clients étrangers.

M. ROBERTS: Quand nous assurons nos marchandises, est-ce que nous sommes couverts pour le prix futur, c'est-à-dire pour la somme que nous devons recevoir à la vente des marchandises?

M. FOULON: Non. Nos assurances ne garantissent pas le prix de vente mais seulement le prix de revient.

M. ROBERTS: Avons-nous la même compagnie d'assurances pour tous ces risques?

M. FOULON: Non. Nous avons des courtiers d'assurances, qui nous aident à les étudier et choisissent la meilleure compagnie pour la couverture que nous voulons. Personnellement, je préfère les courtiers aux agents généraux d'assurances parce que le courtier est notre mandataire tandis que l'agent général ne représente souvent qu'une seule compagnie d'assurances.[1] Evidemment, tous les industriels français ne partagent pas ce point de vue. De nombreuses entreprises, en province surtout, sont assurées par des agents.

M. ROBERTS: Expliquez-moi notre contrat "responsabilité civile du chef d'entreprise." Est-ce qu'il nous assure contre toute responsabilité en cas de sinistre?

M. FOULON: Contre les responsabilités civiles mais pas contre les

[1]Some states of the United States have both insurance brokers who select different companies for their customers and insurance agents who work for particular companies. Other states require that insurance salesmen be agents of a particular company or companies.

responsabilités pénales. La personne jugée coupable d'une contravention, d'un délit ou d'un crime, peut être condamnée par les tribunaux répressifs à diverses peines—de la simple amende à la prison, même à la peine de mort.

M. ROBERTS: Est-ce que nous sommes bien couverts pour les dommages susceptibles de survenir en dehors de l'entreprise?

M. FOULON: Oui. Si nous causons des dommages aux terrains voisins ou lors de l'exploitation loin de l'usine, nous sommes assurés pour les responsabilités civiles. Notre police inclut même la couverture des dommages causés pendant l'installation du matériel et après. C'est une police typique de "responsabilité civile du chef d'entreprise".

M. ROBERTS: Nous avons un seul courtier pour les transports, n'est-ce pas?

M. FOULON: Oui. Bien que les transporteurs soient assurés, la couverture de leurs risques est limitée, et nous avons besoin de nos propres polices. Nous nous assurons contre les avaries particulières et les avaries communes.

M. ROBERTS: Quelle est la distinction entre les deux?

M. FOULON: Les avaries particulières comprennent détériorations, manquants ou pertes. Nous sommes assurés en cas de sinistre atteignant le moyen de transport (par exemple, un naufrage ou un incendie), en cas d'accident endommageant la marchandise (casse, perte ou mouille), et en cas de dégâts causés par des manutentions défectueuses (dans le chargement à bord, le transbordement, etc.).

M. ROBERTS: Tous ces risques entrent dans la catégorie des avaries particulières?

M. FOULON: Oui, parce que tous concernent des objets particuliers. Par contre, les avaries communes couvrent les cas où il faut se débarrasser de la cargaison en entier pour une raison majeure, par exemple: pour sauver le navire du naufrage. Elles concernent surtout les transports sur mer.

M. ROBERTS: Est-ce qu'on offre autre chose que l'assurance tous risques pour les transports?

M. FOULON: Oui, il y a l'assurance F.A.P. sauf, c'est-à-dire franc d'avaries particulières sauf celles mentionnées dans la police. Cette assurance n'est pas pratique pour nous.

Exercices

I.   Questions sur le texte

1.   Quels sont les trois types d'assurance que possède la compagnie de M. Roberts?

2.   Citez deux protections des salariés couvertes par un régime social obligatoire.

3.   Quelles sortes d'assurances comprend-on dans une police multirisques?

4. Qu'est-ce que c'est qu'une assurance-crédit?

5. Que signifie COFACE?

6. Sur quoi base-t-on la valeur des marchandises dans une police d'assurances?

7. Pourquoi M. Foulon préfère-t-il les courtiers aux agents généraux d'assurances?

8. Que couvre-t-on dans un contrat "responsabilité civile du chef d'entreprise"? Qu'est-ce qu'on ne couvre pas?

9. Distinguez entre les avaries particulières et les avaries communes.

10. Expliquez l'assurance F.A.P. sauf.

II. Consult nos. 48–49 of the Grammar Review and select the correct demonstrative pronoun (*celui, ceux, celle, celles, ceci, cela*) for the following sentences:

1. Je ne veux pas ce camion-ci. Je veux _____ qui est devant la vitrine.

2. Elle a décidé. Elle aime ceci, mais elle n'aime pas _____.

3. Notre famille a deux voitures. _____ de ma mère est bleue, et _____ de mon père est verte.

4. _____ qui font le mieux auront une prime.

5. Le patron a ordonné à Jean et à Charles de rester. _____ -ci ne savait pas pourquoi.

6. Voilà les deux candidats. _____ dont je vous ai parlé porte des lunettes.

7. Ceci est compréhensible, mais _____ je ne le comprends pas du tout.

8. Des deux frères _____ -ci est plus grand que _____ -là.

III. Consult no. 50 of the Grammar Review and select a correct form of *lequel, duquel,* or *auquel* in the following sentences:

1. C'est le courtier _____ je vous ai parlé.

2. _____ de ces femmes avez-vous protégée?

3. J'ai vu le mandataire avec _____ vous aviez parlé.

4. _____ des employés a-t-il donné une augmentation de salaire?

5. Sur _____ des tables a-t-elle mis les livres comptables?

6. Ce sont les amis pour _____ j'ai préparé ce document.

IV. Select the correct form of *celui* or *lequel* in the following sentences:

1. Voici deux polices. Préférez-vous _____ de Paul ou _____ de Raoul?

2. Nous avons vu tous les candidats. Avez-vous décidé _____ nous devrions choisir?

3. J'ai décidé en faveur d'un candidat, _____ que le syndicat a proposé.

4. C'est l'avarie pour _____ j'ai préparé le dossier.

5. Pourquoi des deux salles trouvez-vous plus convenable _____ qui est plus grande?

6. Avec _____ des syndicats parlons-nous aujourd'hui?

7. Syndicat? Nous parlons avec _____ qui est le plus fort, la C.G.T.

8. A _____ des téléphonistes a-t-il donné un cadeau?

V.   Translation.

1.   Sometimes the insured has to pay a fine according to the criminal code.

2.   The authorized agent observed the loading of the cargo.

3.   The policy protects us from all kinds of damages: fire, loss, theft, shortages, and so on.

4.   The coverage for water damage is insufficient.

5.   Our insurer guarantees only the cost price.

6.   They paid a premium to the insurer.

7.   Does your company insure us for breakage of glass?

8.   The journey will require the transferring of merchandise twice and handling of merchandise three times.

VI.   Discussion. Divide class in groups of two.

Pendant votre absence un cambrioleur (burglar) a volé votre téléviseur, votre chaîne hi-fi, et plusieurs autres articles. En quittant la maison, il a jeté sa cigarette sur un tas de journaux et a causé un incendie. Alors qu'il se dirigeait vers (headed toward) sa voiture, le cambrioleur est tombé sur les patins à roulettes (roller skates) de votre fille. Il s'est cassé la jambe. Les pompiers (firefighters) sont venus. Ils ont éteint (put out) l'incendie, mais en même temps ils ont inondé (flooded) la maison et ont causé beaucoup de dégâts.

L'un de vous jouera le rôle de l'assuré, tandis que l'autre jouera le rôle du courtier en assurances. Décidez:

1.   Pour être remboursé pour tous les dommages mentionnés, pour quelles avaries l'assuré doit-il être couvert? (Compare your answers with those of the rest of the class.)

2.   Ecrivez une liste imaginaire des pertes pour lesquelles l'assuré réclame une indemnité (files a claim).

Suggestion: C'est une bonne occasion de voir si vous pouvez identifier les meubles (furniture) que vous trouvez normalement dans une maison. (Discuss words you did not know with your classmates.)

3.   Vous discutez la police d'assurance que vous voudrez l'an prochain.

Considérations possibles

a. votre satisfaction ou manque de satisfaction avec votre couverture dans la situation ci-dessus

b. possibilité d'avoir une police qui garantisse le prix de remplacement et non seulement le prix d'achat

c. couverture pour d'autres avaries si vous n'avez pas une police tous risques

MAP 5. Transports Aériens

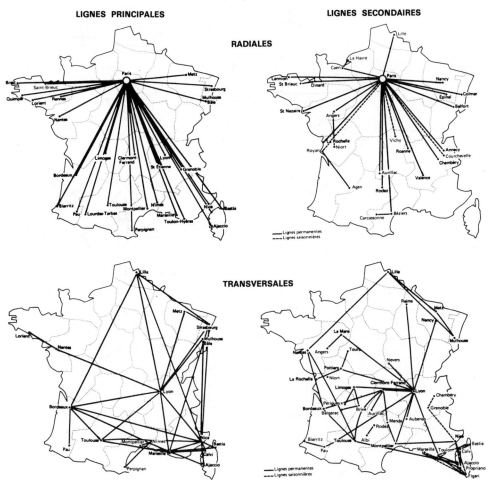

Courtesy of the French Ministère des Transports and the Institut National de la Statistique et des Etudes Economiques

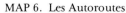

MAP 6. Les Autoroutes

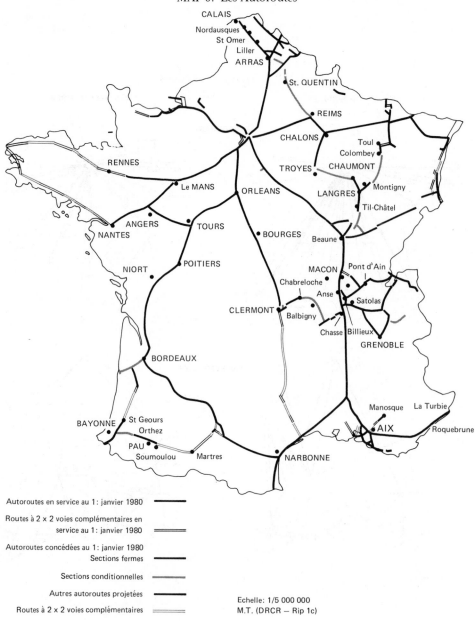

CALAIS
Nordausques
St Omer
Liller
ARRAS

St. QUENTIN

REIMS

CHALONS

Toul
Colombey
CHAUMONT

TROYES

Montigny

LANGRES

Til-Châtel

RENNES

Le MANS

ORLEANS

ANGERS

TOURS

BOURGES

Beaune

NANTES

POITIERS

MACON

Pont d'Ain

NIORT

Chabreloche

Anse

Satolas

CLERMONT

Balbigny

Chasse Billieux

GRENOBLE

BORDEAUX

Manosque

La Turbie

BAYONNE

St Geours

Orthez

AIX

Roquebrune

PAU

Soumoulou

Martres

NARBONNE

Autoroutes en service au 1: janvier 1980

Routes à 2 x 2 voies complémentaires en
service au 1: janvier 1980

Autoroutes concédées au 1: janvier 1980
Sections fermes

Sections conditionnelles

Autres autoroutes projetées

Routes à 2 x 2 voies complémentaires

Echelle: 1/5 000 000
M.T. (DRCR – Rip 1c)

72

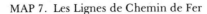
MAP 7. Les Lignes de Chemin de Fer

Courtesy of the S.N.C.F. and the Ministère des Transports

The T.G.V. (train à grande vitesse) was completed between Paris and Lyon (2 hours 40 minutes) in the early 1980's. New T.G.V. routes linking major European cities are being considered for the mid- to late 1980's.

MAP 8. Les Voies Navigables

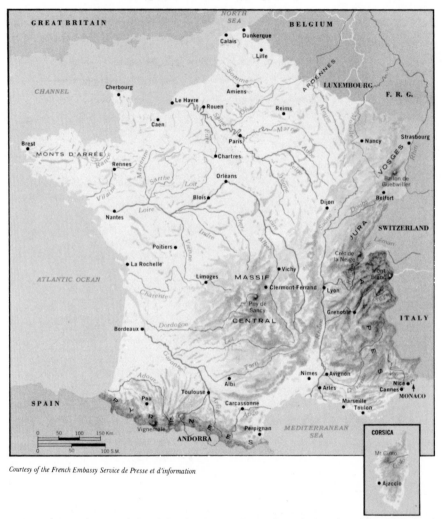

Courtesy of the French Embassy Service de Presse et d'information

Between the North Sea and the Rhine there are many canals in the North and East that do not appear on this map. A canal joining the Rhine and the Rhône is now planned by the French and German governments and should be completed during the 1980's.

MAP 9. Ports Maritimes

Marseille, le premier port français, est au cinquième rang mondial. Il atteint à peine le tiers du trafic de Rotterdam. Le Havre est le deuxième port français, et Dunkerque le troisième port.

Section IV–2

Les Transports

Tous les transports s'utilisent dans le commerce: avion, bateau, chemin de fer, camion. Comme les Etats-Unis, la France soumet les transports à la réglementation de l'Etat. La grande différence entre les deux pays est l'existence d'entreprises publiques comme la SNCF (Société Nationale des Chemins de Fer) et Air France.

En général, le transporteur a l'obligation de livrer les marchandises en bon état à une date prévue. Si l'expéditeur ou le destinataire paie les frais de transport à l'avance, il s'agit d'une expédition en *port payé*; si le destinataire les paie à la livraison, il s'agit d'une expédition en *port dû*. Ces termes s'appliquent à tous les moyens de transport.

Le transport maritime est un des plus importants et des plus compliqués. *Le connaissement* est le document dans lequel le représentant de l'armateur[1] du navire établit le poids des marchandises chargées et les conditions du transport;[2] le connaissement sert aussi de titre négociable, et la valeur des marchandises est notée sur ce document. Un connaissement

---

[1] *l'armateur* (m): owner (of a ship)

[2] Document 5 is a bill of lading. It has two negotiable copies. We do not know how many non-negotiable copies exist. This document normally has four copies total: one for the person loading the merchandise, one for the captain, one for the ship's owner, and one for the person who will receive the goods being shipped. The person receiving the goods may sell the goods by transferring ownership of his copy of the bill of lading.

nominatif porte le nom du destinataire; un connaissement au porteur ne comporte pas de nom de destinataire, et peut être négocié par la personne qui le détient; un connaissement à ordre peut être endossé successivement par plusieurs personnes. (Doc. no. 5) A la différence du connaissement, *la charte-partie* confirme la location du navire mais n'est pas un titre de propriété négociable. Elle est établie en deux exemplaires.

Passons à quelques termes utilisés dans le domaine des transports. Si l'expéditeur assume tous les frais de transport, y compris tous les risques, jusqu'au lieu de livraison, on parle de vente *F.O.B.* (free on board). Le terme n'est pas limité aux transports maritime et fluvial. Dans les ventes internationales, il arrive que, dans une vente F.O.B., le destinataire doit s'occuper des droits de douane et des frais de transport après que les marchandises sont livrées au port de débarquement[3] ou à l'aéroport. Dans une vente F.O.B., le client reçoit plusieurs services inclus dans le prix des marchandises.[4] Dans une vente *coût-fret* (C.F.), ou *coût-assurance-fret* (C.A.F.), il doit payer ces services aussi bien que le prix de vente. Le vendeur arrange le transport dans une vente C.F., ou le transport et l'assurance dans une vente C.A.F., et dans les deux cas, il réalise un bénéfice[5] pour chaque service, aussi bien que pour les marchandises. C'est à l'avantage du client d'acheter F.O.B., mais c'est à l'avantage de l'expéditeur de vendre C.F. ou C.A.F. Quelquefois on remplace l'abréviation française C.A.F. par l'abréviation anglaise C.I.F.

Dans une vente *franco de port et d'emballage,*[6] les frais de transport (*port*) et d'emballage sont compris. Le client n'a rien que le prix des marchandises à payer. Tout est livré à l'entreprise ou au domicile du client.

Finalement, dans une vente *F.A.S.* (free alongside ship), le prix de vente ne couvre que le transport jusqu'au quai d'embarquement. Le client arrange lui-même le transport et l'assurance.

Dans le transport maritime, nous avons *la navigation au tramping* et celle par *lignes régulières.* Dans celle-la, l'armateur ou le fréteur transporte la marchandise à l'heure de son client; dans celle-ci, l'armateur met seulement une ou plusieurs de ses cales à la disposition d'une autre personne. Le contrat de transport maritime s'appelle *affrètement.* On distingue entre *la navigation côtière* (le long de la côte); *le cabotage,* couvrant les distances moyennes, comme l'Europe, l'ouest de l'Afrique, et la Méditerrannée; et *la navigation au long cours,* pour les distances plus longues.

Un expéditeur qui demande un avion à sa disposition peut parler

---

[3]*Débarquement* is debarkation, getting off the ship. *Embarquement* is embarkation, getting on the ship.

[4]Often the term F.O.B. can be followed by the port of shipment, for example *F.O.B. Bordeaux* for a wine shipment. This indicates that a Bordeaux wine merchant is responsible for his merchandise up to the dock in Bordeaux. The buyer must then take care of all arrangements. It almost corresponds to the FAS mode mentioned below.

[5]*bénéfice*: profit

[6]*franco de port et d'emballage*: no charge for shipping and handling

d'*affrètement*,[7] ou de son synonyme, *vol charter*. Mais quand un particulier envoie de petits paquets par avion ou par chemin de fer, il s'agit plutôt de *messagerie*.[8]

La France adhère à la C.I.M. (Convention Internationale Marchandise),[9] et requiert l'emploi d'une *lettre de voiture internationale*[10] pour les expéditions ferroviaires à l'étranger. On peut expédier les marchandises par chemin de fer en *grande vitesse* (G.V.), ou en *petite vitesse* (P.V.),[11] et on a le choix normal entre *port payé* et *port dû*. Quant aux transports aériens, la France appartient à l'International Air Transport Association (IATA), dont le but est de standardiser dans le monde entier les conditions de transport.

Exercices

I.   Questions sur le texte

1.   Quelle est la grande différence entre la France et les Etats-Unis en ce qui concerne la réglementation des transports?

2.   Expliquez l'obligation du transporteur.

3.   Distinguez entre *port payé* et *port dû*.

4.   Commentez le rôle d'un connaissement.

5.   Expliquez les différences entre F.O.B., C.A.F., et F.A.S.

6.   Quelle est la différence entre la navigation au tramping et celle des lignes régulières?

7.   Donnez deux définitions d'affrètement.

8.   Comment la messagerie diffère-t-elle de l'affrètement?

9.   Quelle est la différence entre les transports en grande vitesse et petite vitesse?

10.   Citez deux organismes internationaux auxquels la France appartient. Lequel exige une lettre de voiture internationale? Lequel essaie de standardiser les conditions de transport mondiales?

[7]Notice that *affrètement* is used in both sea and air transportation.

[8]*messagerie*: parcels service

[9]The full name of this agreement is the "Convention internationale concernant le transport des marchandises par chemins de fer." Most countries of Europe belong. The abbreviated name *Convention Internationale Marchandise* shows that the agreement covers only goods. Passengers are covered in the *Convention Internationale Voyageurs* (C.I.V.).

[10]This transportation document, the *lettre de voiture,* is known in English as a consignment note. It gives the terms of the transportation contract (address of person receiving goods, cost of goods and transportation, mode of transportation), and it requires a presentation of documents for customs (declaration, licenses, etc.). The document is commonly used in train transportation, but it is also used in other modes of transportation.

[11]Merchandise sent in *grande vitesse* goes by passenger train and arrives faster than merchandise sent in *petite vitesse,* which goes by freight train.

II.   Consultez les cartes au début de cette section du chapitre:

1.   Citez trois fleuves ou rivières navigables. Quels sont leurs ports les plus importants?

2.   Désignez quatre ports de mer.

3.   Quelles régions sont les mieux servies en autoroutes?

4.   Y a-t-il des régions à éviter si vous avez besoin de la SNCF pour vos marchandises?

III.   Expliquez et traduisez les termes et les sigles:

IATA	lettre de voiture internationale	charte-partie
SNCF	armateur	coût-fret
cabotage	P.V.	
G.V.	C.I.M.	
	franco de port et d'emballage	

IV.   Vocabulaire

1.   Vous achetez un roman (novel) du Club du Livre. Vous remarquez que sur la facture on vous demande de payer non seulement le prix du livre, mais aussi _____ .
a. le port et l'emballage   **b.** la messagerie   **c.** le fréteur
d. l'affrètement

2.   Si le vendeur offre à l'acheteur des services aussi bien que des marchandises, il peut réaliser un bénéfice plus grand. La méthode de vente selon laquelle le vendeur offre le plus grand nombre de services est _____ .
a. F.O.B.   **b.** F.A.S.   **c.** C.F.   **d.** C.A.F.

3.   L'acheteur préfère que le prix d'achat comprenne le plus grand nombre de services possible. La méthode de vente selon laquelle l'acheteur reçoit le plus grand nombre de services compris dans le prix d'achat est _____ .
a. F.O.B.   **b.** F.A.S.   **c.** C.F.   **d.** C.A.F.

4.   _____ est un contrat de transport maritime qui n'est pas négociable.
a. La messagerie   **b.** Le cabotage   **c.** Le connaissement
d. La charte-partie

5.   Un synonyme de *vol charter* est _____ .
a. cabotage   **b.** fréteur   **c.** affrètement   **d.** fret

6.   La lettre de voiture internationale s'emploie uniquement pour les expéditions _____ .
a. à l'étranger   **b.** en grande vitesse   **c.** en petite vitesse
d. maritimes

7. _____ comprend les traversées (crossings) transatlantiques.
a. Le cabotage   b. La navigation côtière
c. La navigation au long cours   d. La cale

8. Tous les mots suivants se rapportent au transport maritime sauf_____.
a. navire   b. armateur   c. tramping   d. messagerie

9. Un connaissement _____ sert de titre de propriété à la personne qui le détient.
a. nominatif   b. à ordre   c. au porteur   d. de grande valeur

10. Dans une vente F.A.S. _____ assume les frais de transport maritime.
a. l'armateur   b. l'acheteur   c. le fréteur   d. le vendeur

V. Trouvez dans le texte et dans le doc. no. 5 un nom de la même famille:

transporter—to transport   _____

expédier—to send   _____

charger—to load   _____

débarquer—to disembark (leave a boat)   _____

embarquer—to embark (get on a boat)   _____

naviguer—to sail   _____

coûter—to cost   _____ _____

régler—to regulate   _____

vendre—to sell   _____

VI.   Approfondissement

Lectures conseillées: Rapin, *Cours de Commerce,* pp. 62, 161–222.

1.   Qu'est-ce qu'on doit mentionner dans un connaissement?

2.   Expliquez les termes et les sigles suivants:

manifeste	vente franco	fret (3 choses)
tarification	commissionnaire de transport	T.E.E.
francisation	déclaration d'expédition	LTA
vente à quai	contrat de transport	T.I.R.

Connaissement

Ce connaissement fait mention du port d'embarquement (1), du port de destination (2) et du nom du navire (3) transportant la marchandise. C'est un connaissement net car il ne porte pas de clause constatant l'état défectueux de la marchandise et/ou de l'emballage. Il indique que la marchandise a été mise à bord (4). Il est dûment signé (5) et précise le nombre d'originaux (6), c'est-à-dire les deux exemplaires négociables, constituant le jeu complet.

Il prouve également le paiement du fret (7). Ce connaissement étant émis à ordre, c'est à dire sans qu'y figure le nom du destinataire, il devra être endossé au verso par le chargeur.

Section IV–3

Documents de l'assurance et du transport

Toute entreprise qui a l'intention de faire transporter des marchandises a intérêt à connaître les limites de responsabilité des transporteurs.[1] Selon la loi française, le transporteur doit informer ses clients de ces limites, par exemple 1200F par mètre cube, les 100 kg, ou pour toute autre mesure. C'est au client de s'assurer pour le reste de la valeur des marchandises.

Les documents 6 et 7 (ci-dessous) sont complémentaires. *L'avenant* (document 7) modifie ou complète la police, comme l'indique le dernier paragraphe. Ce paragraphe mentionne les avaries couvertes et le temps pour lequel les risques de séjour en magasin sont garantis. Ni la police ni l'avenant ne calcule la prime d'une expédition précise. C'est la fonction de *l'application* (document 6). Si nous comparons les documents 6 et 7, nous observons qu'ils ont tous les deux le même numéro de police et le même numéro d'application. L'un est nécessaire pour compléter les conditions de la police 8431, et l'autre est nécessaire pour appliquer la prime correcte à l'expédition en question.

En ce qui concerne les abréviations et les chiffres de l'application (document 6), *TRVC* signifie Tous Risques-Vol-Casse. Le taux est de 0,50F pour

---

[1] Les fac-similés des documents d'assurance de cette section ont été fournis par le Centre de Documentation d'Information de l'Assurance (adresse parmi les "Adresses Utiles" de l'Appendice A). Cet organisme fournit aux professeurs sur demande des dossiers sur les assurances de toutes sortes.

100F de valeur, donc, on arrive au total, ou au *montant de la prime,* en multipliant 0,50 par 65, soit 32,50F. Le client a choisi *R.O.* (risques ordinaires), et non *R.G.* (risques de guerre). Il est rare de choisir R.G. à moins de voyager dans une zone de combat.

Parmi les autres documents de l'assurance on peut citer les polices et les constats. Les constats sont des rapports officiels de sinistres. Par exemple, quand on réclame une indemnité,[2] la compagnie d'assurances établit un constat et s'en sert pour décider si elle doit ou non indemniser, et pour quel montant. Les polices fournissent diverses explications sur les prestations, les surprimes, la déchéance, les motifs de résiliation,[3] et ainsi de suite.

On se sert de plusieurs documents dans le transport des marchandises. Une *lettre de voiture* décrit la marchandise expédiée en camion ou en chemin de fer à l'intérieur du pays; elle donne les noms du voiturier (transporteur), de l'expéditeur et du destinataire; et elle précise la durée du transport. L'expéditeur signe la lettre de voiture. Aujourd'hui, on remplace la lettre de

DOCUMENT 6. Application

| POLICE N° 8431 | APPLICATION N° 2438 |
| Paris | le 3 mars | 19 80 |

MARQUES ET NUMÉROS	DÉTAIL	VOYAGE		VIA (1)	VAPEUR	VALEURS		RISQUES A COUVRIR (2)	TAUX	MONTANT DE LA PRIME
		DE	A			AVION	MARITIME			
ARGUS 19918	3 cartons contenant	Argus–Créteil	Johnson		Dunkerque		6500F	TRVC	0,50	32,50
	appareils photo	usine	(Suède, magasin)					RO		
	poids 135 kg									

Partie réservée à la Compagnie :

L'Assuré,
(Signature et Cachet)

Raymond Toulier

ARGUS

AT 77 A - 1 300 c.- 10/71. Neuchl. Imp.

(1) Indiquer le port d'embarquement.
(2) Ne pas omettre de préciser les conditions d'assurance.

[2]*réclame une indemnité*: files a claim

[3]*prestations . . . résiliation*: benefits, additional premiums, forfeiture, reasons for cancellation.

voiture, de plus en plus, par un *récépissé* qui fournit à peu près les mêmes renseignements. (Voir le doc. no. 9)

Pour les autres moyens de transport, on se sert soit d'*une déclaration de chargement* (pour les transports fluviaux), soit d'*une déclaration d'expédition* (pour la SNCF[4] et pour les transports aériens). Ces déclarations contiennent des renseignements semblables à ceux contenus dans une lettre de voiture.[5] Pour les transports internationaux, chaque moyen de transport requiert des documents distincts: *un carnet T.I.R.* (Transports Internationaux Routiers) pour les camions,[6] *une lettre de transport aérien* (LTA) pour les avions, une *lettre de voiture internationale* pour la SNCF, *une charte-partie* pour la location d'un navire entier, et *un connaissement* pour le chargement de marchandises à bord d'un navire. Pour établir ces documents internationaux, il faut y joindre les déclarations en douane, les factures et les licences d'exportation nécessaires. La lettre de transport aérien exige une déclaration d'expédition, telle que le formulaire DAS (déclaration d'expédition et autorisation de sortie) qui suit.(Document 8).

Exercices

I.   Questions sur le texte

1.   Pourquoi a-t-on intérêt à connaître les limites de responsabilité des transporteurs?

2.   Comment apprend-on les limites de responsabilité des transporteurs?

3.   Que signifient TRVC, R.O. et R.G.?

4.   A quoi sert une application?

5.   A quoi sert un avenant?

6.   Qu'est-ce qu'un constat? Citez un exemple de constat.

7.   Quelles explications trouve-t-on dans les polices?

8.   Quels renseignements donne-t-on dans une lettre de voiture?

9.   Qu'est-ce qui remplace souvent la lettre de voiture dans les transports routiers?

10.   Quels documents donnent les mêmes renseignements qu'une lettre de voiture dans le transport fluvial, dans le transport ferroviaire et dans le transport aérien?

[4]The shipper fills out the *déclaration d'expédition,* and the railroad makes out a *récépissé,* one for the shipper and one for the receiver. On rare occasions the railroad uses the *lettre de voiture* mentioned above.

[5]See the Rapin reading selection recommended in the "Approfondissement" exercise of chapter IV–2 for minor differences in content.

[6]This book allows space for the stamp of customs officials of all or most of the borders a truck crosses on its established route.

DOCUMENT 7. Avenant

BRANCHE TRANSPORTS

Avenant de Banque
POLICE N° 8431
Appl. N° 2438

La C⁺ Maritime assure aux clauses et conditions de la police française d'assurances transports maritimes et terrestres sur facultés, émise pour abonnement au nom de : Monsieur Raymond TOULIER – 135 av. Général Leclerc – 94013 CRETEIL agissant pour le compte de qui il appartiendra– –

la somme de : FRS 6500 (SIX MILLE CINQ CENTS FRANCS)

sur : ARGUS 19918 (marques de colis à relever du bordereau d'application) – Fret– 3 cartons contenant appareils photo 135 kilos– – – – – – – – –

pour le voyage de ARGUS–CRETEIL USINE – – – à JOHNSON MAGASIN SUEDE – – – via DUNKERQUE – – – par bateau indéterminé. – – – – – – – – – – – – – –

Les pertes ou avaries survenant aux dites marchandises devront être constatées : à DUNKERQUE par M. CALVERT 27 AV. DE LILLE — à JOHNSON (Suède) par OLSEN STOCKHOLM 19 OLGASK STOCKHOLM. – – – – – – – – – – – – – – – – – –

La présente assurance couvre tous les risques de transport y compris les avaries particulières matérielles, le vol, la casse, – et ce, conformément aux conditions de l'imprimé du 10 Août 1968, modifié le 14 Septembre 1970. Sont également garantis dans les mêmes conditions les risques de séjour en magasin sous douane à destination, pendant TRENTE jours à compter de la date de déchargement. Toutes pertes ou avaries à la charge des assureurs seront remboursées intégralement sans déduction de franchise. –

Fait à PARIS, le 2 mars 1980

par Délégation

Autorisation de souscription en devises N° 48 du 18-7-1950

Courtesy of the French Centre de Documentation d'Information de l'Assurance

DOCUMENT 8. Déclaration d'expédition Autorisation de sortie (DAS)

DAS

Exemplaire pour

Pièces jointes :

COMPAGNIE DES LAMPES
29, RUE DE LISBONNE
75008 PARIS

S. I. R. E. N. 542 050 885

AGREMENT N° **1262**

Numéro d'enregistrement

DATE :

Bureau de domiciliation :
CRETEIL - BONNEUIL   C. R. D.
5 8 9

Déclaration d'expédition en simple sortie

LA COMPAGNIE DES LAMPES, 29, rue de Lisbonne - 75008 - Paris
représentée par :

s'engage à représenter intactes les marchandises désignées ci-après au bureau de :

Fait à Bonneuil-sur-Marne, le

Signature :
*(Compagnie des Lampes,
par procuration.)*

MODE D'EXPEDITION :

DESTINATAIRE :

PAYS DE DESTINATION :

Nombre, nature, marques et numéros de colis :

LAMPES et/ou MATERIEL D'ECLAIRAGE

selon   factures n°

ci-jointes.

Valeur
facturée

F. F —

Pays de provenance :	Poids brut :	Poids net :	Valeur Franco-Frontière :
FRANCE			F. F —

Marchandises C. E. E.

Autorisation de sortie

A) Visas au Bureau de Départ :

Visa de l'Agent vérificateur :

Ecor

Scellements éventuellement apposés :

B) Visas au Bureau-Frontière :

Contre-visite éventuelle :

Scellés reconnus :

Vu passer à l'Etranger :

Vu embarquer sur navire de nationalité :

A retourner à Créteil-Bonneuil C. R. D. - Boîte postale 50 - 94380 Bonneuil sur Marne

Courtesy of the Compagnie des Lampes Mazda

DOCUMENT 9. Récépissé

EXEMPLAIRE pour le DESTINATAIRE

ARTICLE 291 - Code Général des Impôts
Annexe III

(Cachet de l'Entreprise)

Récépissé N° **3351**

TIMBRE PAYÉ SUR ÉTAT A L'ENTREPOT DE PARIS-OUEST, AUT. N° 3/234 DU 4 NOV. 1968 (DÉCISION DE L'ADMINIS-TRATION N° 55/1206 DU 27-8-1968), ACCORDÉE A LA SOCIÉTÉ D'ÉDITIONS DU TRANSPORT ROUTIER — 44, Rue de la Bienfaisance - PARIS-8°.

DÉLIVRÉ LE.................................

EXPÉDITEUR :.................................

DESTINATAIRE :.................................

Marque	NOMBRE	NATURE DES MARCHANDISES	Poids déclaré	Valeur déclarée	PORT PAYÉ	DÉTAIL DES FRAIS		PORT DU
						Prix du Transport.........		
						Taxe Additionnelle.........		
						Taxe de c/Remb...........		
						Taxe pour Débours.........		
						Droit de Timbre et Enreg.....		
						PRIX NET Imposable.........		
						+ T.V.A. à 19 % (23.488 % hors Taxes) (1)		
		RÉCÉPISSÉ : VALANT FACTURE EN CAS DE PAIEMENT COMPTANT				PRIX T.T.C...............		
		pour : L'EXPÉDITEUR en PORT PAYÉ (b)				MONTANT du c/Remb. (a) ..		
		pour : LE DESTINATAIRE en PORT DU (b)				MONTANT des Débours (a) ..		

Reçu les marchandises ci-dessus en bon état d'emballage   P. R. C.

A........................., le.........................

LE DESTINATAIRE :   Réservé :

←— TOTAL à Recouvrer —→

(a) Encaissé pour le compte d'autrui.
(b) Rayer la mention inutile.

(1) Lorsque le montant de la T.V.A. n'est pas indiqué, le présent récépissé ne peut pas être utilisé pour l'application des dispositions de la loi 66.10 du 8 Janvier 1966.

---

11. Pour les transports internationaux les différents moyens de transport exigent des documents différents. Citez les documents et les moyens de transport auxquels ils correspondent.

12. Que faut-il présenter avec les documents de transport internationaux?

II. Questions sur les documents

1. Par quel moyen de transport le client du document 6 expédie-t-il ses colis? Comment le savez-vous?

2. Qui est le destinataire du document 6? Que signifie kg?

3. De quel port partira la marchandise?

4. Expliquez la relation entre le document 6 et le document 7.

5. Les marchandises du document 7 ne sont pas assurées uniquement pour les risques de transport. Pour quoi d'autre sont-elles assurées?

6. Quelle firme va utiliser le document 8?

7. Quelles sont les deux parties du formulaire DAS? D'où vient l'abréviation DAS?

8. Si le client paie comptant (in cash), à quoi sert le récépissé (doc. 9)?

III.   Expliquez et traduisez les termes suivants:

limite de responsabilité   réclamer une indemnité   récépissé
avenant   prestations   déclaration de chargement
envoi   déchéance   lettre de transport aérien
détail   résiliation   connaissement
constat   lettre de voiture

IV.   Remplacer le tiret

1.   Pour transporter des marchandises en camion à l'intérieur du pays, on a
besoin d' _____ .
a. un carnet T.I.R.   b. une LTA   c. une lettre de voiture
d. une lettre de voiture internationale

2.   Pour transporter des marchandises de Paris à Montréal en avion, on a
besoin d' _____ .
a. un carnet T.I.R.   b. une LTA   c. une lettre de voiture
d. une lettre de voiture internationale

3.   Pour transporter des marchandises de Strasbourg à Salzbourg par
chemin de fer, on a besoin d' _____ .
a. un carnet T.I.R.   b. une LTA   c. une lettre de voiture
d. une lettre de voiture internationale

4.   L'expéditeur qui envoie des marchandises de Lyon à Marseille par
chemin de fer remplit _____ ; la SNCF accepte de transporter les marchandises et remplit deux exemplaires d'un récépissé dont l'un pour l'expéditeur et l'autre pour le destinataire.
a. une déclaration d'expédition   b. un avenant   c. des prestations
d. un colis

5.   Un synonyme de voiturier est _____ .
a. chemin de fer   b. transporteur   c. cargaison   d. chargement

6.   Toutes les abréviations qui suivent indiquent des risques contre lesquels
on peut assurer ses marchandises sauf _____ .
a. TRVC   b. DAS   c. R.G.   d. R.O.

7.   Une déclaration de chargement s'utilise dans les transports _____ .
a. ferroviaires   b. fluviaux   c. routiers   d. aériens

8.   Le formulaire DAS s'utilise dans _____ .
a. l'assurance tous risques   b. les avaries particulières
c. les transports intérieurs   d. les transports internationaux

9.   Une boîte en carton est une sorte de _____ .
a. colis   b. résiliation   c. surprime   d. montant

10.   _____ est de 0,50 F pour 100 F de valeur.
a. Le montant   b. Le taux   c. La police   d. La déclaration

V.   Trouvez dans le texte un autre mot de la même famille:

constater—to state   _____
rapporter—to report   _____
détailler—to list   _____
envoyer—to send, to ship   _____
déchoir—to fall (from grace, etc.)   _____
indemniser—to compensate (a loss)   _____
résilier—to cancel (a policy)   _____
fleuve—river   _____
perdre—to lose   _____
casser—to break   _____

Chapitre V

Section V–1

Le Personnel de vente

Vocabulaire

l'agent de change (m): stockbroker
l'armateur (m): shipowner
le bénéfice: profit
le commissionnaire: commission agent, commission merchant
le concessionnaire: dealer (automobile)
le consignataire: consignee; *le consignataire du navire*: ship's broker
le courtier: broker; *le courtier en assurances, le courtier d'assurances*: insurance broker
le détail: retail
le fixe: fixed salary
le franchisage: franchising
le fret: freight
la livraison: delivery
le magasinage: storing, storage, warehousing
le magasinier: storekeeper; warehouseman

les magasins généraux (m): general warehouses
le navire: ship
percevoir: to collect
le placier: salesman; canvasser
rapprocher: to bring together
le tiers: third party
toucher: to receive; to cash (a check)
traduire: to translate
le transitaire: transit agent
le vendeur, la vendeuse: salesman, saleswoman
le voyageur de commerce: traveling salesman
le V.R.P.: voyageur-représentant-placier; a kind of sales representative

M. Roberts parle avec un courtier en assurances, M. Hardré, auquel il demande de le renseigner sur les différents termes français qui correspondent à "salesman" et "broker" en anglais.

M. ROBERTS: Cela ne m'a pas étonné quand j'ai entendu le terme de représentant; chez nous aussi il y a des représentants, ou "sales representatives," mais courtier est un terme que je ne connaissais pas jusqu'à ce matin. Qu'est-ce qu'un courtier?

M. HARDRÉ: Un courtier est un intermédiaire qui met en rapport un vendeur et un acheteur pour qu'ils puissent négocier. On parle de courtier en assurances, courtier en marchandises, courtier de fret, etc. L'important c'est que le courtier mette en relations la compagnie et le client.

M. ROBERTS: Donc vendeur et courtier ne sont pas la même chose?

M. HARDRÉ: Vendeur est un terme général pour celui qui vend, et en même temps un terme précis pour l'employé qui vend des articles à l'intérieur d'un magasin, par exemple une vendeuse aux Galeries Lafayette.[1]

M. ROBERTS: J'ai l'impression que représentant et V.R.P. sont plus ou moins la même chose. Est-ce que j'ai raison?

M. HARDRÉ: Ça dépend. Certains emploient ces termes indifféremment. Un représentant est domicilié dans une région et il perçoit des commissions sur la marchandise de son entreprise vendue dans la région, qu'il l'ait vendue personnellement ou non. Donc si vous commandez par correspondance de nouvelles marchandises sans que votre représentant intervienne, il aura quand même sa commission.

M. ROBERTS: Et le V.R.P.?

M. HARDRÉ: V.R.P. signifie voyageur-représentant-placier. Le sigle[2] s'applique non seulement au représentant mais aussi au voyageur et au placier. Un voyageur, comme un représentant, doit solliciter la clientèle à domicile—entreprise ou maison. Il a un territoire assez vaste, et il touche un fixe aussi bien qu'une commission. Un placier couvre moins de territoire qu'un voyageur. Il traite avec la clientèle de détail de la ville où l'entreprise est installée.

M. ROBERTS: Qu'est-ce qu'ils ont donc en commun?

M. HARDRÉ: Un V.R.P. travaille pour une ou plusieurs firmes, et non pour lui-même. Il voit les clients, accepte leurs commandes, et quelquefois c'est lui qui distribue la marchandise.

M. ROBERTS: Est-ce qu'un commissionnaire est différent?

M. HARDRÉ: Oui. C'est quelqu'un qui achète des marchandises à son compte mais seulement pour les transmettre à un tiers. La différence entre le prix d'achat et le prix de vente constitue sa commission. Il travaille surtout pour son propre bénéfice.

M. ROBERTS: Est-ce qu'il y a encore d'autres termes?

M. HARDRÉ: Peut-être qu'il vaut la peine de mentionner les transitaires et les consignataires.

[1]*Galeries Lafayette*: famous Paris department store
[2]*sigle*: abbreviation

M. ROBERTS: Ils ont affaire aux transports?

M. HARDRÉ: Oui, surtout au transport maritime. Les transitaires sont dans les ports. Ils travaillent pour le compte de l'expéditeur, afin de lui assurer le magasinage, les transports terrestres, la conclusion du contrat, et les formalités de douane.

M. ROBERTS: Et les consignataires?

M. HARDRÉ: Ce sont eux qui aident le destinataire. Ils prennent la livraison au port. Il existe aussi le consignataire du navire qui travaille pour le compte de l'armateur dans les lieux où celui-ci n'a pas d'agence; il reçoit les marchandises quand le navire arrive pour les garder jusqu'à livraison. Pourtant il faut ajouter que dans les ports, le travail de transitaire et de consignataire peut se faire par les mêmes personnes.

M. ROBERTS: C'est difficile de ne pas confondre tous ces agents.

M. HARDRÉ: Oui. Et ajoutez à ceux-là l'agent de change pour la Bourse, le magasinier pour les magasins généraux, et encore d'autres.

M. ROBERTS: Ça n'en finit pas! Encore une question. Pourquoi appelle-t-on concessionnaire[3] celui qui vend des voitures?

M. HARDRÉ: Parce qu'il a le droit exclusif de vendre une certaine marque de voiture dans une certaine limite géographique. Donc il détient une concession d'un concédant.

M. ROBERTS: Est-ce que concession est la même chose que franchise?

M. HARDRÉ: Non. Le concessionnaire agit comme le subordonné du concédant, tandis que le franchisé, c'est-à-dire la personne qui reçoit une franchise, devient l'associé du franchiseur, qui accorde la franchise. Les franchises vendues par McDonald's out eu beaucoup de succès. Les Français adorent la nourriture américaine.

M. ROBERTS: Alors, comme chez nous, le franchiseur vend ou loue sa marque, ses méthodes de fabrication, ses techniques de vente, et tout le reste?

M. HARDRÉ: Oui. Les Pouvoirs Publics encouragent le franchisage, ou "franchising", comme vous l'appelez. Les commerces de détail indépendants ont très peu de chances de succès, mais les franchises réussissent la plupart du temps. Par conséquent, la Fédération Française du Franchisage aide l'expansion des franchises.

Exercices

I.   Questions sur le texte

1.   Qui appelle-t-on un courtier?

2.   Quel est le sens précis de "vendeur"?

3.   Qu'est-ce qu'un représentant?

---

[3]A *concessionnaire* receives a franchise (*concession*) from the company whose products he sells (*concédant*). The term is not limited to car dealers. Unlike the *succursale,* the *concession* requires that the *concessionnaire* purchase goods to be sold or make other investments at his own risk. Losses of a *concession* are not covered by the main office, as in the case of the *succursale.*

4. Quelle est la différence entre un voyageur de commerce et un placier?

5. Pourquoi considère-t-on le terme V.R.P. comme inexact?

6. Que fait un V.R.P.?

7. Comment le commissionnaire gagne-t-il sa commission?

8. Pour qui travaillent les transitaires et les consignataires?

9. De quoi s'occupe un agent de change?

10. Quelle est la différence entre un concessionnaire et un franchisé?

11. Qu'est-ce que le franchiseur vend ou loue?

12. Que fait la Fédération Française du Franchisage?

II.   Review the interrogative pronouns of no. 47 of the Grammar Review and make the following statements into questions. Use one of these pronouns in the question: *qui, que, quoi, qui est-ce qui, qui est-ce que, qu'est-ce qui, qu'est-ce que.* Model: Vous êtes *mon client préféré.* Answer: Qui êtes-vous?

1. Je prendrai *deux pommes.* (2 ways)

2. Vous aimez *François.* (2 ways)

3. Nous mettrons le formulaire sur *la table.*

4. Tu parles de *tes amis* et de *ta maison.* (2 interrogative pronouns in 1 sentence)

5. *Une machine à écrire* sera sur le bureau.

6. Ils pensent à *nous* et à *nos rapports.* (2 interrogative pronouns in 1 sentence)

7. Elle rencontrera *une amie* demain. (2 ways)

8. Elles verront *tes marchandises.* (2 ways)

9. Vous travaillez avec *ses machines.*

10. Tu téléphones *au patron.*

III.   Consult the interrogative adjectives in no. 54. In the following sentences omit the underlined demonstrative adjective and make a question beginning with *quel, quels, quelle,* or *quelles.* Model: Vous ne comprenez pas *cet* homme. Answer: *Quel* homme ne comprenez-vous pas?

1. Tu vois *cette* dame.

2. Elle aime *cet* homme.

3. Ils détestent *ces* réunions.

4. Vous arrangez *ces* groupes.

5. Nous préférons *ce* bureau.

IV. Consult nos. 53 and 54 of the Grammar Review and select the correct forms of the demonstrative or interrogative adjectives for the following sentences—*ce, cet, cette, ces, quel, quels, quelle, quelles.*

1. Le PDG aime _____ projet-ci mieux que _____ projet-là.

2. Je ne sais pas _____ actions choisir.

3. _____ table, vous plaît-elle?

4. _____ secrétaire a répondu?

5. _____ gens veulent vous parler.

6. Expliquez vos raisons à _____ homme.

7. Dites-moi _____ chemin il faut prendre.

8. A _____ directeurs ferez-vous appel?

V. Translation

1. The shipowner arranged the delivery through the transit agent.

2. The commission agent's profit is not limited.

3. The third party who cashed the check was the consignee.

4. This traveling salesman does not work for the general warehouses.

5. The retail store employs many salesmen and saleswomen.

6. The stockbroker sold stock to the insurance broker.

7. The warehouseman spoke with the ship's broker about storage.

8. The canvasser used to collect a fixed salary.

VI. Discussion. Divide class into groups of three.

Votre entreprise va ouvrir une filiale à Lille le mois prochain. Vous êtes un des trois directeurs chargés d'ouvrir la nouvelle filiale. Vous devez résoudre deux problèmes.

1. Vous vendez des machines à souder (welding machines), et vous aurez besoin de deux sortes de vendeurs: ceux qui vendent à l'intérieur de l'établissement et ceux qui voyagent à travers le nord du pays. Décidez le genre de personnel que vous allez engager (to hire) et leur rémunération.

Considérations

a. Vous avez 60.000F par mois à verser comme fixe ou comme salaire de base.
b. Vous devez avoir au moins deux personnes à l'intérieur de l'établissement, et chacune d'elles doit recevoir un salaire de 4.500F par mois.

c. Vous avez quatre façons de payer le personnel qui voyage:
(1) un fixe   (2) un salaire de base, plus commission   (3) commission avec
frais de voyage   (4) commission

Comparez vos réponses à celles de vos camarades.

2.   Vous importez des machines à souder du Canada. Arrangez la livraison à
l'usine pour le mois prochain en contactant les personnes qu'il faut.

Considérations

a. Vous ne serez pas au port de débarquement.
b. Vous devez emmagasiner les machines pour une semaine.
c. Vous voulez faire transporter les machines du Havre à Lille.
d. Vous aurez besoin d'assurances.

Comparez vos réponses à celles de vos camarades.

Section V–2

Engager du personnel

Les firmes multinationales en France ont besoin d'engager beaucoup de personnel de nationalité française, même si la société mère a son siège social dans un autre pays. Les besoins varient d'une entreprise à l'autre, mais en général, toutes les grandes entreprises comprennent les subdivisions suivantes:[1]

Administration	*Achats*	*Ventes*
1. Direction	1. Etude des marchés	1. Ventes intérieures
2. Comptabilité	2. Commandes	2. Ventes extérieures
3. Secrétariat général	3. Stockage à l'entrepôt	3. Expéditions
4. Contentieux		4. Publicité
5. Personnel		5. Facturation

Si l'on veut engager des cadres supérieurs, on peut consulter des agences spécialisées, mettre des annonces dans la presse, et faire appel aux associations

---

[1]*Administration*

	Purchases	*Sales*
1. Management	1. Market studies	1. Domestic sales
2. Accounting	2. Orders	2. Foreign sales
3. Secretarial staff	3. Warehouse stock	3. Shipping
4. Legal department		4. Advertising
5. Personnel		5. Billing

d'anciens élèves des grandes écoles.[2] Pour les comptables,[3] les employés et les secrétaires, on consulte les offres d'emploi dans les petites annonces[4] ou au Service de la Main-d'Oeuvre[5] de la région.

Il faut déterminer les qualifications pour chaque niveau. Celles-ci varient, mais en général on recherche des personnes avec une bonne formation[6] et avec la personnalité et les talents nécessaires pour le travail. Si un directeur doit avoir de bonnes connaissances commerciales, la compagnie cherchera quelqu'un qui soit diplômé d'une des grandes écoles de commerce, comme les Hautes Etudes Commerciales (H.E.C.), l'Ecole Supérieure des Sciences Economiques et Commerciales (E.S.S.E.C.), ou une école semblable. Si l'on a besoin d'un cadre qui soit ingénieur, on préférera un ancien élève de l'Ecole Polytechnique, de l'Institut National des Sciences Appliquées (I.N.S.A.), ou d'une grande école équivalente. Souvent les secrétaires doivent être de bonnes sténo-dactylos bilingues ou trilingues.[7]

Avant d'embaucher du personnel, il vaut la peine de consulter l'inspecteur du Travail le plus proche. Il peut vous conseiller sur les questions d'hygiène et de sécurité, ainsi que sur les conditions de rémunération, la durée du travail, les congés, les délégués du personnel, et ainsi de suite. Il faut toujours l'avertir des embauchages et des licenciements.[8] Pour les questions de rémunération, les considérations les plus importantes sont le SMIC (salaire minimum interprofessionnel de croissance),[9] les âges minimum et maximum, et les règles de la sécurité sociale.

Pour quelques annonces typiques, regardez les offres d'emploi à la fin de cette section.

Exercices

I.   Questions sur le texte

1.   Expliquez en français la fonction de chacun des éléments dans la subdivision "Administration."

2.   Pourquoi fait-on une étude du marché (subdivision "Achats")?

3.   Quelle est la différence entre les ventes intérieures et les ventes extérieures (subdivision "Ventes")?

---

[2]*anciens élèves . . . grandes écoles*: alumni . . . graduate professional schools. These schools are not found as part of large universities but are separate.

[3]*comptable*: accountant, bookkeeper

[4]*petites annonces*: classified ads

[5]*Service de la Main-d'Oeuvre*: Employment Office

[6]*formation*: education and employment background

[7]*de bonnes sténo-dactylos bilingues ou trilingues*: good bilingual or trilingual shorthand typists

[8]*embauchages . . . licenciements*: hirings . . . firings

[9]The SMIC is comparable to the American minimum wage. People who receive the minimum wage in France are sometimes called *smicards*. In early 1980 it was 2000F a month.

4.   Donnez trois façons de rechercher des cadres supérieurs.

5.   Qui recherche-t-on principalement dans les petites annonces?

6.   A quoi sert le Service de la Main-d'Oeuvre?

7.   Nommez deux grandes écoles de commerce et une grande école pour la formation des ingénieurs.

8.   Qu'est-ce qu'on appelle une secrétaire qui sait sténographier et dactylographier en deux langues?

9.   Pourquoi doit-on consulter l'inspecteur du Travail lorsqu'on engage du personnel?

10.   Qu'est-ce que c'est que le SMIC?

II.   Les annonces d'emploi (voir les exemples ci-dessous)

1.   Qu'est-ce qu'on exige du cadre supérieur dans l'annonce A?

2.   Quel travail le cadre de l'annonce A doit-il faire?

3.   Quelle rémunération la firme offre-t-elle dans l'annonce A?

4.   Quelles langues les secrétaires doivent-elles parler dans l'annonce B?

5.   Quelle sorte de comptables recherche-t-on dans l'annonce C?

6.   Qu'est-ce qu'on offre à ces comptables?

7.   Où l'ingénieur de l'annonce D doit-il travailler?

8.   Rédigez l'annonce pour une cinquième personne. A inclure: la description du poste, les qualifications que l'on exige, le salaire que l'on offre.

III.   Trouvez une réponse convenable:

1.   Toutes les abréviations suivantes indiquent des grandes écoles sauf
_____.

a. H.E.C.   b. E.S.S.E.C.   c. I.N.S.A.   d. SMIC

2.   Un synonyme d'engagement est _____.

a. licenciement   b. embauchage   c. congé   d. rémunération

3.   En France, tout le monde reçoit un mois de _____ payé.

a. licenciement   b. embauchage   c. congé   d. rémunération

4.   La partie de l'administration d'une entreprise multinationale qui s'occupe de personnes qui ne paient pas leurs factures s'appelle _____.

a. la direction   b. la comptabilité   c. le secrétariat général

d. le contentieux

5.   La partie du secteur des ventes qui s'occupe d'attirer les clients s'appelle
_____.

a. les ventes extérieures   b. les ventes intérieures   c. les expéditions

d. la publicité

6. Normalement on cherche dans les petites annonces tout le personnel suivant sauf _____.

a. comptables   b. dactylos   c. cadres supérieurs   d. employés

IV. Trouvez dans le texte un autre mot de la même famille:

sténographier—to take down in shorthand   _____

commander—to order (an item)   _____

diriger—to direct   _____

compter—to count (2 mots)   _____   _____

étudier—to study   _____

facturer—to invoice   _____

élever—to raise   _____

avertissement—warning   _____

employer—to use (2 mots)   _____   _____

annoncer—to announce   _____

V. Dictée tirée d'une partie du texte

VI. Approfondissement

Lectures conseillées: Mauger et Charon I, pp. 72–77 (See bibliography for full titles.)

Expliquez ce que font les personnes suivantes:

réceptionnaire	magasinier	manutentionnaire
emballeur	livreur	standardiste
caissier	facturier	comité d'entreprise

Courtesy of L'Express

c.v. stands for curriculum vitae, another word for resume

DOCUMENT 10. Demande d'emploi

COMPAGNIE DES LAMPES

SOCIÉTÉ ANONYME AU CAPITAL DE 91.958.200 F

R. C. Paris 54 B 5088 — N° INSEE 288 75 108 0 008

29, Rue de Lisbonne — 75008 PARIS

photographie

DEMANDE D'EMPLOI, en qualité d ....

Appointements demandés : Frs ....

Nom et prénoms du Candidat : ....

Nationalité .... Né (e) le : .... Situation militaire : .... Situation de famille : ....

Adresse : .... Date de la demande : ....

Écoles fréquentées	Diplômes obtenus	Aptitudes spéciales	Langues étrangères

Entreprises dans lesquelles vous avez travaillé		Dates		Temps total	Activité de l'Entreprise	Nature du travail du Candidat	Dernier Gain mensuel	Motif du départ
NOMS	ADRESSES	d'entrée	de sortie					

8-73 - 5000

Signature :

Courtesy of the Compagnie des Lampes Mazda

Section V–3

Réponses aux offres d'emploi

James MORNET
95, boulevard Jourdan
75014 PARIS

Michelin, S.A.
B.P. 66
24, rue de X
75017 PARIS

Réf: 2099

Paris, le 13 juin 19. .

Monsieur le Chef du Personnel,

J'ai lu votre annonce parue dans *Le Monde* du 12 juin, et je me permets de solliciter le poste de jeune cadre actuellement vacant dans votre filiale de New-York.

Je suis âgé de 24 ans, célibataire, et prêt à me déplacer. J'ai la nationalité américaine, et je parle couramment le français. Je possède le diplôme de MBA (Master of Business Administration) de l'Université de Caroline du Nord, et je travaille comme représentant chez Firebird Tires depuis un an.

Si je désire quitter ma situation présente, c'est que je n'ai aucun avenir dans une petite compagnie, et que je n'ai aucune occasion de voyager à l'étranger. Je suis attiré par Michelin parce que cette firme offre plusieurs possibilités d'avancement et des occasions de voyages. Je crois donc avoir toutes les qualifications souhaitées.

Je joins à ma lettre un curriculum vitae. Je vous serais obligé de vous adresser pour tous renseignements à mon sujet au Placement Service, University of North Carolina; Chapel Hill, NC 27514. Si vous préférez, vous pourrez écrire directement aux trois personnes dont j'ai donné les adresses dans mon curriculum vitae. Je suis en vacances à Paris jusqu'au 27 juin, et je serai disponible pour une entrevue à Paris jusqu'à cette date.

Je vous prie de croire, Monsieur le Chef du Personnel, à l'expression de mes sentiments très distingués.

James MORNET

Exercices

I.   Sur le format

1.   Que signifie B.P.? (It corresponds to "P.O. Box")

2.   Chaque paragraphe doit avoir une idée principale. Expliquez l'idée principale de chaque paragraphe.

3.   Si vous ne savez pas le titre de la personne à laquelle vous écrivez, comment commencez-vous votre lettre?

4.   Si vous n'avez pas d'en-tête pour indiquer la ville d'où vous écrivez votre lettre, où devez-vous mettre le nom de cette ville?

II.   Le titre de civilité[1]

Le titre de civilité doit inclure le titre de la personne à laquelle vous écrivez. La lettre commence "Monsieur le" plus le titre, ou "Madame la" plus le titre. Exemple: "Monsieur le Chef du Personnel," "Monsieur le Directeur," etc. Remarquez que le titre de la personne commence par une lettre majuscule. Donnez le titre de civilité correct pour:

1.   le Ministre de l'Education

2.   le Directeur des Relations Publiques

3.   le Recteur de la Sorbonne

4.   la Présidente du Conseil (Include "Conseil" in the salutation)

5.   le Professeur de français[2]

N.B. Il n'est pas nécessaire de mentionner le titre en entier. "Madame la Directrice" est le titre de civilité correct pour la Directrice des Ventes Internationales.

---

[1] Le titre de civilité pour un avocat ou un notaire est "Maître", pour un ambassadeur "Excellence". La règle citée ici est valable dans 95 pour cent des cas.

[2] Si c'est un de vos anciens professeurs, "Monsieur" ou "Cher Monsieur" est suffisant.

III. Conclure une lettre

Pour conclure une lettre, on répète dans la formule de politesse le titre de civilité par lequel on a commencé. Employez les mêmes titres que vous avez utilisés dans l'exercice II pour compléter les formules suivantes:

1. Veuillez agréer, _____, l'expression de ma haute considération. (Vous montrez beaucoup de respect.) le Ministre de l'Education

2. Dans l'attente de votre prompte réponse, je vous prie de croire, _____, à mes sentiments les meilleurs. (Vous présumez que la personne a l'obligation de vous répondre.) le Directeur des Relations Publiques

3. Dans l'attente de votre réponse, je vous prie d'agréer, _____, l'expression de ma haute considération. (Vous espérez que la personne va vous répondre, mais il n'est pas clair que la personne ait l'obligation de vous répondre.) le Recteur de la Sorbonne

4. Nous serons heureux de vous accueillir le 3 juin. Dans cette attente, nous vous prions d'agréer, _____, l'expression de notre haute considération. (Vous voulez servir la personne en question.) la Présidente du Conseil

5. Avec tous nos regrets, nous vous prions de croire, _____, à nos sentiments respectueux. (Vous donnez une réponse défavorable.) le Professeur de français.

V. Vocabulaire

Vous sollicitez une situation ou *un poste* au niveau de cadre, *une place* au niveau d'employé, et *un emploi* au niveau d'ouvrier. Dans laquelle de ces trois catégories mettez-vous:

vendeur   secrétaire   manutentionnaire   directeur   gérant

VI. Le mode convenable

Le conditionnel est le mode qui convient à la politesse, en anglais et en français. Traduisez les phrases suivantes:

1. Le conditionnel est préférable quand vous employez *vouloir* ou *désirer* pour formuler une demande.
a. Je désirerais obtenir une place de dactylo. (demande)
b. Je désire obtenir une réponse affirmative (ordre)

2. Pour citer vos références dans une réponse à une offre d'emploi, *Je vous serais obligé de* est préférable à *Je vous prie de.*
a. Je vous serais obligé de vous adresser pour tous renseignements à mon sujet au Placement Service, ... (demande)
b. Je vous prie de vous taire. (ordre)

VII. Ecrire une lettre

Répondez à une des annonces à la fin de la section V-2. Dans le premier paragraphe, indiquez le poste, la place ou l'emploi que vous sollicitez et inventez le journal ou la revue où vous en avez trouvé l'annonce. Dans la suite de la lettre, réservez un paragraphe pour décrire votre formation, un autre pour expliquer pourquoi vous changez de poste (si vous travaillez actuellement), et un troisième pour donner des renseignements sur vos références.

VIII. Complétez les phrases suivantes en consultant la lettre de James Mornet:

1. Un synonyme d' "à présent" est _____.

2. James est de _____ américaine.

3. James sera _____ pour une entrevue.

4. La formule de politesse française qui correspond à "Sincerely," est: _____.

5. Je serai à Toronto _____ 'au 3 octobre.

IX. Questions sur le texte

1. Quel poste M. Mornet sollicite-t-il?

2. Expliquez en français ce qu'est un MBA.

3. Pourquoi M. Mornet veut-il quitter sa situation présente?

4. Pourquoi préfère-t-il Michelin?

5. Où M. Mornet a-t-il donné les adresses des trois références?

6. Pourquoi M. Mornet mentionne-t-il qu'il sera à Paris jusqu'au 27 juin?

Chapitre VI

Section VI–1

Les Syndicats[1]

Vocabulaire

l'actionnaire (m, f): stockholder
l'adhérent (m): member
l'ancienneté (f): experience; seniority
bien sûr: of course
C.F.D.T.: Confédération Française Démocratique du Travail
C.G.C.: Confédération Générale des Cadres
C.G.T.: Confédération Générale du Travail
le chiffre: figure, number
la concertation: concerted efforts, negotiations
les effectifs (m): number of people employed (in a company)
entériner: to confirm, to ratify
étroit: narrow, close
éviter: to avoid
F.O.: Force Ouvrière
la grève sauvage: wildcat strike
mécontent: discontent
ne . . . que: only
le patronat: employer(s)
P.C.: Parti Communiste
le plan: level, plan
la planification: planning; in government planning use of medium-range economic plans

---

[1]Canadian labor unions are closer to those of the United States: one union per company; subdivision into locals (*locaux*), unions (*syndicats*), and federations (*fédérations*). Consult bibliography for source readings on Canada.

plus ou moins: more or less   *le syndicat*: union
P.S.: Parti Socialiste   *l'usine* (f): factory
soutenir: to support

M. Thiriot déjeune de nouveau avec M. Roberts. Cette fois leur discussion tourne sur l'organisation sociale de l'entreprise.

M. ROBERTS: Avant de venir en France, je connaissais déjà le nom des syndicats auxquels je pourrais avoir affaire. Je savais, par exemple, que la C.G.T. s'associait au Parti Communiste, et que chaque fois que parlait Henri Krasucki, le leader du syndicat, il faisait écho aux paroles de Georges Marchais, le chef du P.C. Pourtant je ne me serais jamais attendu à la complexité des relations inter-syndicales que j'ai trouvées depuis mon arrivée en France.

M. THIRIOT: Qu'est-ce que vous voulez dire?

M. ROBERTS: Bien. J'ai lu dans *Le Monde*[2] que la C.F.D.T., syndicat moins à gauche que la C.G.T., soutenait une grève sauvage tandis que la C.G.T. la critiquait.

M. THIRIOT: Oui, ça ne m'étonne pas. La C.G.T. n'est pas moins légaliste; en fait, ce peut être tout le contraire. C'est rare que la C.G.T. soutienne une grève sauvage ou une occupation d'usine, alors que la C.F.D.T., plus proche du Parti Socialiste que d'autres partis, donc un peu moins à gauche, le fera volontiers. Malgré tout, il nous est plus facile de travailler avec la C.F.D.T. Le but de la C.G.T. est d'entretenir le mécontentement parmi les ouvriers. Une offre, aussi acceptable soit-elle, suscitera toujours des commentaires négatifs de la part des leaders de la C.G.T. avant même d'en avoir pris connaissance. La C.F.D.T., au contraire, écoutera ce que vous avez à dire avant de vous critiquer.

M. ROBERTS: Il y a un troisième syndicat dans mon entreprise, F.O. Que pouvez-vous me dire à son sujet?

M. THIRIOT: Que c'est un syndicat raisonnable. Il ne cherche pas le conflit; il tente de l'éviter. C'est avec F.O. et la C.G.E.[3] que je préfère négocier.

M. ROBERTS: Et si je ne me trompe pas, F.O. est plutôt centriste dans ses points de vue politiques, et la C.G.C. plutôt droitiste.

M. THIRIOT: C'est ça, plus ou moins. Mais c'est seulement dans la C.G.T. que vous avez une union étroite entre syndicat et parti politique.

M. ROBERTS: C'est difficile à comprendre pour un Américain. Chez nous, un syndicat soutient un parti politique une année, et un autre l'année suivante.

M. THIRIOT: Et je crois que vous n'avez qu'un syndicat par usine?

M. ROBERTS: Oui, normalement. Ce qui fait contraste avec la France où on trouve souvent trois et même quatre syndicats qui représentent le personnel.

---

[2]*Le Monde* is a newspaper similar in content to the *New York Times.*

[3]Until May, 1981 the C.G.E. was known as the C.G.C. It changed its name from Confédération Générale des Cadres to Confédération Générale de l'Encadrement.

M. THIRIOT: Vous avez aussi plus de coopération entre le patronat et les syndicats chez vous, je crois?

M. ROBERTS: En effet. Les ouvriers sont quelquefois des actionnaires de l'entreprise.

M. THIRIOT: Chez nous presque jamais. Les syndicats considèrent souvent leurs partenaires sociaux comme des adversaires. Leurs *partenaires sociaux* sont, bien sûr, le patronat et les Pouvoirs Publics.

M. ROBERTS: Croyez-vous que la loi assez récente sur le bilan social puisse améliorer la coopération entre les partenaires sociaux?

M. THIRIOT: J'espère que oui. Cette loi de 1977, entrée en vigueur seulement depuis 1979, doit son origine au rapport Sudreau qui justement voulait résoudre ce problème d'antagonisme entre patrons et salariés.

M. ROBERTS: J'ai entendu parler de ce rapport. M. Sudreau dirigeait une commission d'étude pour le compte du gouvernement en 1974, n'est-ce pas?

M. THIRIOT: C'est ça. Son rapport fait toutes sortes de suggestions pour rendre plus aisées les relations sociales dans l'entreprise, et cette loi n'entérine que quelques-unes des suggestions du rapport.

M. ROBERTS: De toute façon, je crois que la publication des chiffres rendant compte des effectifs, des rémunérations, des conditions de travail, etc., qui est exigée par cette loi, aidera à corriger certaines injustices du passé. J'ai entendu dire que par le passé l'industrie ne faisait que rarement connaître ce genre de statistiques. A l'heure actuelle, le bilan social doit servir non seulement à l'information, mais aussi à la planification et à la concertation.

M. THIRIOT: C'est juste. Mais nous n'avons pas de loi pour l'action positive qui oblige le patronat à engager davantage de femmes et de groupes minoritaires. Et il faut savoir que la loi oblige uniquement les entreprises de plus de 300 salariés à faire un bilan social.

M. ROBERTS: Selon une loi de 1980, toutes les entreprises privées employant 100 personnes ou plus peuvent distribuer des actions à leurs effectifs. Comment est-ce que cela fonctionne? Croyez-vous que nous ayons moins de grèves avec une participation ouvrière?

M. THIRIOT: Trois pour cent du capital est distribué aux travailleurs ayant au moins trois années d'ancienneté. Les actions sont nouvellement créées, et les personnes qui les reçoivent ne peuvent pas les vendre avant trois ans, et dans certains cas avant cinq ans. Jusqu'à présent, je n'ai pas vu une diminution dans le nombre de grèves, mais le programme est trop récent. Il faut attendre pour juger.[4]

----

[4]Worker participation as stockholders is rare in France in late 1980. Charles de Gaulle tried to campaign for it in the late 1960's but without success. Unions involved in a "lutte des classes" did not want workers to be confused with management, as stock ownership would make them part owners in the company. The main objectives of worker participation legislation are to reduce the number of strikes, to increase productivity, and to have workers share in management by the fact that they would hold stock (*actions*).

Exercices

I.   Questions sur le texte

1.   Pourquoi Henri Krasucki et Georges Marchais auraient-ils des points de vue semblables?

2.   Quelles tendances politiques trouve-t-on au sein de la C.F.D.T.? de F.O.? de la C.G.C.?

3.   Selon M. Thiriot, quel syndicat soutient les grèves sauvages et les occupations d'usine?

4.   Pourquoi M. Thiriot n'aime-t-il pas négocier avec la C.G.T.?

5.   Donnez deux différences entre les syndicats américains et les syndicats français.

6.   Quels sont les trois partenaires sociaux dans une entreprise en France?

7.   Sur quel sujet le rapport Sudreau fait-il des suggestions?

8.   Quelle loi a résulté de ce rapport?

9.   En faisant un bilan social, quelles sortes de chiffres une entreprise doit-elle fournir?

10.   Citez deux éléments des relations sociales de l'entreprise qui n'entrent pas dans le cadre de la nouvelle loi.

11.   Expliquez la participation ouvrière de la loi de 1980.

II.   Put the following sentences in the past using the compound past and the pluperfect in one answer, and the compound past and the supercompound past in a second answer. Model: *Quand son collègue est descendu, il monte.* Answers: Quand son collègue était descendu, il est monté. Quand son collègue a été descendu, il est monté.

1.   Dès que tu as refusé, ils acceptent.

2.   Lorsque vous avez compris, vous faites de votre mieux.

3.   A peine a-t-elle annoncé sa démission que le chef d'entreprise la remplace.

4.   Aussitôt que j'ai cru son histoire, elle me demande de l'argent.

5.   Après que nous sommes arrivés, elles partent.

III.   Consult no. 12 of the Grammar Review on the uses of *devoir* and *pouvoir*. Translate the following sentences:

1.   You should understand.

2.   She will not be able to start.

3.   I had to stop.

4. They were supposed to arrive before 6 o'clock.

5. He cannot finish.

6. I could stay, but I don't want to stay.

7. I could stay, but I didn't want to stay.

8. You should have resigned.

9. They may buy the store.

10. She could have done it.

11. They succeeded in making a reservation.

12. He owes six dollars.

IV. Give a logical reply to the following statements using a form of *devoir* or *pouvoir*. Model: *Il est dix heures.* Reply: Je *dois* partir.

1. Pascal n'est pas ici. Il _____ partir.

2. Nous avons donné la mauvaise réponse. Nous _____ donner la bonne réponse.

3. Vous avez trop de choses à porter. _____-vous attendre que je vous aide?

4. Je m'appelle Yves Dupont. Et vous, _____-je vous demander votre nom?

5. Il allait pleuvoir. Je ne _____ pas sortir parce que je n'avais pas de parapluie.

V. Translation

1. The employer presented the figures to the stockholders.

2. The concerted efforts of the C.G.T. and F.O. succeeded in avoiding a wildcat strike.

3. The C.F.D.T. supports the Socialist Party.

4. The members of the Communist Party are unhappy; the plan does not please their leader.

5. Planning, of course, includes a wide representation of points of view.

6. The labor union counts only the number of people employed in the firm.

7. We are more or less happy that he is changing the political situation.

8. She avoided the narrow street.

VI. Discussion. Divide class in groups of two.

Vous allez acheter des actions (stock) dans une entreprise française. Votre camarade de classe jouera le rôle de l'agent de change. Décidez quelle sera la meilleure compagnie pour vous. Justifiez votre décision en étudiant les descriptions et les considérations ci-dessous.

Compagnie A. Une entreprise de 400 salariés. Deux syndicats—F.O. et C.G.T. Pas de grèves dans les cinq dernières années. Rendement (yield) de 5 pour cent. (i.e. for every 100 F invested last year a stockholder made 5 F). Grande expansion projetée pour l'avenir (future). La cote s'améliore (the stock quotation improves) chaque année. (i.e. its selling price goes up each year).

Compagnie B. Une entreprise de 1200 salariés. Deux syndicats—la C.F.D.T. et la C.G.T. Deux grèves sauvages et une grève générale dans les cinq dernières années. Rendement de 14 pour cent. Plusieurs licenciements pour raison financière cette année. Projets pour l'avenir incertains. La cote a peu changé dans les cinq dernières années.

Compagnie C. Une entreprise de 600 salariés. Quatre syndicats—C.G.C., C.G.T., C.F.D.T., et F.O. Une grève générale il y a quatre ans (four years ago). Rendement de 11 pour cent. Les exportations s'améliorent chaque année. Le patronat (company management) vient de changer. La cote s'améliore chaque année.

Considérations

1. Vous désirez une compagnie avec de bonnes relations sociales.

2. Vous voulez le meilleur rendement possible.

3. Vous préférez une cote qui s'améliore chaque année.

4. Vous cherchez une compagnie avec un bon avenir.

5. Vous devez choisir une seule compagnie.

Section VI–2

L'Economie française

La France a une économie capitaliste qui ressemble beaucoup à celle des Etats-Unis en matière de commerce. Pourtant les noms des organismes d'Etat qui interviennent dans l'économie diffèrent un peu. Le ministère qui influe le plus sur l'économie française est l'ancien Ministère de l'Economie et des Finances—aujourd'hui le Ministre du Budget et le Ministre de l'Economie sont responsables du budget de l'Etat, du contrôle du crédit et des prix, du commerce extérieur, de la surveillance des organismes financiers, et ainsi de suite. Plusieurs autres ministères ont aussi affaire à l'économie, comme ceux de l'Agriculture, de l'Industrie et des Transports. Quand des questions économiques concernent plus d'un ministère, elles se résolvent par des Comités Interministériels ou par l'arbitrage[1] du Premier Ministre ou du Président.

Une grande différence entre la France et les Etats-Unis se remarque par la présence de compagnies nationalisées.[2] Pourtant l'aspect le plus distinctif de l'économie française est la planification. Depuis 1944, s'inspirant du Plan Marshall pour la reconstruction après la Seconde guerre mondiale, la France a vécu sept plans à moyen terme.[3] Chaque plan a eu des objectifs précis en ce

---

[1] *arbitrage*: arbitration

[2] Chapter I–2 discusses these. Canada does have public companies.

[3] *la France . . . terme*: France has lived under seven medium-range plans

qui concerne le P.N.B., la P.I.B., le taux d'inflation, le chômage, la balance des paiements, etc.[4] En général, les plans sont prévus pour 4 ou 5 ans, mais parfois des événements mondiaux, comme l'embargo du pétrole par l'OPEP[5] en 1973, ont rendu nécessaires des modifications dans les prévisions.

Le VIIe Plan, entré en vigueur en 1976 et terminé en 1980, a vu la naissance d'un plan conjoncturel[6] avant même la fin de la première année, en raison d'une période de "stagflation", c'est-à-dire d'une période où le chômage et l'inflation vont de pair. La "stagflation" était un phénomène économique tout à fait nouveau qui déconcertait les économistes; en effet, d'après les théories traditionnelles, c'était dans l'inflation qu'on devait trouver remède au chômage et vice versa. Le Premier Ministre Barre, d'abord en automne 1976, puis au printemps 1977, a essayé, dans un plan conjoncturel, que les uns[7] ont baptisé le Plan Barre, de trouver des moyens à court terme pour combattre ce problème. Mais bien que son désir ait été de complémenter avec l'application de ces moyens le VIIe Plan, son nouveau programme n'a eu que peu de succès, car même avant le VIIe Plan, la France était déjà la proie des désordres monétaires internationaux—sa participation à la C.E.E.,[8] à l'O.C.D.E.,[9] au GATT[10] et au F.M.I.,[11] sa balance des paiements, la valeur du franc par rapport aux autres monnaies, et l'inflation internationale qui dépassaient son contrôle. Le VIIIe Plan commença en 1981.

---

[4]*P.N.B. . . . paiements*: Produit National Brut (Gross National Product), Production Intérieure Brute (Gross Domestic Production), the rate of inflation, unemployment, the balance of payments, etc.

The gross national product (GNP) is the value of all the goods and services produced by a nation's economy in a year. In the United States, talk about the GNP is common, while talk about the gross domestic product or production is rare. When the French discuss their P.I.B., they exclude from the P.N.B. the goods and services produced by the nation's economy abroad. Canadians also speak of a gross domestic product, but the French Canadian abbreviation P.I.B. stands for *Produit Intérieur Brut*.

[5]*OPEP*: Organisation des Pays Exportateurs du Pétrole. Americans use the term OPEC (Organization of Petroleum Exporting Countries).

[6]*entré en vigueur . . . plan conjoncturel*: going into effect . . . contingency plan.

[7]*les uns*: some

[8]*C.E.E.*: Communauté Economique Européenne; the European Economic Community (E.E.C.), is another name for the Common Market. See chapter II–2 for information on how it influenced the economy.

[9]*O.C.D.E.*: Organisation pour la Coopération et le Développement Economiques. The Organization for Economic Cooperation and Development (O.E.C.D.) has as its goal the cooperation of all its members for their mutual development and the improvement of their economies. Richer nations like France and the United States have granted significant aid to developing countries through this organization. Countries also liberalize exchanges, payments, and other restrictions detrimental to economic cooperation.

[10]*GATT*: General Agreement on Tariffs and Trade (the French use the American abbreviation and pronounce it like a word instead of a series of letters.) Tariffs are taxes imposed by a country on imported goods, and occasionally on exported goods that the country is not anxious to lose. The General Agreement on Tariffs and Trade has a goal of reducing tariffs among member countries. About 100 nations including France and the United States belong.

[11]*F.M.I.*: Fonds Monétaire International. The International Monetary Fund (I.M.F.) was established to curb price fluctuations of world currencies.

Pourtant les efforts français de planification sont louables. Un Commissariat Général au Plan avec une large représentation passe des mois et des années à constituer chaque plan. Il ne fait pas de doute que si ce plan n'existait pas, les objectifs du gouvernement et de la main-d'oeuvre française seraient plus contradictoires et moins compréhensibles. Les partis politiques discutent d'ailleurs moins les objectifs du plan que la façon dont ils sont mis en oeuvre.

Exercices

I.   Questions sur le texte

1.   Comment les Ministres du Budget et de l'Economie influent-ils sur l'économie française? (4 facteurs)

2.   Qui résoud les questions économiques intéressant plus d'un ministère? (3 réponses)

3.   Expliquez la différence entre le P.N.B. et la P.I.B.

4.   Pendant combien d'années dure normalement un plan économique en France?

5.   Quelles sortes d'objectifs les plans ont-ils? (4 points)

6.   Quel plan couvre la période qui va de 1976 à 1980?

7.   Qu'est-ce que c'est que la "stagflation"?

8.   Qui est M. Barre?

9.   A quels désordres monétaires la France est-elle en proie?

10.   Quelle est la fonction du Commissariat au Plan?

II.   Organisations internationales et ministères

1.   Expliquez le rôle de chacun des organismes ou des accords suivants:
O.C.D.E.   GATT   F.M.I.

2.   Donnez la traduction anglaise et le sigle anglais de chaque terme du no. 1.

3.   En consultant la liste des attributions de trois ministres à la fin de ces exercices, citez trois services dépendant du Ministre de l'Economie et trois services dépendant du Ministre du Budget.

4.   Quel autre ministre s'occupe des relations économiques extérieures?

III.   Vocabulaire

1.   C'est le jour où la loi _____.
a. est allée en effet   b. est entrée en vigueur   c. était en effet
d. est allée en vigueur

2. La stagflation continue _____ nos efforts.
a. en dépit de   b. à   c. avant   d. d'abord

3. La lire italienne n'est pas _____ forte.
a. un argent   b. une somme   c. une monnaie   d. une concurrence

4. _____ est un cartel bien connu.
a. Le F.M.I.   b. Le GATT   c. L'OPEP   d. L'O.C.D.E.

5. Personne n'a trouvé de _____ pour l'inflation et le chômage.
a. mal   b. embargo   c. printemps   d. remède

IV. Trouvez dans le texte un mot de la même famille:

pétrolier—oil tanker   _____
conjoncture—contingency   _____
complément—complement, remainder   _____
ministre—minister (of the government)   _____
augmenter—to increase   _____
louer—to praise   _____
contredire—to contradict   _____
plan—plan   _____

V. Dictée tirée d'une partie du texte

VI. Approfondissement

Lectures conseillées: Froment et Lerat, pp. 83–114; pour des détails plus récents voir (1) *L'Année économique et sociale 1978,* et le même livre pour d'autres années plus récentes—c'est une publication du journal *Le Monde* qui recueille les meilleurs articles de l'année sur l'économie, ou (2) les revues *Problèmes économiques, L'Expansion, Le Nouvel Economiste.*

1. Résumez l'attitude de la France envers le Marché Commun depuis le Traité de Rome jusqu'en 1980.

2. Quelle progression voyez-vous dans le développement économique de la France de 1945 à 1974?

3. Tracez le développement de l'économie française de 1974 à nos jours.

4. Quels sont les programmes d'action prioritaire (P.A.P.) du VIIe Plan?

ATTRIBUTIONS RESPECTIVES
DU MINISTRE DE L'ECONOMIE ET DU MINISTRE DU BUDGET

Le décret No 78–532 du 12 Avril 1978, paru au Journal Officiel du 13 avril 1978, p. 1647, fixe les attributions respectives du Ministre de l'Economie et du Ministre du Budget, à la suite de la partition de l'ancien Ministère de l'Economie et des Finances.

(1°) Services dépendant d'un Ministre.

   a—Le Ministre de l'Economie a sous son autorité:

   —la direction du Trésor;
   —la direction de la Prévision;
   —la direction des Relations Economiques Extérieures
   —la direction des Assurances;
   —la direction générale de la Concurrence et de la Consommation;
   —la direction générale de l'Institut National de la Statistique et des Etudes Economiques;
   —l'administration des Monnaies et Médailles;
   —la Commission Centrale des Marchés.

   b—Le Ministre du Budget a sous son autorité:

   —la direction du Budget;
   —la direction de la Comptabilité Publique;
   —la direction générale des Impôts;
   —le service de la Législation Fiscale;
   —la direction générale des Douanes et Droits Indirects;
   —l'Imprimerie Nationale;
   —le service des Pensions;
   —le service des Laboratoires;
   —le service des Alcools;
   —le service Juridique et de l'Agence Judiciaire du Trésor;
   —le secrétariat général de la Loterie Nationale;
   —le service d'Exploitation Industrielle des Tabacs et des Allumettes;
   —l'Agence nationale pour l'Indemnisation des Français rapatriés d'Outre-Mer.

2°) Services à la disposition de chacun des deux Ministres:

   —l'Inspection Générale des Finances;
   —l'Inspection Générale de l'Economie Nationale;
   —les Missions de Contrôle et Contrôleurs de l'Etat;
   —la Direction Générale pour les Relations avec le Public;
   —la Direction du Personnel et des Services Généraux;
   —la Commission de développement de l'Informatique.

3°) Relations avec le Ministre du Commerce Extérieur.

Les dispositions du Decret du 21 Février 1975 prévoyant notamment l'autorité du Ministre du Commerce Extérieur sur la direction des Relations Economiques Extérieures sont maintenues.

En outre, le Ministre du Commerce Extérieur peut recourir également, en tant que de besoin, aux Services compétents des autres départements ministériels.

COURTESY OF THE MINISTERE DE L'ECONOMIE ET DES FINANCES.

Section VI–3

Les Conditions de vente

On distingue trois grandes catégories de vente, suivant les modes de règlement de la marchandise: (a) *la vente au comptant,* c'est-à-dire avec paiement immédiat ou dans le proche avenir, (b) *la vente à crédit,* avec paiement différé, et (c) *la vente à terme,* avec livraison et paiement remis à une date ultérieure et convenable. Dans la vente au comptant on distingue *le comptant compté,* qui est immédiat; *le comptant contre remboursement,* payé à la livraison; et *le comptant d'usage,* laissant quelques jours de délai avant le paiement. Quelquefois une personne qui achète à crédit *verse des arrhes,*[1] mais pas toujours. Une vente pour laquelle on échelonne les paiements[2] s'appelle une *vente à tempérament.*

Quelquefois le prix d'un article n'est pas fixe. Dans une *vente à l'amiable* (ou une *vente de gré à gré*), on peut marchander avec le vendeur avant d'arriver à un prix. Dans une *vente aux enchères,*[3] ce sont les enchères qui déterminent le prix; la personne qui offre le chiffre le plus fort[4] reçoit la marchandise.

Il arrive qu'une vente ne soit pas ferme. Dans *une vente à réméré,* le vendeur a le droit de reprendre sa marchandise pendant un certain temps.

---

[1]*verse des arrhes*: makes a downpayment. Sometimes the downpayment is called *un acompte* and sometimes *des arrhes.*

[2]*échelonne les paiements*: makes installment payments

[3]*vente aux enchères*: auction; *enchère*: bid

[4]*le chiffre le plus fort*: the highest figure

Dans *une vente à l'essai,* c'est le client qui peut rendre la marchandise après un certain temps s'il décide de ne pas l'acheter.

Si l'on achète à forfait, un contrat de vente fixe les prix à l'avance, et ceux-ci ne peuvent pas changer. Dans une *vente à forfait,* le client obtient souvent une réduction de prix parce qu'il achète tout en même temps.[5]

Dans les journaux et les revues, on peut voir des réclames[6] accompagnées d'un *bon de commande* (ou *bulletin de commande*). Le client remplit le bon de commande et l'envoie à l'adresse donnée pour passer son ordre. Le client peut aussi remplir un bon de commande au magasin même, ou se le faire envoyer directement chez lui et puis le renvoyer au magasin.

Deux techniques de vente méritent notre attention. *Le libre-service* s'emploie surtout pour les restaurants où les clients font la queue, choisissent la nourriture qu'ils veulent, et paient avant ou après le repas. Le terme s'applique aussi de manière plus générale aux magasins où le client choisit lui-même sans l'aide de vendeurs et paie tous ses achats ensemble en sortant du magasin.

Le franchising se répand même plus aux Etats-Unis qu'en France. Un franchisé achète à un franchiseur le droit d'exercer une certaine activité commerciale. McDonald's, par exemple, vend des *franchises* en France comme aux Etats-Unis. Le franchiseur aide le franchisé dans la gestion, le marketing, et la promotion des ventes. (Voir aussi la section V–1)

Exercices

I.   Questions sur le texte

1.   En ce qui concerne le mode de paiement, quelles sont les trois grandes catégories de vente?

2.   Dans quel cas verse-t-on des arrhes?

3.   Donnez deux types de vente où le prix d'un article n'est pas fixe.

4.   Citez deux types de vente où la vente n'est pas ferme.

5.   Pourquoi se sert-on d'un bon de commande? Donnez un synonyme de bon de commande.

6.   Expliquez le libre-service dans le contexte d'un restaurant et dans un sens plus large.

7.   Qu'est-ce que le franchising?

8.   Comment le franchiseur aide-t-il le franchisé?

[5] Besides being a contract sale, a *vente à forfait* can have the meaning of a package deal. Thus in a *forfait-restaurant* one may buy several meal tickets for one price, in advance. As in other contract sales, the price cannot change after it is arranged in advance.

[6] *réclame*: advertisement

II. Expliquez les termes suivants:

comptant compté   client   vente de gré à gré
vente à forfait   vente aux enchères   vente à réméré
vente à tempérament   comptant d'usage   acompte

III. Translate the terms of exercise II.

IV. Trouvez un exemple de ce que vous pouvez acheter:

(a) à terme,   (b) comptant contre remboursement,   (c) à l'amiable

COD cash on Delivery

V. Donnez la réponse correcte:

1. Vous n'avez pas payé à l'avance. Quand vos disques arrivent à votre domicile, vous devez régler la facture immédiatement car la Maison des Disques a envoyé votre commande _____.
a. à l'amiable   b. à réméré   c. comptant contre remboursement
d. à forfait

2. Vous voyagez au Mexique. Une jeune fille vous propose un chapeau à 180 pesos; vous proposez un prix de 100 pesos; finalement, vous payez 140 pesos. Il s'agit d'une vente _____.
a. à l'amiable   b. à réméré   c. comptant contre remboursement
d. à forfait

3. Vous achetez trois meubles en même temps, et vous recevez un prix spécial. Il s'agit d'une vente _____.
a. à l'amiable   b. à réméré   c. comptant contre remboursement
d. à forfait

4. On va liquider les biens d'une personne décédée (deceased) en vendant son mobilier à l'acheteur qui offre le plus. Il s'agit d'une vente _____.
a. de gré à gré   b. aux enchères   c. à tempérament   d. à l'essai

5. Vous achetez une voiture, mais vous ne pouvez pas tout payer à la fois. Vous versez donc des arrhes et vous échelonnez les paiements. Il s'agit d'un achat _____.
a. de gré à gré   b. aux enchères   c. à tempérament   d. à l'essai

6. Vous achetez des provisions (groceries), et vous payez à la caisse (check-out counter). Vous payez _____.
a. comptant compté   b. comptant d'usage   c. un acompte
d. un compte

7. Votre supermarché commande 60 litres de lait par jour pour une période

de trois mois. Il paie les trois mois en même temps et reçoit un prix spécial pour cette quantité. Il s'agit d'une vente _____.
a. à crédit   b. à forfait   c. à terme   d. en franchise

8.   Votre grand magasin commande 1000 draps de bain (bath towels) qui seront livrés (delivered) à raison de 250 tous les trois mois. Vous paierez après chaque livraison. Il s'agit d'une vente _____.
a. à tempérament   b. à terme   c. à l'essai   d. comptant d'usage

9.   Pizza Inn vend moins de _____ que McDonald's.
a. franchises   b. bulletins de commande   c. franchiseurs
d. franchisés

10.   Un groupe de personnes qui attendent le commencement d'un film font _____ devant le cinéma.
a. une réclame   b. une commande   c. un contrat de vente
d. la queue

VI.   Trouvez dans le texte un mot de la même famille:

tempérer—to moderate   _____

gérer—to manage   _____

libérer—to free   _____

essayer—to try   _____

rembourser—to reimburse   _____

payer—to pay   _____

échelon—grade, stage   _____

marchandise—merchandise   _____

Chapitre VII

Section VII–1

La Bourse de Paris[1]

Vocabulaire

l'actif (m): asset(s)
l'action (f): stock; *les actions de priorité*: preferred stock; *les actions ordinaires*: common stock
après, d': according to
baisse, en: falling, declining
le bénéfice: profit(s)
la bourse: stock exchange, exchange; *la Bourse*: the Stock Market, Stock Exchange
la cotation: quotation, quoting (financial)
la cote: quotation (financial)
coter: to quote (financial)
le cours: quotation, price; *à cours limité*: on a limit order
le courtage: broker's commission

le détenteur: holder
le dividende: dividend
le droit: the right
l'échéance (f): date of maturity
et. . . et. . .: both. . . and . . .
faire faillite: to go bankrupt
hausse, en: rising
la liquidation: settlement, payment
mieux, au: at market value, at whatever price necessary (when placing a market order)
l'obligataire (m,f): bondholder
l'obligation (f): bond; *l'obligation convertible*: convertible bond
la prime: option
le prix: price
le rendement: yield

---

[1]Canadian stock exchanges will be discussed in Chapter XIV.

la répartition: distribution
les valeurs mobilières (f): transferable securities (i.e. stocks and bonds)

vaudraient: conditional of *valoir,* to be
worth

Un jeune cadre et M. Roberts comparent les bourses américaines et françaises.

M. ROBERTS: Je crois que nous avons les mêmes valeurs mobilières aux Etats-Unis que vous avez en France.[2] Comme vous, nous avons des actions et des obligations. Mais vérifions quelques définitions. Qu'est-ce que vous entendez par action?

M. DUPRÉ: Les actions représentent des titres de propriété dans une société de capitaux. Une société de capitaux est une "corporation" aux Etats-Unis, n'est-ce pas?

M. ROBERTS: Oui.[3] Mais vous devez savoir qu'aux Etats-Unis nous avons deux types d'actions que nous appelons respectivement "common stock" et "preferred stock". Dans la répartition des dividendes,[4] les actionnaires qui possèdent des actions "preferred" reçoivent leurs dividendes avant ceux qui n'ont que des actions "common". Si l'entreprise fait faillite, ils auront leur part de l'actif de l'entreprise avant les détenteurs de "common stock". Ces derniers[5] courent un risque plus grand que les détenteurs de "preferred stock". Néanmoins, ceux qui détiennent des "preferred stocks" ont le désavantage d'un dividende fixe qui peut être assez bas. Quand la société fait un grand bénéfice, les détenteurs de "common stock" reçoivent souvent un dividende plus élevé que les détenteurs de "preferred stock". Avez-vous, en France, ces deux types d'actions.

M. DUPRÉ: Oui. Nos actions ordinaires correspondent à ce que vous appelez "common stock", et nos actions de priorité correspondent à ce que vous appelez "preferred stock."

M. ROBERTS: Peut-on acheter le droit d'obtenir des actions à un certain prix à une date future?

M. DUPRÉ: Vous voulez dire que si une action se vend à 100F aujourd'hui, vous pouvez acheter le droit de payer 100F d'ici trois mois, par exemple, même si, à ce moment-là, sa valeur est supérieure à 100F?

M. ROBERTS: C'est ça.

M. DUPRÉ: Oui. Dans ce cas-là, vous achetez des primes en liquidation à telle ou telle date. Et bien sûr, vous n'êtes même pas obligé, à l'échéance prévue, d'acheter les actions si leur valeur tombe. Vous espérez que, pendant

[2]Transferable securities include stocks and bonds. Stocks represent shares of ownership in a company. Bonds represent debts owed by the company to the bondholder; they are redeemed for company payment on the date of maturity.

[3]Chapter I discusses the kinds of *sociétés de capitaux.* Like the corporation, their distinguishing characteristic is the issue of stock. However, there are characteristics of French *sociétés de capitaux* that do not apply to American corporations and Canadian companies.

[4]Dividends are the earnings of a corporation that are paid to stockholders as their share of the profits.

[5]*Ces derniers*: the latter

les jours où vos primes sont valables, le marché sera à la hausse au lieu d'en baisse.[6] Ainsi, dans le cas où vous auriez le droit d'acheter des actions à 100F, et que le prix s'élève à 150F, vous pouvez les acheter à 100F et les revendre immédiatement à 150F. Vous réalisez un gros bénéfice. Par contre, si le prix baisse à 75F, vous perdez seulement la somme que vous avez payée pour avoir les primes.

M. ROBERTS: C'est comme chez nous. Et pour les obligations, en avez-vous de convertibles?[7]

M. DUPRÉ: Oui. Nous avons des obligations convertibles que l'obligataire a le droit d'échanger contre des actions ordinaires. Mon père a eu de la chance avec cela. Il avait des obligations qui à l'échéance auraient valu 1000F, mais en les convertissant en actions ordinaires, il a pu les vendre la semaine dernière pour 1500F.

M. ROBERTS: Quel était le rendement de ces obligations?[8]

M. DUPRÉ: Il était de l'ordre de 9,50% en juillet de chaque année.

M. ROBERTS: C'est un agent de change qui les a vendues, n'est-ce pas?

M. DUPRÉ: Oui. Les agents de change ont un monopole sur la vente des valeurs mobilières. Leur organisation syndicale s'appelle la Compagnie des Agents de Change.

M. ROBERTS: Est-ce que le sigle C.A.C. que je vois dans les journaux avec les cours du jour signifie Compagnie des Agents de Change?

M. DUPRÉ: Oui. A mon tour, j'aimerais vous poser une question sur les bourses américaines. Je crois d'ailleurs que nos agents de change font la même chose que les agents de change américains. Si je veux acheter des actions au prix du marché, quel qu'il soit, je demande à mon agent de change d'acheter "au mieux". Si je veux limiter mes frais, j'achète "à cours limité". Avez-vous aussi ce choix?

M. ROBERTS: Oui. Nous avons des "market orders" et des "limit orders" qui remplissent la même fonction.[9]

M. DUPRÉ: Après la vente, l'agent de change reçoit de son client un courtage. Le client doit verser ce courtage et quand il achète et quand il vend.

---

[6]When English-speakers refer to a declining market as a bear market, and a rising market as a bull market, the French use the terms "marché en baisse" and "marché à la hausse". French Canadians say "marché en hausse".

In addition to the *marché à primes* the French have a *marché à options* which allows the buyer of an option a longer time (nine months instead of three months) to exercise his option.

[7]Bonds are issued by companies as a way of borrowing money. They pay annual interest and are paid in full at maturity. The date of maturity and the interest rate appear on the bond.

[8]The "yield" of a bond is the annual interest rate paid on it; the "yield" of a stock is the percentage return you receive on your stock investment: a stock selling for $15 a share that pays out $1.50 per share in dividends has a yield of 10%.

[9]For example, if Dow Chemical is selling for 30, that is $30 per share, you can, as a buyer, offer 29¾, or $29.75 per share. Prospective sellers may or may not accept your limit order. If you pay the price at which stock is offered, in this case 30, then you place a market order. A limit order may or may not be filled eventually, while a market order may result in your paying a higher price.

A seller who places a market order agrees to accept the going price being offered, while the seller placing a limit order can hold out for a higher price than what buyers offer.

M. ROBERTS: Nous aussi, nous devons payer une "broker's commission". Le courtage est calculé d'après le nombre d'actions vendues et le coût des actions.

M. DUPRÉ: Il me semble vraiment qu'il y a beaucoup de ressemblances entre le New York Stock Exchange et la Bourse de Paris.[10]

Exercices

I.   Questions sur le texte

1.   Quelle est la différence entre une action et une obligation? Quelle sorte de valeurs constituent-elles?

2.   Quels sont les avantages des actions de priorité? les désavantages?

3.   Pourquoi achète-t-on des primes en liquidation à une date future? Est-ce que ces primes existent aux Etats-Unis?

4.   Contre quoi peut-on échanger ses obligations convertibles?

5.   Expliquez le sens de "rendement" pour une action et pour une obligation.

6.   Qu'est-ce que c'est que la C.A.C.? Sur quoi a-t-elle un monopole?

7.   Quand achète-t-on au mieux? Quand achète-t-on à cours limité?

8.   Comment calcule-t-on le courtage de l'agent de change?

II.   Review the placement of negatives in no. 56 of the Grammar Review. Place the negatives in parentheses in the following sentences. Model: *Je suis allé.* (jamais, nulle part) Answer: Je ne suis jamais allé nulle part.

1.   Il a fait. (guère, rien)

2.   Nous en avions eu. (aucun, jamais)

3.   Je serai retourné ce dimanche. (que, plus)

4.   Vous auriez voyagé. (nulle part, jamais)

5.   Elle avait reçu. (rien, plus)

6.   Nous sommes restés. (pas, non plus)

7.   Ils prendront (jamais, non plus, rien)

8.   Elles auront accepté nos excuses et nos félicitations. (ni . . . ni . . . , non plus)

III.   Consult nos. 58 and 60 of the Grammar Review. Decide whether the following sentences require a definite article, an indefinite article, or a partitive. (Include *de* when necessary.)

[10]The Canadian stock markets have slightly different vocabulary. See the *Lexique de la bourse* in the bibliography.

1. Elle achète _____ stylo pour son frère.

2. La secrétaire déteste _____ magnétophones.

3. Notre chef de service a refusé _____ ordres qu'il avait reçus.

4. Je ne prendrai pas _____ vacances.

5. Pourriez-vous me prêter _____ trombones?

6. Monique ne comprend pas _____ statistiques.

IV. Consult nos. 58–62 of the Grammar Review and substitute either the correct form of the definite article, the partitive, or nothing, according to the context:

1. Aimez-vous _____ voitures?

2. Je n'ai pas _____ argent.

3. Elle a beaucoup de _____ travail.

4. Nous n'aurons ni _____ poulet ni _____ frites.

5. Peux-tu m'expliquer _____ conditions de l'investissement?

6. Je n'ai pas promis _____ garanties.

7. Trop de _____ personnes ont _____ dettes énormes.

8. La plupart de _____ employés ont _____ maison tout près.

V. Translation

1. She announced a large dividend for the holders of common stock.

2. Would the distribution of dividends be worth your investment?

3. What are the latest quotations from the stock exchange?

4. After learning of the falling market, he exercised his option to sell.

5. The corporation announced its sale of bonds.

6. The bondholder wanted more than a 9.5% yield.

7. According to the stockbroker, the corporation went bankrupt and left the holders of transferable securities no assets.

8. How much is the broker's commission?

VI. Discussion. Divide class into groups of two.

Vous avez 20.000F à investir pour votre fille de deux ans, et vous savez que vous voulez acheter des valeurs mobilières. Vous demandez les conseils (advice) d'un agent de change. Votre camarade de classe jouera le rôle de l'agent de change. Tenez compte, avant de faire votre choix parmi les types de valeurs mobilières proposées, des considérations mentionnées. Décidez quel sera le meilleur investissement pour votre fille, A, B, ou C, ou une combinaison de valeurs.

A. Actions ordinaires dans l'industrie chimique. Rendement actuel de 4 pour cent. Bonne possibilité que le prix double en trois ans à cause d'une nouvelle invention. A acheter par quantités de 200F. Courtage: 1,5% jusqu'à 10.000F; 1% à partir de 10.000F.

B. Obligations dans l'industrie chimique. Rendement de 8 pour cent. Durée de 15 ans. Chaque obligation: 1000F. Courtage: 1,5% jusqu'à 10.000F; 1% à partir de 10.000F.

C. Actions de priorité dans l'industrie textile. Rendement de 6,50 pour cent. La cotation s'améliore (improves) chaque année depuis trois ans. A acheter par quantités de 250F. Courtage: 1,5% jusqu'à 10.000F; 1% à partir de 10.000F.

Considérations

1. Vous voulez que votre fille puisse aller à l'université. Elle n'a pas besoin d'argent dans le proche avenir.

2. Si vous achetez des valeurs différentes, le courtage sera plus élevé.

3. Rien ne vous empêchera (will prevent) de vendre vos valeurs mobilières au bout de quelque temps, mais il vous faudra payer un courtage chaque fois que vous achèterez ou vendrez.

MAP 10. Métallurgie en France

Ⓕ signifie gisements de fer en Lorraine.

Ⓑ signifie gisements de bauxite dans la ville citée.

Ⓢ signifie villes importantes pour la sidérurgie.

Ⓐ signifie production d'alumine ou d'aluminum

MAP 11. Les constructions aérospatiale, automobile et navale

Dunkerque (N)
Valenciennes (AU)
(AU) La Bassée ● ● Maubeuge (AU)
Le Havre (N)
Sandouville (AU)
Cléon (AU)
Les Mureaux (AE)
Caen (AU)
Paris
Mlins (AU)
Melun (AE)
Rennes (AU)
Le Mans (AU)
St. Nazaire (N)
Sully (AU)
Nantes (AE)
Bourges (AE)
Châteauroux (AE)
Limoges (AU)
Issoire (AE)
Reims (AE)
Metz (AU)
Strasbourg (AU)
Mulhouse (AU)
Sochaux (AU)
Dijon (AE)
Bourg (AU)
Lyon (AU)
Annonay (AU)
Valence (AE)
Bordeaux (AU, AE)
Figeac (AE)
Cannes (AE)
Tarnos (AE)
Anglet (AE)
Aire (AE)
Toulouse (AE)
Bordes (AE)
Ossun (AE)
Marignane (AE)
La Ciotat (N)
La Seyne (N)

(AE) construction aérospatiale
(AU) construction automobile
(N) construction navale

131

Section VII–2

L'Industrie française I

Le fer et l'acier jouent un grand rôle dans le commerce extérieur de la France. Le bassin de Lorraine fournit la grande partie du minerai de fer pour l'intérieur du pays, mais ses gisements ont souvent une teneur trop faible pour les besoins de la sidérurgie.[1] Etant donné cet état de fait, la France importe beaucoup de minerai de fer plus riche aux pays d'Outre-Mer.

L'industrie sidérurgique fabrique l'acier, la fonte, les fils, la tôle, les lingots et les tubes.[2] Les grandes régions sidérurgiques sont la Lorraine, le Nord, et le bassin de Fos dans le sud-est. La balance commerciale de la sidérurgie est tantôt excédentaire, tantôt déficitaire.[3] Les difficultés de cette industrie résultent du prix de revient élevé du coke et du minerai de fer importé dont elle a besoin; son intégration à la CECA (Communauté Européenne Charbon-Acier) n'a pas réduit ses frais. En plus, la dispersion des usines et la difficulté des moyens de transport ont défavorisé les Français, qui doivent faire face à la concurrence du Japon, de l'Italie et d'autres pays. La surproduction internationale rend la concurrence encore plus acharnée. Parmi les grandes compagnies sidérurgiques,

---

[1]Siderurgy (*la sidérurgie*) is the metallurgy of iron and steel. In English, we refer to the *steel industry* more than to *siderurgy*.

[2]*acier . . . tubes*: steel, cast steel, wire, sheet metal, ingots and pipes.

[3]*excédentaire . . . déficitaire*: with a surplus . . . with a deficit. Les années 1978–80 ont été spécialement mauvaises pour la sidérurgie. Les licenciements pour raison financière et les fermetures d'usines ont bouleversé l'économie de toutes les régions dépendant de cette industrie.

il faut compter Usinor-Lorraine-Escaut, Sacilor-Aciéries et Laminoirs de Lorraine, et la Société Mosellane de Sidérurgie. Creusot-Loire est le premier producteur d'aciers fins spéciaux.

Quand on parle de métallurgie de transformation, on pense aux constructions automobile, aéronautique et navale. La métallurgie de transformation se sert de produits commerciaux fabriqués par la sidérurgie et par d'autres industries de base.

La construction automobile est très importante. En 1975 la France occupait le troisième rang mondial pour les autos, et le quatrième rang mondial pour les véhicules utilitaires. Les principaux acheteurs étrangers sont les pays de la C.E.E., les anciennes colonies françaises, et les Etats-Unis. Cette industrie a des chaînes de montage[4] dans plus de 25 pays, et elle collabore avec l'industrie américaine pour certaines opérations. En 1978, par exemple, Renault a annoncé son intention de fabriquer Le Car aux Etats-Unis et de la vendre chez les concessionnaires d'American Motors. Peugeot annonça en 1981 son intention de fabriquer un modèle avec Chrysler. La Régie Renault (entreprise publique), et Peugeot-Citroën-Talbot sont les deux firmes françaises pour les voitures particulières.[5] Berliet et Saviem fabriquent la grande partie des poids lourds;[6] groupés ensemble, ils ont pris la raison sociale[7] de Renault Véhicules Industriels. En 1979, Renault Véhicules Industriels (R.V.I.) a signé un accord avec Mack Truck, des Etats-Unis. Mack, qui fabrique des camions de plus de 15 tonnes, s'est fait l'agent de distribution des camions de 9 à 15 tonnes fabriqués par R.V.I. En 1980, les constructions automobiles américaine et française ont perdu un grand secteur de leur marché en raison de la concurrence des Japonais. L'avenir de l'industrie n'est plus aussi sûr.

Pour la construction aéronautique la France se trouve au troisième rang mondial. C'est une industrie qui dépend de l'Etat non seulement pour la grande partie de ses commandes, mais aussi pour l'allocation des crédits et la négociation d'accords internationaux. Elle fabrique des avions, des missiles, et des engins tactiques et stratégiques. Ses grandes compagnies comprennent Bréguet-Dassault, SNIAS, et SNECMA. Dans l'avenir l'industrie s'attend à plus de coopération internationale pour mieux payer les frais des recherches et pour mieux vendre ses avions. La France a déjà collaboré avec la Grande-Bretagne pour construire le Concorde, avec l'Allemagne pour des engins tactiques, et avec quatre autres pays pour fabriquer l'Airbus. On a cessé la fabrication du Concorde en 1978 sans jamais avoir réalisé de bénéfice; par contre, l'Airbus semble appelé à plus d'avenir et a déjà réalisé en 1979 un léger bénéfice.[8]

La construction navale connaît une situation plus précaire que les constructions automobile et aérospatiale. En dépit de subventions de l'Etat, elle

[4]*la chaîne de montage*: assembly plant, assembly line

[5]Peugeot-Citroën bought all Chrysler subsidiaries in Europe in 1978. It then became Europe's leading car manufacturer. Talbot is the former Chrysler part of Peugeot-Citroën.

[6]*le poids lourd*: tractor trailer

[7]*la raison sociale*: firm's name

[8]Profits are expected to rise in the 1980s for the entire industry.

a des difficultés à fabriquer des navires de gros tonnage qui soient rentables. En 1977, la France se trouvait au troisième rang mondial pour la construction de navires de 100 tonneaux et plus, mais si l'on compte les tonneaux de jauge brute,[9] on remarque que la France n'avait que 4% du marché mondial. Tous les chantiers sont dévastés par le chômage.

Exercices

I. Questions sur le texte

1. D'où vient la plupart du minerai de fer à l'intérieur de la France? Pourquoi la France doit-elle en importer davantage?

2. Nommez trois produits commerciaux de la sidérurgie.

3. Citez quatre difficultés de la sidérurgie française.

4. Qui sont les principaux clients de l'industrie automobile française?

5. En quoi la construction aéronautique dépend-elle de l'Etat?

6. Donnez le nom de trois créations de la construction aérospatiale.

7. Citez deux exemples de coopération internationale dans l'industrie aéronautique.

8. Pourquoi la construction navale se trouve-t-elle dans une situation précaire?

II. Identifiez l'industrie que vous associez aux firmes suivantes:

Usinor-Lorraine-Escaut   Sacilor-Aciéries et Laminoirs de Lorraine
SNIAS   R.V.I.
Peugeot-Citroën-Talbot   SNECMA
Bréguet-Dassault   Creusot-Loire

III. Vocabulaire

1. On cherche toujours un nouveau _____ de fer pour fabriquer de l'acier.
2. La _____ du minerai détermine si le minerai sera rentable.
3. La Ford Motor Company fait partie de la _____.
4. Le _____ est une sorte de charbon (coal).
5. On construit les navires dans un _____.
6. On construit les autos dans une _____.

a. métallurgie de transformation
b. concurrent
c. gisement
d. teneur
e. chaîne de montage
f. sidérurgie
g. bauxite
h. coke

[9]*tonneaux de jauge brute*: gross register tonnage

7. Massey-Ferguson est le _____ de John   i. prix de revient
Deere.   j. chantier
8. Vous assurez vos marchandises pour le

_____.

9. Pour faire de l'aluminium, on a besoin de

_____.

10. La _____ se limite à la métallurgie du fer
et de l'acier.

IV. Trouvez dans le texte un mot de la même famille:

produire—to produce   _____

chercher—to look for   _____

déficit—deficit   _____

excès—excess   _____

fabrique—factory   _____

construire—to build   _____

affaiblir—to weaken   _____

monde—world   _____

V. Dictée tirée d'une partie du texte

VI. Approfondissement

Lectures conseillées: Baleste, pp. 141–53, 173–85.

1. Expliquez le problème de concurrence étrangère dans les domaines
électrique et électronique. Citez un effort français pour faire face à cette
concurrence dans l'informatique.

2. Commentez l'importance relative de chacune des régions sidérurgiques.

Section VII–3

Comprendre la Bourse de Paris

La Bourse de Paris est la plus importante des sept bourses françaises. Dans les cotations de la Bourse de Paris, nous trouvons les quatre marchés présentés dans les extraits ci-après.

Le marché comptant, qu'on voit sous la rubrique "Comptant", offre des valeurs qu'il faut payer immédiatement, c'est-à-dire comptant.Il n'existe pas de possibilité de payer à terme.

Dans *le marché à terme,* on a le choix de payer comptant ou de régler à la date d'échéance. Cette date de paiement est *le jour de liquidation.* Dans l'extrait du marché à terme du 4 septembre donné ci-après, le 21 septembre est le jour de liquidation. Dans ce cas, l'acheteur diffère son paiement et ne reçoit les titres qu'après avoir payé. L'extrait donne *le taux de report* parce que le paiement est *reporté* à une date fixe, et qu'il faudra payer une somme additionnelle qui s'appelle *un report.*[1]

On court un risque quand on achète à terme. Si le cours change entre le jour d'achat et le jour de liquidation, on peut perdre ou gagner de l'argent. Si une action dont le cours est de 18F le jour de l'achat se vend à 19F le jour de liquidation, l'acheteur gagne. Mais si l'action achetée 18F tombe à 17F le jour de liquidation, l'acheteur perd.

Pour acheter des actions sur le marché à terme, il faut prendre des

---

[1] The United States does not have a term market, although people usually may take seven days to pay for their purchases.

Extraits de la Bourse de Paris du 4 septembre

TERME

Taux de reports 4 1/8 %
Liquidation au 21 septembre

Compensation	VALEURS	Préc clôt	Prem cours	Dern cours	Comptant
742	4 1/2 % 1973	738	739,90	739,80	739,90
2545	Caisse Energie 3 %	2608	2614	2614	2600
430	Afrique Occidentale	424	420	420	420
330	Air Liquide	323,10	323	323	324,90
75	Alsac Particip Ind	74,10	74	74	72,60
183	Alsac. de Supermarchés	190	197	197	197
65	Alsthom-Atlantique	67 10	67,50	67,50	67,50
175	Application des Gaz	165	157	157	156
545	Aquitaine	520	510	515	510
46	— (certificat)	95	93,50	93	93
140	Arjomari	139	139	139	136,30
525	Auxil d'Entreprises	538	532	533	532
116	Babcock-Fives	121,10	119	118,40	119

COMPTANT

VALEURS	Cours préc	Cours du jour
Etat 4 1/4 3/4 % 1963	94,60	94,60
Etat 7 % 73 (F)	3700	3684
Etat 10 % 76	103.10	102.50
Etat 8.80 % 77	104,20	104,20
Nat Inv 10,30 % 1975	100 10	100 10
Nat MPE 10,60 % 1976	100,60	100.40
Nat MPE 11 % 1977	102 10	102.10
P T T 8 1/4 % 1972	90,35	90,30
C N lots 8 1/2 % n 71	97	97
C F lots 8 1/2 jan 72	93,80	94,30
CNCA 8 % nov 1972	86.65	86.65

HORS COTE

VALEURS	Cours préc	Cours du jour
Francarep	144	144
Gestion Immo Mobil	700	680
Orsan	435	434
Coparex	275	270
Delmas Vieljeux Navale	246	246
Ecco	825	772
Euralrep	410	402
Fisuma	72	
Intertechnique	271	271
Intrafor-Cofor	178	178
O.C.P	69.70	67
Omnium Gestion Fin	176	178
Papiers peints Leroy	73	
Pompes Funèbres Gén	300	320
RETI	177	177
Sainrapt et Brice	207	203
S.E.C.R.E	300	
S.P.G.F	840	
Fin Caoutchoucs	80	
Oce van der Grinten	325	
Pan Holding	393	393
Rorento	253.50	252.50
Total Petroleum	53.50	60.70

SICAV

	Prix d'émis	Prix de rachat
Actigest-Etoile	115,84	110.59
Actions sélectionnées	161.20	153.89
Aedificandi	198,83	189.81
A.G.F.I.M.O	220,40	210.41
A.L.T.O	169,44	161.76
America-Valor	293,54	280,23
Amérique-Gestion	153,37	146.42
Bourse-Investissem	153,30	146,35
BTP Valeurs	144,65	139.76
C.I.P	329,25	314.32
Convertibles	134,40	128.31
Convertimmo	137 19	130.97
Crédinter	152.72	145.79
Drouot Investiss	216.62	206.80

ABRÉVIATIONS: *Terme:* Précédente clôture; Premier cours; Dernier cours; *Comptant & Hors Cote:* Cours précédent; *SICAV:* Prix d'émission.

Courtesy of Le Figaro.

quantités minima. Ces *quantités minima* ressemblent aux "round lots" américains, mais il s'agit de quantités différentes. Aux Etats-Unis il faut des quantités de 100 actions, mais en France, 25 actions peuvent constituer une quantité minima.[2]

On trouve deux sortes de valeurs au marché Hors-Cote.[3] D'une part, nous avons des valeurs en "stage d'acclimatation officielle". Ce sont les titres[4]

---

[2]For an American, a *round lot* is 100 shares of a stock or $1000 for a bond; an *odd lot* is less than 100 shares of a stock, and bonds rarely come in amounts smaller than $1000. On the Paris Stock Exchange's term market, a round lot may be 25 securities or multiples of 25. It need not be 100.

On the American stock exchanges, buyers may purchase less than a round lot, but a broker's commission on odd lots is higher than on round lots. On the French term market, one must buy in multiples of the minimum quantity.

[3]*Hors-Cote:* over-the-counter (market). Securities not listed on an exchange are sold over-the-counter if they are open to public ownership.

[4]*les titres:* securities (synonym for *valeurs mobilières*)

des entreprises qui sont en train de satisfaire aux conditions nécessaires pour être admis à la Cote officielle (c'est-à-dire au marché à terme ou au marché comptant de la Bourse de Paris, ou d'une autre bourse.) D'autre part, nous avons des valeurs donnant lieu à peu de transactions.

Il convient d'aborder maintenant la question des S.I.C.A.V.(Sociétés d'Investissement à Capital Variable). Elles ressemblent aux fonds mutuels américains.[5] Dans le même portefeuille, les S.I.C.A.V. mélangent obligations et actions provenant de différentes sources. Les deux avantages présentés par la S.I.C.A.V. au Français moyen sont d'une part, la possibilité d'investir de petites sommes, et d'autre part, celle de jouir d'une gestion professionnelle, car ce sont des experts qui s'occupent du portefeuille. Le grand désavantage est que le rendement est souvent plus faible à cause des frais de gestion.[6] Remarquez aussi dans les cotations mentionnées ci-dessus que le prix d'émission payé par les investisseurs est normalement supérieur au prix de rachat payé par la S.I.C.A.V. quand l'investisseur vend ses titres.

Si nous considérons maintenant les documents placés à la fin de ce chapitre, nous noterons que le premier titre est une action de 100F. Cela veut dire que la valeur nominale[7] de l'action est de 100F, mais que quand on vend ou achète une valeur, on paie la Cote officielle, qui change de jour en jour, comme nous venons de le voir. L'obligation contient des coupons (doc. no. 12). Chaque année, le détenteur de l'obligation reçoit l'intérêt indiqué contre remise du coupon approprié; le revenu n'est pas variable. Sur les deux titres nous voyons la mention "au porteur", c'est-à-dire qu'ils sont payables à celui qui les présente. Il existe aussi des titres "nominatifs" et "à ordre".

A part les cotations déjà mentionnées, il faut considérer celles de la bourse des marchandises.[8] C'est là qu'on détermine la valeur du sucre, du caoutchouc, du maïs, etc.

Finalement, il convient de parler des bons du Trésor. Le Trésor[9] émet des coupures de 500F, 1000F, et 10.000F sous forme de bons à court ou à moyen terme, souvent de trois à cinq ans. Les bons sont au porteur, et on peut en transférer la propriété par simple remise.[10] Le Trésor français émet aussi des

---

[5] American mutual funds are portfolios of securities that allow people to invest in a number of companies in small amounts. The mutual fund buys and sells a large number of securities. The person who buys mutual funds receives dividends based on the average return of those securities less the costs of running the mutual fund. His return is often less than that received by investors in individual securities, but his risk is small and so is his investment.

[6] Comparable to the S.I.C.A.V. is the S.I.C.O.V.A.M., which stands for Société Interprofessionnelle pour la Compensation des Valeurs Mobilières. "Compensation" here means "clearing". It opens securities accounts for professional stockbrokers and financial institutions.

[7] valeur nominale: par value. This is the value printed on a stock certificate or bond. It is different from market value, which is the price quoted on a stock exchange.

[8] bourse des marchandises: commodity exchange. It is an association of member traders in agricultural, metal and other products. The large American Commodity Exchange is in Chicago.

[9] Trésor: Treasury, i.e. the French National Treasury. Amounts are subject to change

[10] par simple remise: by giving them or handing them to someone

obligations à moyen terme et à long terme; elles ont souvent une échéance de quatre à huit ans après la date d'émission. Quelquefois la valeur nominale s'élève à 10.000F. Le remboursement à l'échéance peut être supérieur au prix d'achat. On reçoit les intérêts chaque année à une date prévue.

Exercices

I. Questions sur le texte

1. Quelle est la bourse la plus importante de France?

2. Quelle est la différence entre le marché à terme et le marché comptant?

3. Quelles sortes de valeurs trouve-t-on sur le marché Hors-Cote?

4. Expliquez l'avantage et le désavantage de détenir une S.I.C.A.V.

5. Faites la distinction entre la valeur nominale et le cours du jour d'une action.

6. Donnez deux équivalents approximatifs d'un fonds mutuel américain en France.

7. Que vend-on à la bourse des marchandises?

8. Quelle est la différence entre *bons du Trésor* et *obligations du Trésor?*

II. Sur les documents

1. Dans le marché à terme, donnez le premier cours et le prix comptant d'Air Liquide.

2. Expliquez comment on calcule le prix à terme de 100 actions d'Air Liquide.

3. Expliquez les deux colonnes de chiffres dans le marché Comptant, le marché Hors-Cote, et les S.I.C.A.V.

4. Quel est le capital de Pétrocéan? En combien d'actions est-il divisé? (Doc. no. 11) (This information appears on all stock certificates).

5. Où est le siège social de Pétrocéan? Quel est son numéro dans le Registre de Commerce de Dunkerque? (This information appears on all securities).

6. Quand Pétrocéan a-t-elle émis l'obligation ci-après? (doc. no. 12) (This information appears on all bonds.)

7. Quel est le rôle du Conseil d'administration et de l'Assemblée générale des actionnaires dans l'émission des obligations? (doc. no. 12)

8. On ne voit pas au recto du document 12 l'échéance de l'obligation qui doit figurer parmi les modalités de l'emprunt. Où trouve-t-on les modalités de l'emprunt?

III.   Expliquez les termes suivants:

taux de report	bon du Trésor	portefeuille
compensation	marché Hors-Cote	S.I.C.A.V.
cours du jour	quantité minima	S.I.C.O.V.A.M.
cours précédent	cote officielle	au porteur

IV.   Translate the terms of exercise III into good English when possible.

V.   Complétez les phrases suivantes:

1.   Normalement on achète les actions de toutes les manières suivantes sauf
_____.

a. au mieux   **b.** à cours limité   **c.** en quantités minima
d. à la valeur nominale.

2.   Une obligation est une sorte _____.
a. d'emprunt   **b.** de compensation   **c.** de portefeuille
d. d'échéance

3.   La date où l'on rend la somme originale d'une obligation est _____.
a. la stage d'acclimatation officielle   **b.** l'échéance   **c.** la liquidation
d. la valeur mobilière

4.   Toutes les descriptions suivantes décrivent les fonds mutuels américains
et canadiens sauf _____.
a. Ils ressemblent à une S.I.C.A.V.   **b.** Ils ressemblent à une C.A.C.
c. Ils ont un portefeuille diversifié.   **d.** Ils peuvent comprendre actions et
obligations.

5.   La bourse des marchandises est importante pour ceux qui achètent
_____.

a. des actions de priorité   **b.** des obligations   **c.** des bons du Trésor
d. du maïs

6.   Tous les mots suivants s'appliquent au marché à terme sauf _____.
a. report   **b.** liquidation   **c.** compensation   **d.** prix d'émission

7.   Toutes les expressions suivantes se rapportent au marché Hors-Cote sauf
_____.

a. cours précédent   **b.** cours du jour   **c.** taux de report
d. stage d'acclimatation officielle

8.   Un synonyme de fermeture (closing) est _____.
a. clôture   **b.** séance   **c.** cotation   **d.** éclosion

9.   Il y a trois _____ en 345.
a. nombres   **b.** chiffres   **c.** numéraires   **d.** digitaux

10.   Les propriétaires d'une société anonyme sont tous invités _____.
a. à l'usine   **b.** au Conseil d'administration
c. à l'Assemblée générale des actionnaires   **d.** à la C.A.C.

VI.   Trouvez dans le texte un mot de la même famille:

valoir—to be worth   _____
investir—to invest (2 mots)   _____   _____
détenteur—holder (person)   _____
sucrier—sugar bowl   _____
clore—to close   _____
provenance—origin   _____
satisfaction—satisfaction   _____
porter—to carry   _____

DOCUMENT 11. Action

Courtesy of the Compagnie des Agents de Change

DOCUMENT 12. Obligation

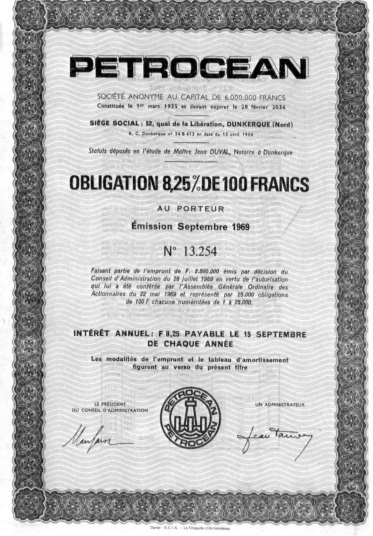

PETROCEAN

SOCIÉTÉ ANONYME AU CAPITAL DE 6.000.000 FRANCS

Constituée le 1er mars 1935 et devant expirer le 28 février 2034

SIÈGE SOCIAL : 52, quai de la Libération, DUNKERQUE (Nord)

R. C. Dunkerque n° 54 B 413 en date du 15 avril 1954

Statuts déposés en l'étude de Maître Jean DUVAL, Notaire à Dunkerque

OBLIGATION 8,25% DE 100 FRANCS

AU PORTEUR

Émission Septembre 1969

N° 13.254

Faisant partie de l'emprunt de F. 2.500.000 émis par décision du Conseil d'Administration du 28 juillet 1969 en vertu de l'autorisation qui lui a été conférée par l'Assemblée Générale Ordinaire des Actionnaires du 22 mai 1969 et représenté par 25.000 obligations de 100 F. chacune numérotées de 1 à 25.000.

INTÉRÊT ANNUEL : F 8,25 PAYABLE LE 15 SEPTEMBRE DE CHAQUE ANNÉE

Les modalités de l'emprunt et le tableau d'amortissement figurent au verso du présent titre

LE PRÉSIDENT
DU CONSEIL D'ADMINISTRATION

UN ADMINISTRATEUR

Danel - S.C.I.A. - La Chapelle d'Armentières

Courtesy of the Compagnie des Agents de Change.

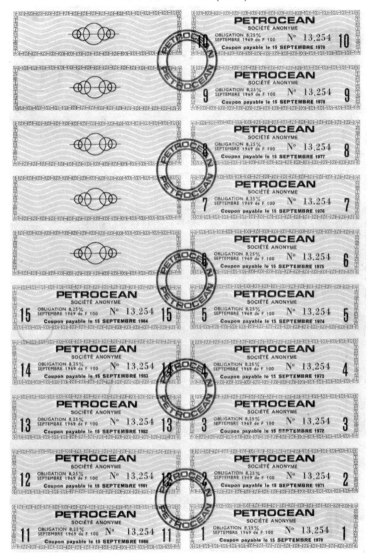

Chapitre VIII

Section VIII–1

L'Energie

Vocabulaire

actuel: present
autant: as much
autrefois: formerly
l'avenir (m): future
baisser: to lower
brûler: to burn
la centrale: power station
le charbon: coal
énergétique: pertaining to energy
l'essence (f): gasoline
le forage: drilling
fracturé: broken
le fuel: oil
le gazoduc: gas pipeline
géothermique: geothermal
le gisement: deposit (of a mineral)

la houillère: coal mine
l'hydrocarbure (m): hydrocarbon
la marque: brand
le minerai: ore
la moitié: half
l'oléoduc (m): oil pipeline
OPEP: Organisation des Pays Exportateurs du Pétrole
le pétrole: oil
le pipeline: pipeline
la plate-forme: platform; *la plate-forme continentale*: continental shelf
profond: deep
le puits: well
rentable: profitable
le réseau: network

Aujourd'hui M. Roberts déjeune avec M. Garbaudel, un de ses ingénieurs. Ils discutent des besoins énergétiques depuis l'embargo du pétrole de 1973.

M. GARBAUDEL: Oui, nous avons souffert autant, sinon plus, que les Etats-Unis après que l'OPEP a eu quadruplé le prix du pétrole en 1974.

M. ROBERTS: Que fait l'Etat pour faire face à la situation?

M. GARBAUDEL: Plusieurs choses, comme vous autres. D'abord, il a essayé de nous faire réduire notre consommation. De fait, la consommation a baissé dans les années qui ont suivi la crise de '73.[1]

M. ROBERTS: Et je suppose que vous expérimentez l'énergie solaire et géothermique? Je sais que la France était le premier pays à avoir une centrale solaire, en 1982.

M. GARBAUDEL: Oui, mais pas autant que l'énergie nucléaire. Nous avons des gisements de minerai d'uranium dans le Limousin, dans le Forez et en Vendée. En 1980, les centrales nucléaires couvraient plus de 25% des besoins électriques en France, un plus grand pourcentage que dans tout autre pays du monde. Pendant les années 1980, notre électricité nucléaire doit satisfaire plus de la moitié des besoins du pays. Le seul problème que je voie est la possibilité d'accidents nucléaires comme ceux de 1979.[2]

---

[1] 1978 imports were still below 1973 imports.

[2] In 1979, the Three Mile Island, Pennsylvania plant suffered from a malfunction due to human error. Residents of the Harrisburg, Pennsylvania area were threatened with evacuation. Other minor mishaps occurred at other nuclear plants. Three Mile Island and the other accidents had repercussions on both sides of the Atlantic, and people began to worry about the safety of nuclear plants in general.

M. ROBERTS: Mais pour l'instant la France doit se servir de gaz et de fuel en grande quantité. Et la plupart de son électricité provient de centrales hydrauliques et de centrales thermiques non-nucléaires.

M. GARBAUDEL: C'est ça.

M. ROBERTS: Quelles sont les grandes firmes énergétiques?

M. GARBAUDEL: Ce sont surtout des entreprises publiques: Electricité de France (ou EDF) et Gaz de France (ou GDF) sont les plus grandes.

M. ROBERTS: D'où provient votre gaz naturel?

M. GARBAUDEL: Nous en importons d'Algérie, des Pays-Bas, de Norvège, du Nigeria, et d'U.R.S.S. En France même, nous avons le gisement de Lacq qui est assez important. Lacq est situé en Aquitaine, mais des gazoducs transportent le gaz à travers tout le pays.

M. ROBERTS: Quel est le rôle du gaz dans le programme énergétique de la France?

M. GARBAUDEL: En 1980, le gaz constituait 12% de la consommation énergétique. Le gouvernement espère que ce pourcentage sera de 15 à 16% en 1985.

M. ROBERTS: Croyez-vous que l'âge des centrales hydrauliques soit passé?

M. GARBAUDEL: C'est possible. A l'heure actuelle, nos centrales hydrauliques se trouvent dans les Alpes, les Pyrénées, le Massif Central, et le long du Rhône et du Rhin. Mais elles n'ont pas les mêmes possibilités d'avenir que les centrales thermiques.

M. ROBERTS: Vous voulez dire que les centrales thermiques sont activées par l'uranium aussi bien que par le charbon, le fuel, et le gaz?

M. GARBAUDEL: Oui. La France est au premier rang mondial pour l'énergie nucléaire, et elle veut faire sa part pour le système des réseaux électriques européens. Vous savez, peut-être, que les deux réseaux français sont reliés aux réseaux allemand, anglais, italien, suisse et autres pour assurer une réserve européenne en temps de besoin.

M. ROBERTS: Oui, j'ai entendu parler de ça. Et quel est le rôle du charbon en France?

M. GARBAUDEL: Elle a des houillères dans le Nord et le Pas-de-Calais, en Lorraine, et dans le Massif Central. Mais les veines de charbon sont profondes et fracturées. En plus, elles n'ont pas assez d'anthracite ni de charbon à coke pour la majorité de nos besoins industriels. La France se voit donc dans l'obligation d'importer de la houille. Le charbon n'a plus le rôle important qu'il avait autrefois. Le gouvernement aimerait bien que nous nous servions davantage du charbon, même importé.[3] Pendant les années 1980, le gouvernement projette une baisse de l'extraction, et aussi une expansion des emplois relevant du charbon importé. En 1980, il espérait que le charbon satisferait 15% des besoins industriels en 1985.

[3]In 1980, it was much cheaper for France to import Soviet anthracite than to mine its own coal. The average American underground miner produces about six times as much coal per day as his French counterpart—due in part to the quality of French coal.

M. ROBERTS: La plupart de votre pétrole vient du Moyen Orient?

M. GARBAUDEL: De là, mais aussi de l'U.R.S.S. et du Venezuela.

M. ROBERTS: Où sont vos raffineries?

M. GARBAUDEL: Nous en avons dans certains grands ports—Marseille, ceux de la Basse-Seine et de la Basse-Loire. Et à l'intérieur, il y en a à Strasbourg et en Brie, entre autres. Nous avons des oléoducs, ou pipelines, pour transporter le pétrole à travers tout le pays.

M. ROBERTS: Y a-t-il des marques d'essence françaises?

M. GARBAUDEL: Oui, Elf et Total.

M. ROBERTS: Où est-ce que la France cherche de nouvelles sources de pétrole?

M. GARBAUDEL: Nos meilleurs espoirs vont au forage de la plateforme continentale, du fond des mers. Ils résoudraient plusieurs de nos problèmes énergétiques. Mais les puits d'Alsace, qui n'étaient pas rentables pendant les années 1960, deviennent de nouveau l'objet d'exploration.

Exercices

I.   Questions sur le texte

1.   Qu'est-ce qui a causé la crise énergétique de 1973 et 1974?

2.   Citez trois moyens préconisés (recommended) par l'Etat français pour résoudre ses problèmes énergétiques.

3.   Décrivez l'importance de l'énergie nucléaire. Y a-t-il des risques?

4.   Que signifient EDF et GDF? Quelle sorte d'entreprise sont-elles?

5.   Où se trouvent les centrales hydrauliques?

6.   Pourquoi s'attend-on à davantage de centrales thermiques dans l'avenir?

7.   A quels autres réseaux est-ce que les deux réseaux français sont reliés?

8.   Où sont les mines de charbon en France?

9.   Quelles difficultés le charbon français pose-t-il?

10.   Où sont les raffineries françaises?

11.   Quelles sont les deux marques d'essence françaises?

12.   Où fait-on des forages pour découvrir de nouvelles sources de pétrole?

II.   Consult nos. 51 and 52 of the Grammar Review and give the plural and the possessive pronoun forms for each. Model: *mon magnétophone* Answer: mes magnétophones, le mien

1.   son entreprise   _____   _____
2.   leur voiture   _____   _____
3.   votre représentant   _____   _____

4. ton téléphone

5. notre carte

6. ma photo

III. Replace the italicized adjectives and nouns with a possessive pronoun. Model: J'ai ma serviette. Elle a *sa serviette.* Answer: Elle a la sienne.

1. Nous accompagnerons notre comptable. Vous accompagnerez *vos comptables.*

2. Mes amis m'attendent à San Francisco. Où est-ce que *ses amis* l'attendent?

3. Pourquoi te sers-tu de mon auto au lieu de te servir de *ton auto?*

4. J'aime mieux mon salaire que *son salaire.*

5. Elle garde et sa bouteille et *leur bouteille.*

6. Trouves-tu ma chaise aussi confortable que *ta chaise?*

IV. Consult no. 55 of the Grammar Review and place the following sentences in the negative as indicated by the English word in parentheses. Model: *Elle voit.* (no one) Answer: Elle ne voit personne.

1. Je suis allée en Egypte. (never)

2. Elle enverra ses cartes de Noël. (no more)

3. Ils avaient reçu quelque chose de leur hôtel. (nothing)

4. Elle peut entendre ce que vous dites. (hardly)

5. Tu achèteras ce qu'elle veut et ce que nous voulons. (neither, nor)

6. Nous voyagerons (nowhere)

7. Des filiales? Nous en avons. (none)

8. Vous avez la somme nécessaire. (only)

9. Il aime. (no one)

10. Je ne l'aide pas. Elle m'aide. (neither, i.e. not either)

V. Translation

1. We have as much ore as we want.

2. Drilling revealed sources of oil on the continental shelf.

3. The power station burns coal from that coal mine.

4. In the future gas pipelines and oil pipelines will be less important than formerly.

5. The present network includes little geothermal energy.

6. Gasoline consumption forms a large part of our energy needs.

7. Half of OPEC wants to lower prices? I don't believe it.

8. The deep deposits of coal were of poor quality and broken.

9. What brand of oil (i.e. home heating oil) is transported in this pipeline?

VI.   Discussion. Divide the class in groups of three.

Vous êtes tous les trois chargés d'ouvrir une nouvelle usine. Vous devez décider quelle source d'énergie sera la meilleure pour cette usine.

Choix possibles

1. Pour le moment, le gaz est le meilleur marché, mais vous avez entendu des rumeurs (rumors) selon lesquelles il coûtera bientôt plus cher. Pas de pollution.

2. Le charbon de votre région a plus de soufre (sulfur) que les Pouvoirs Publics ne le permettent actuellement (at present). Il faudra payer les frais de transport du charbon que vous ferez venir de plus loin. Pour le moment, le charbon est la source d'énergie la moins chère après le gaz.

3. Le fuel est un peu plus cher que le charbon. Son prix futur est incertain.

4. L'électricité est actuellement la source d'énergie la plus chère. Si l'on ouvre la centrale nucléaire à laquelle les écologistes s'opposent, elle deviendra moins chère que le fuel.

Considérations possibles

a. les prix futurs des sources d'énergie
b. importance de l'écologie
c. les objectifs futurs des Pouvoirs Publics

MAP 12. Le Pétrole (Début 1980)

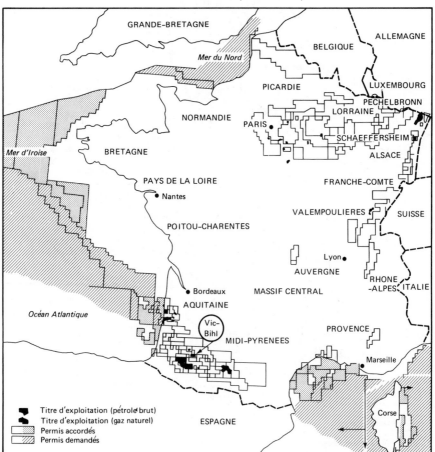

GRANDE-BRETAGNE

ALLEMAGNE

BELGIQUE

Mer du Nord

LUXEMBOURG

PICARDIE

PECHELBRONN

NORMANDIE

LORRAINE

PARIS

SCHAEFFERSHEIM

Mer d'Iroise

BRETAGNE

ALSACE

PAYS DE LA LOIRE

FRANCHE-COMTE

Nantes

VALEMPOULIERES

SUISSE

POITOU-CHARENTES

Lyon

AUVERGNE

RHONE
-ALPES

ITALIE

Bordeaux

MASSIF CENTRAL

Océan Atlantique

AQUITAINE

Vic-
Bihl

PROVENCE

MIDI-PYRENEES

Marseille

Titre d'exploitation (pétrole brut)
Titre d'exploitation (gaz naturel)
Permis accordés
Permis demandés

ESPAGNE

Corse

situation début 1980

COMITE PROFESSIONNEL DU PETROLE

Courtesy of the Comité Professionnel du Pétrole

MAP 13. Le Gaz

Dunkerque
Gaz des Pays-Bas
Taisnières
Gaz d'Algérie
Le Havre
Caen
Reims
Velaine
Paris (G)
St. Illiers (S)
Beynes (S)
Rennes
Laval
LeMans
Troyes
Lorient
Auxerre
Mulhouse
Chémery (S)
Montbard
Besançon
Nevers
La Rochelle
Chazelles
Lyon
Clermont-
Ferrand
Tersanne (S)
Brive
Bordeaux
Rodez
Lussagnet (S)
Toulouse
Fos
Bayonne
Lacq (G)
Meillon-
St. (G)
St. Marcet (G)
Carcassonne
Faust
Gaz d'Algérie

- - - - - gazoducs

◻ terminal gazier

(S) stockage souterrain

(G) gisement

154

MAP 14. L'Energie nucléaire

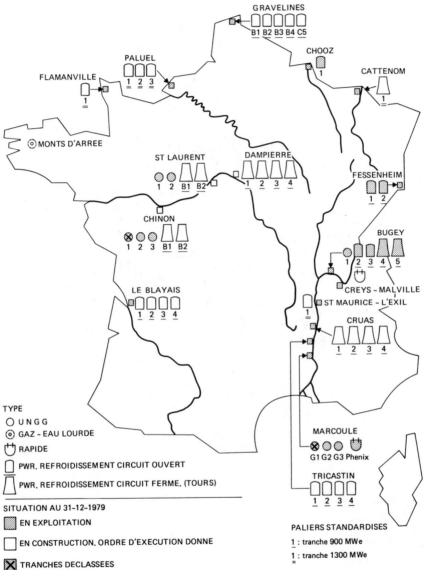

GRAVELINES
B1 B2 B3 B4 C5

CHOOZ
1

CATTENOM
1

PALUEL
1 2 3

FLAMANVILLE
1

MONTS D'ARREE

ST LAURENT
1 2 B1 B2

DAMPIERRE
1 2 3 4

FESSENHEIM
1 2

CHINON
1 2 3 B1 B2

BUGEY
1 2 3 4 5

LE BLAYAIS
1 2 3 4

CREYS - MALVILLE
ST MAURICE - L'EXIL

CRUAS
1 2 3 4

TYPE

○ U N G G

◉ GAZ – EAU LOURDE

⬦ RAPIDE

▯ PWR. REFROIDISSEMENT CIRCUIT OUVERT

⬯ PWR. REFROIDISSEMENT CIRCUIT FERME. (TOURS)

SITUATION AU 31-12-1979

▨ EN EXPLOITATION

☐ EN CONSTRUCTION. ORDRE D'EXECUTION DONNE

⊠ TRANCHES DECLASSEES

P.W.R. : réacteur à eau ordinaire sous pression.
U.N.G.G. : filière uranium naturel graphite gaz.

Courtesy of the French Commissariat à l'Energie Atomique.

MARCOULE
G1 G2 G3 Phenix

TRICASTIN
1 2 3 4

PALIERS STANDARDISES

1 : tranche 900 MWe

1 : tranche 1300 MWe
=

155

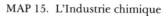

MAP 15. L'Industrie chimique

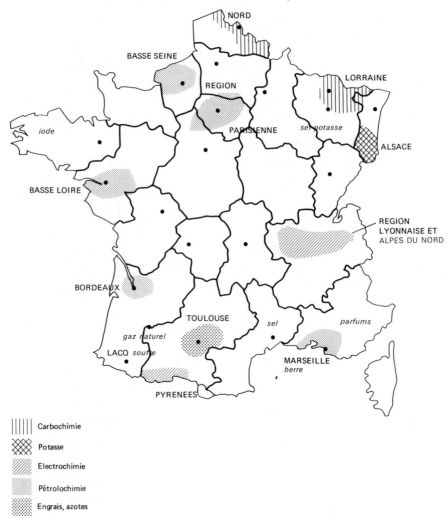

NORD

BASSE SEINE

LORRAINE

REGION

iode

PARISIENNE

sel-potasse

ALSACE

BASSE LOIRE

REGION
LYONNAISE ET
ALPES DU NORD

BORDEAUX

TOULOUSE   sel   parfums

gaz naturel

LACQ soufre

MARSEILLE
berre

PYRENEES

Carbochimie

Potasse

Electrochimie

Pétrolochimie

Engrais, azotes

Section VIII–2

L'Industrie française II

Le plus important des métaux non-ferreux est l'aluminium, un métal dérivé de la bauxite, que l'on trouve en Provence. La bauxite mélangée à la soude donne l'alumine, et c'est de l'alumine que dérive l'aluminium.[1] Les usines métallurgiques d'aluminium se trouvent dans les Alpes du Nord et les Pyrénées, où elles ont les hydrocentrales nécessaires à l'électrolyse du métal. La France est le septième pays producteur d'aluminium du monde, et le troisième pays exportateur. Une des grandes firmes, Péchiney-Ugine-Kuhlmann (PUK), travaille de concert avec des compagnies étrangères, y compris des firmes américaines.

L'industrie du bâtiment et des travaux publics se sert de toute une gamme de matériaux. Ce n'est pas étonnant qu'elle soit une des premières industries françaises. L'Etat lui commande des ponts, des autoroutes, et, bien sûr, des logements. Dans les logements subventionnés par le gouvernement, comme les H.L.M. (Habitations à Loyers Modérés) et les I.L.R. (Immeubles à Loyer Réduit), l'Etat aide les familles en leur demandant des loyers à portée de leur bourse.[2] Le secteur privé comprend les commandes des entreprises qui veulent se moderniser, ou des particuliers qui veulent se faire construire des

---

[1] *La bauxite . . . aluminium*: Bauxite mixed with soda gives alumina, and it is from alumina that one makes aluminum. Voir la carte 10, chapitre VII-2, pour les gisements de bauxite.

[2] *à portée de leur bourse*: within their means (within the reach of their pocketbook)

immeubles ou des maisons. Même dans le secteur privé, le Crédit Foncier[3] accorde souvent des primes et des prêts[4] à la construction. Cette industrie réalise aussi beaucoup de projets à l'étranger. Parmi les grandes compagnies, on peut mentionner SCREG, Spie-Batignolles, et les Grands Travaux de Marseille.

L'industrie chimique se divise en deux secteurs: l'industrie chimique organique, qui a un taux de croissance souvent supérieur à 10% chaque année, et l'industrie chimique minérale, qui a une croissance plus ralentie.[5] Celle-ci produit chlore, carbure de calcium, soude, acide sulfurique, ammoniac, etc. Celle-là, qui comprend la carbochimie et la pétrolochimie, fabrique propylène, acétylène, etc. L'industrie chimique organique fournit souvent à la parachimie[6] les éléments nécessaires à la composition des engrais, du caoutchouc[7] de synthèse, des matières plastiques, des détergents, et ainsi de suite. Les usines chimiques se trouvent partout en France, mais surtout près des grands ports comme Marseille, et ceux du Nord, également autour de Paris et Lyon. Rhône-Poulenc, les Charbonnages de France, et Péchiney sont parmi les plus importantes.

Il reste à traiter de l'industrie textile. Le textile est menacé par la concurrence des pays en voie de développement. Ces pays ont plus de matières premières, notamment le coton et la laine, et ils ont une main-d'oeuvre bien meilleur marché qu'on ne trouve en France. Les quatre régions où se trouvent les filatures et les tissages[8] (les Vosges et l'Alsace, la Normandie, la région lyonnaise, et le Nord) ont des problèmes de chômage. Les petites usines mal équipées ferment. Pourtant certaines grandes entreprises continuent à fleurir, comme celles de la soie à Lyon et comme La Lainière de Roubaix. Elles sont très mécanisées, et elles fabriquent des fibres artificielles et synthétiques aussi bien que des tissus naturels.

Exercices

I.   Questions sur le texte

1.   Citez trois choses que commande l'Etat à l'industrie du bâtiment et des travaux publics.

2.   Que fait le Crédit Foncier pour aider l'industrie du bâtiment dans le secteur privé?

3.   Où fabrique-t-on de l'aluminium? Pourquoi dans ces deux régions?

---

[3]*Crédit Foncier*: a lending agency that encourages land development
[4]*des primes et des prêts*: bonuses and loans
[5]*croissance ralentie*: slowed growth
[6]*la parachimie*: chemical-related industries; large scale chemical production
[7]*engrais . . . caoutchouc*: fertilizer . . . rubber
[8]*les filatures et les tissages*: spinning-mills and cloth mills

4. Quelle sorte de produits trouve-t-on dans l'industrie chimique minérale? dans l'industrie chimique organique?

5. Comparez la croissance des deux industries de la question 4.

6. Citez quatre produits de la parachimie.

7. Pourquoi l'industrie textile souffre-t-elle du chômage?

8. Quelles régions de l'industrie textile souffrent du chômage?

9. Pourquoi certaines grandes entreprises réussissent-elles dans les textiles?

II. Identifiez les noms et les sigles ci-dessous:

H.L.M.	Rhône-Poulenc
	La Lainière de Roubaix
Spie-Batignolles	SCREG
Péchiney	Grands Travaux de Marseille
Charbonnages de France	Crédit Foncier

III. Vocabulaire

1. Le _____ traverse (crosses) le fleuve.

2. Le _____ présente un grand problème car on n'a pas construit assez de maisons.

3. L' _____ rend la terre fertile.

4. Le choix est grand. Nous avons toute la _____ des modèles offerts.

5. Le _____ est trop bas pour un pays de notre taille.

6. C'est au _____ de créer des emplois.

7. J'ai reçu une _____ pour construire un nouvel immeuble.

8. L' _____ est la première industrie à souffrir pendant une récession.

9. J'ai demandé un _____ au Crédit Foncier pour la construction d'une maison.

10. Une _____ relie (connects) Québec et Montréal.

a. taux de croissance
b. gamme
c. pont
d. secteur privé
e. industrie du bâtiment
f. prime
g. prêt
h. logement
i. autoroute
j. engrais

IV. Trouvez dans le texte un mot de la même famille:

fleur—flower   _____

équipement—equipment   _____

mécanique—mechanics   _____

exporter—to export   _____

travailler—to work   _____

croître—to grow   _____

V.   Dictée tirée d'une partie du texte

VI.   Approfondissement

Lectures supplémentaires conseillées: Baleste, pp. 154–72, 186–206.

1.   Etablissez l'importance des industries agricoles et alimentaires dans l'économie française. (Donnez des exemples de produits)

2.   De quelle sorte de matériaux l'industrie du bâtiment se sert-elle?

3.   Discutez les industries lainière et cotonnière.

4.   Quelle est l'importance de l'industrie de la soierie?

Section VIII–3

Réponses à des commandes

Vous n'avez pas l'article commandé par le client:[1]

Madame,

      Par votre lettre du 6 ct, vous nous avez adressé la commande d'un séchoir Moulinex. Vous vous référez au dernier catalogue de *Manufrance*.

      Nous sommes au regret de vous faire savoir que nous ne détenons plus cet article, les demandes ayant dépassé nos prévisions et la grève chez Moulinex nous empêchant de renouveler notre stock avant le mois prochain.

      Si vous préférez ne pas attendre, nous détenons toute une gamme de séchoirs allemands à tous les prix. Vous trouverez ci-joint une brochure à leur sujet et un bon de commande.

      Soyez assurée que toute commande de votre part recevra nos meilleurs soins.

      Veuillez agréer, Madame, l'expression de nos sentiments dévoués.

                     MILLERAN

P.J.: 1 brochure
     1 bon de commande

[1]Not all parts of the letter are included here (heading, date, signature), but they would appear in an actual letter.

Exercices

I.   Sur le format

1.   Quelle est l'abréviation de *courant* dans cette lettre?

2.   Traduisez "your letter of the 10th of the month".

3.   Comment, vers la fin de la lettre, Milleran exprime-t-il son désir de satisfaire la cliente?

4.   Où met-on l'abréviation de "pièce(s) jointe(s)"?

5.   Pour fermer la lettre, de quelle formule de politesse Milleran, se sert-il?

II.   Ecrire une lettre

M. BARBIER de IBM-France ne peut satisfaire la commande de la Directrice des Relations Humaines des Lampes Mazda pour cinq machines à écrire du dernier modèle. Il la remercie de sa commande, exprime ses regrets, indique les raisons qui l'empêchent d'exécuter l'ordre reçu,propose une marchandise équivalente, et exprime son désir de conserver à tout prix sa clientèle. Il envoie une facture pro-forma avec la lettre à l'adresse suivante: Lampes Mazda; 29, rue de Lisbonne; 75008 PARIS.[2]

III.   Questions sur la lettre de réponse à une commande

1.   Qu'est-ce que la cliente a commandé?

2.   Pourquoi pense-t-elle trouver cet article dans l'établissement de Milleran?

3.   Comment Milleran explique-t-il la situation?

4.   Quelle substitution propose-t-il?

5.   Qu'envoie-t-il à la cliente pour l'aider dans son choix?

IV.   Translate the model letter into good English.

V.   Vocabulaire

A.   Trouver dans la lettre un verbe ayant le même sens:

ne pas permettre   _____
excéder   _____
posséder   _____

---

[2]Although the model letter of this chapter did not include the heading, the date and the signature, be sure to use them in your own letters. The correct form of address for a female director is "Madame la Directrice des Relations Humaines".

B. Trouver dans la lettre le nom qui convienne:

il sèche les cheveux   ——————————
l'on s'en sert pour commander des articles   ——————————
ce qu'on peut consulter avant de passer un ordre   ——————————

C. Trouver dans le texte un mot de la même famille:

dévouer—to devote   ——————————

joindre—to enclose   ——————————

demander—to request   ——————————

VI.   Composez des phrases en utilisant les mots suivants à la forme correcte:

1.   ct—commande

2.   au regret de—ne plus détenir

3.   ci-joint—bon de commande

4.   agréer—sentiment—dévoué

Chapitre IX

Section IX–1

La Douane

Vocabulaire

l'acquit à caution (m): permit, excise bond, transshipment bond (customs)

l'acquit de paiement (m): receipt for payment (customs)

actuel: pertaining to the present, current

l'admission temporaire (f); temporary admission

la caution: guarantee, security (monetary or other)

le certificat d'origine: certificate of origin

la concurrence: competition

la déclaration en douane: customs declaration

la douane: customs; *le bureau de douane*: customs office

le droit: charge, duty; *les droits de douane*: customs duty; *les droits fiscaux*: reve-nue tariff; *les droits protecteurs*: pro-tective duty, protective tariff; *droits de sortie*: export duty; *droits d'im-portation*: import duty

l'échantillon (m): sample

l'étranger, à: abroad

l'exportation (f): exportation, export

l'exportateur (m): exporter

la facture consulaire: consular invoice

le formulaire: form

franchise, en: free of duty

frapper: to strike, to hit

l'importateur (m): importer

l'intérieur, à: inside the country, on the domestic market

paraître: to appear, to seem

le passavant: permit (customs)

le pourcentage: percentage

le projet: project, plan

rendre: to render, to make; to return (something)

le renseignement: information

selon: according to

le transit: transit

usagé: showing signs of wear or of having been used

Monsieur Roberts veut importer certain matériel pour la fabrication de ses appareils photo, et il pense exporter des appareils fabriqués. Il regarde, avec une directrice française de sa filiale, la documentation qu'il vient de recevoir du Conseil National du Commerce Extérieur (C.N.C.E.) et de la Direction des Relations Economiques Extérieures (D.R.E.E.).[1]

MME. LARROQUE: Les bureaux de douane[2] exigent beaucoup de formulaires, n'est-ce pas?

M. ROBERTS: Oui. D'après les renseignements sur les droits de douane,[3] il existe des droits fiscaux et des droits protecteurs, et dans chaque catégorie des droits de sortie aussi bien que des droits d'entrée.

MME. LARROQUE: C'est vrai. Les droits fiscaux frappent les marchandises importées qui n'ont pas de concurrence à l'intérieur, et les marchandises exportées qui auront peu de concurrence à l'étranger. Les droits protecteurs ont pour but, eux, d'enchérir[4] les produits importés qui font concurrence aux produits français, et de rendre plus difficile l'exportation des produits dont la France a besoin.

M. ROBERTS: Pour déterminer les droits de douane on demande à l'importateur ou à l'exportateur de remplir une déclaration en douane.[5] Mais comment calcule-t-on les droits exacts?

MME. LARROQUE: Cela varie. Quelquefois on les calcule *ad valorem,* c'est-à-dire selon leur valeur, dont on détermine un pourcentage à payer. D'autres fois, on calcule le montant des droits à verser ou à l'unité ou suivant le poids.[6] Ça dépend de la nature de la marchandise.

M. ROBERTS: Selon ce que je lis, un certificat d'origine ou une facture consulaire doit accompagner nos exportations.

MME. LARROQUE: Oui. Le certificat d'origine est un document délivré par le Bureau des Douanes ou par la Chambre de Commerce qui certifie le pays d'origine du produit. Il accompagne toute marchandise exportée. Une

[1] The C.N.C.E. aids French firms wishing to export. The D.R.E.E. authorizes import and export licenses when necessary.

[2] Customs offices in France are found all along its borders as are customs offices in this country.

[3] Customs duty is a charge paid to customs officials. Its cost is passed along to the consumer and makes the product more expensive. Sometimes the objective of the duty is to raise money (*droits fiscaux*) and sometimes it is meant to protect a particular industry or the national interest (*droits protecteurs*).

[4] *enchérir:* to make expensive

[5] A customs declaration lists the contents and declares what if anything is subject to customs duty.

[6] *à l'unité . . . poids:* by the unit or by weight

facture consulaire certifie également l'origine des marchandises et est destinée
à la douane du pays qui reçoit une exportation française.

M. ROBERTS: Quand je suis entré en France, je n'ai pas eu de difficulté
à passer par la douane sans payer de droits. J'avais cependant avec moi quelques stylos que nous offrons à nos clients à titre publicitaire.

MME. LARROQUE: Même pour les résidents, qui importent des effets
personnels usagés, il n'y a pas de problème. On admet en franchise ces articles
de même que des échantillons sans valeur comme vos stylos.

M. ROBERTS: Il paraît qu'il y a trois documents douaniers qui vous
permettent de sortir vos marchandises de la douane: le passavant, l'acquit de
paiement, et l'acquit à caution.

MME. LARROQUE: Oui. Le passavant indique que les marchandises
sont exemptées de droits et peuvent "passer" la douane sans paiement de
droits. L'acquit de paiement atteste que l'on a payé les droits nécessaires.
L'acquit à caution exige qu'une somme soit versée pour garantir que les
conditions exemptant les marchandises de droits de douane sont remplies; la
caution est rendue par la suite.

M. ROBERTS: Quand doit-on verser l'acquit à caution?

MME. LARROQUE: Je pense que c'est immédiatement, lors de l'admission temporaire et durant le transit.

M. ROBERTS: Quelle est la différence entre admission temporaire et
transit?

MME. LARROQUE: L'admission temporaire autorise l'entrée en France
des marchandises qui seront réexportées après une certaine transformation.
Cela permet à un importateur d'améliorer la marchandise qu'il a importée, et
de la réexporter ensuite à un prix plus élevé, sans payer de droits de douane.

M. ROBERTS: Et dans le transit, je suppose qu'on importe des marchandises qui seront réexportées directement sans transformation.

MME. LARROQUE: C'est ça. Mais considérons l'application de ces règles
à nos projets actuels.

Exercices

I.   Questions sur le texte

1.   De qui M. Roberts vient-il de recevoir une documentation?

2.   Pour quelles raisons impose-t-on des droits fiscaux?

3.   Pour quelles raisons impose-t-on des droits protecteurs?

4.   Comment calcule-t-on les droits de douane?

5.   Quelle est la différence entre un certificat d'origine et une facture
consulaire?

6.   Nommez deux articles qui peuvent passer par la douane en franchise.

7. Citez les trois documents qui prouvent que l'on a accompli les formalités de douane. Expliquez la fonction de chacun d'eux.

8. Quelle est la différence entre l'admission temporaire et le transit?

II. Review of the simple past and the past anterior. Consult the verb lists of Appendix B and nos. 15 and 16 of the Grammar Review. Give the following forms in both tenses:

1. je (avoir)	8. nous (mériter)	15. ils (venir)
2. tu (être)	9. tu (savoir)	16. elle (devoir)
3. nous (changer)	10. nous (tenir)	17. nous (croire)
4. tu (démissionner)	11. elles (vouloir)	18. je (mettre)
5. nous (garantir)	12. nous (sortir)	19. nous (remplir)
6. il (prendre)	13. il (voir)	20. vous (dire)
7. elles (connaître)	14. tu (aller)	

III. Give the infinitive of the verbs italicized:

1. Il *fallut* le faire.

2. Ils *firent* de leur mieux.

3. Nous *allâmes* à Chicago.

4. Elle *mourut* en 1979.

5. Vous *finîtes* le projet.

6. Tu *bus* trop.

7. Ils *lurent* le journal.

8. Elles *purent* réussir.

9. Je *résolus* le problème.

10. Il *entendit* un bruit.

IV. Put the following sentences in the simple past and/or the past anterior. Model: *Quand la famille était partie, elle l'a annoncé.* Answer: Quand la famille fut partie, elle l'annonça.

1. Dès qu'il l'avait dit, je l'ai indiqué.

2. Aussitôt que son chef le lui a permis, elle en a pris une grande quantité.

3. Quand nous sommes arrivés, les autres ont fermé la porte.

4. Lorsqu'ils l'avaient demandé, nous avons refusé.

5. Paul est venu à la maison après que la famille s'était couchée.

V.   Translation (use the simple past when possible.)

1.   The exporter sent the consular invoice.

2.   The customs office gave him a permit and did not require customs duty for the samples.

3.   In the customs declaration we indicated that we had personal effects showing signs of having been used.

4.   We had to pay the guarantee in order to receive an excise bond.

5.   They (On) did not hit us with a duty because we have much competition abroad.

6.   This merchandise was in transit, and it was not destined for the domestic market.

7.   She received information on the current percentage of exports in that industry.

8.   According to the importer, he filled out the form for temporary admission.

VI.   Discussion. Divide class in groups of three.

1.   Votre entreprise en France importe de l'argent (silver) qu'elle utilise dans la fabrication de pellicules (rolls of film) pour les appareils photo (cameras). Cette entreprise exporte la plupart des pellicules au Canada. Est-ce qu'elle doit payer des droits de douane quand elle importe de l'argent? Quand elle exporte des pellicules, quel document peut accompagner l'expédition?

2.   Vous travaillez pour Peugeot-Citroën-Talbot. Cette firme se sent menacée (threatened) par les autos japonaises. Que pouvez-vous demander aux Pouvoirs Publics?

3.   Vos marchandises sont en route de l'Afrique du Nord en direction de l'Allemagne, mais elles passent par Marseille. Comment passent-elles la douane?

4.   La France produit très peu de minéraux. Qu'est-ce qu'elle peut faire pour empêcher leur exportation?

Section IX–2

Le Règlement des factures

Le règlement des factures varie selon les modalités de la vente. La personne qui achète des marchandises dans un magasin paie souvent *en espèces,* c'est-à-dire en argent liquide. En France, on paie en francs, aux Etats-Unis, en dollars. Les magasins acceptent souvent aussi des *chèques personnels* et des *cartes de crédit.* En France, les chèques personnels peuvent être bancaires ou postaux, parce qu'on peut détenir un carnet de chèques d'une banque ou d'un centre de chèques postaux. Aux Etats-Unis nous disposons seulement de chèques délivrés par les banques.[1] Parmi les cartes de crédit en France, on compte la carte Visa, l'Eurocard, la carte American Express, et la Carte Blanche. Autrefois on appelait la carte Visa la BankAmericard aux Etats-Unis et la Carte Bleue en France; on peut entendre les deux noms encore aujourd'hui quand quelqu'un parle de la carte Visa.

Pour les factures qu'on reçoit par la poste ou qu'on ne paie pas sur place, les Français emploient souvent une *monnaie scripturale.* Cela veut dire que l'argent ne change pas physiquement de mains, mais que les sommes sont payées d'un compte à un autre. Les méthodes de paiement par monnaie scripturale comprennent les *chèques,* les *ordres de virement* et les *avis de prélèvement.*[2]

Un ordre de virement consiste à virer[3] une somme de son propre compte

---

[1]Bank checks and postal checks will be discussed in chapters X and XI respectively.
[2]*ordres de virement . . . avis de prélèvement*: transfer orders . . . deduction notices.
[3]*virer*: to transfer

DOCUMENT 13.   Chèque barré

Notez que le chèque barré a deux lignes parallèles et que ce n'est pas un chèque à ordre ("non endossable"). Si l'on écrit le nom d'une institution financière entre les deux lignes, seule cette institution peut convertir le chèque en espèces.

Courtesy of the Crédit Lyonnais

bancaire ou postal au compte bancaire ou postal de la personne à qui on doit de l'argent. Donc, si Monsieur A doit 500F à Monsieur B, et que Monsieur A connaisse le numéro du compte de chèques ou du compte d'épargne[4] de Monsieur B, il peut donner ordre à son centre de chèques postaux ou à sa banque de retirer 500F de son propre compte et de les déposer directement dans le compte de Monsieur B. Après la transaction, Monsieur A reçoit un *avis de débit* de son institution financière, et Monsieur B reçoit *un avis de crédit* de la sienne. Les virements peuvent s'employer pour les individus et pour les entreprises.

Une autre façon de régler une facture est par *avis de prélèvement.* Le client signe une *autorisation de paiement* pour sa banque ou son service de chèques postaux, et donne à l'entreprise le droit de prélever directement, et sans l'aviser au préalable,[5] les sommes dues sur son compte. Cette méthode est courante avec les entreprises qui envoient des factures plusieurs fois par an, comme le gaz ou l'électricité ou bien le téléphone. Chaque fois qu'une somme a été prélevée, l'entreprise en informe le client, en lui envoyant un *avis de prélèvement* indiquant le montant de la somme prélevée.

Quand on envoie de l'argent à un particulier ou à une entreprise qui n'accepte pas les méthodes ci-dessus, il existe plusieurs autres modes de règlement. La poste offre toutes sortes de *mandats,*[6] y compris des *mandats internationaux.*

Dans un *chèque certifié,* c'est la personne qui envoie le chèque qui le tire,

---

[4]*compte d'épargne*: savings account

[5]*au préalable*: in advance

[6]*mandats*: money orders. The different types will be discussed in section XI-3.

mais, contrairement à d'autres chèques, la banque retire la somme de son compte avant que le chèque ne soit envoyé, et la banque en garantit le paiement.

Si l'on veut minimiser le risque qu'une personne autre que le bénéficiaire touche un chèque,[7] on peut envoyer un *chèque barré*.[8] (Voir le doc. no. 13 ci-dessus) On trace sur le chèque deux lignes parallèles; la banque émettant le carnet de chèques, le tireur ou le bénéficiaire peut dessiner ces deux lignes.[9] Lorsqu'un chèque est barré, seule une institution financière (banque, centre de chèques postaux, caisse nationale d'épargne) peut le convertir en espèces. Un 'particulier ou une entreprise non-financière ne peut pas le toucher. En plus, si vous indiquez, entre les deux lignes parallèles, le nom d'une institution financière, seule cette institution peut toucher le chèque. Donc, si vous voulez être sûr que votre banque reçoit un chèque à déposer à votre compte, vous écrivez son nom entre les deux lignes parallèles.

Le règlement des ventes à terme s'effectue souvent par *lettre de change,* mais quelquefois par des *billets à ordre*[10] ou par des *warrants*. Les *traites* et les *lettres de crédit*[11] sont courantes dans le commerce international. L'explication du *récépissé-warrant* se trouve dans la section III–3, et des autres documents dans la section IX–3.

Exercices

I.   Questions sur le texte

1.   Nommez trois façons de régler une facture dans un magasin.

2.   Quelles sont trois des cartes de crédit qu'on emploie actuellement en France?

3.   Citez deux types de monnaie scripturale.

4.   Expliquez le fonctionnement d'un ordre de virement.

5.   Expliquez le fonctionnement d'un avis de prélèvement.

6.   Pourquoi un chèque certifié est-il plus sûr qu'un chèque personnel?

7.   Quand emploie-t-on un chèque barré?

8.   Comment peut-on régler des ventes à terme?

9.   Quels modes de règlement sont courants dans le commerce international?

---

[7]*le bénéficiaire touche un chèque*: the beneficiary (i.e. person to whom the check is made out) cashes a check

[8]*chèque barré*: crossed check

[9]*la banque . . . lignes*: the bank issuing the checkbook, the drawer (writer) of the check, or the beneficiary may draw these two lines.

[10]*lettre de change . . . billets à ordre*: bill of exchange . . . promissory notes.

[11]*traites et les lettres de crédit*: drafts and letters of credit.

II.   Traduisez et expliquez les termes suivants:

tireur	chèque certifié	traite (no explanation)
bénéficiaire	en espèces	récépissé-warrant
chèque barré	mandat	

III.   Vocabulaire

1.   La _____ comprend les avis de prélève-ment et les ordres de virement.

2.   Le _____ est la personne qui écrit un chèque.

3.   Le _____ est la personne qui doit toucher un chèque.

4.   Si le montant du chèque est élevé, et si l'on préfère qu'une banque convertisse le chèque en espèces, on fait un _____ en dessinant deux lignes parallèles.

5.   Dans un _____ on demande à sa banque de retirer une somme de son compte et de créditer cette somme au compte d'une autre personne.

6.   Dans un _____, c'est la banque qui paie les factures spécifiées par le client quand ces factures arrivent à la banque.

7.   J'ai acheté un _____ à la poste.

8.   L'Eurocard est une _____.

9.   Quand on paie en _____ on paie en espèces.

10.   Un _____ est une institution financière.

a. bénéficiaire
b. ordre de virement
c. mandat
d. centre de chèques postaux
e. carte de crédit
f. tireur
g. argent liquide
h. avis de prélèvement
i. monnaie scripturale
j. chèque barré

IV.   Trouvez dans le texte un mot de la même famille:

épargner—to save	_____
virement—transfer	_____
conversion—conversion	_____
certificat—certificate	_____
banque—bank	_____
dessin—drawing	_____

V.   Dictée tirée d'une partie du texte

VI.   Approfondissement

Lectures conseillées: Mauger et Charon, I. pp. 209, 224–26, 274–76; Rapin, p. 79; Sainmont et Vatin, p. 68; Boureau et al., I, pp. 93–96.

1.   Qu'est-ce qu'une prorogation?

2.   Que doit faire un commerçant qui ne peut pas payer ses dettes?

3.   Expliquez "règlement judiciaire", "liquidation des biens", et "banque-route". Pourquoi une entreprise dépose-t-elle son bilan?

4.   Que fait-on au cas de non-paiement d'un chèque?

5.   Quelle est la différence entre "monnaie métallique", "monnaie de compte", "monnaie fiduciaire", et "monnaie scripturale"?

6.   Qu'est-ce que le troc?

Section IX–3

Les Effets de commerce et la lettre de crédit

Comme nous l'avons vu à la fin de la dernière section, le règlement des ventes à terme peut s'effectuer par des lettres de change ou traites, et des billets à ordre.[1] On appelle ces deux documents des *effets de commerce.* Dans les deux cas une somme est due à une date future, mais avant cette date future (l'échéance) la personne à qui la somme est due peut les utiliser pour régler ses propres dettes, ou les négocier dans une banque. L'opération qui permet à une personne de négocier ses effets de commerce s'appelle *l'escompte.*[2]

La *lettre de change* ou *traite* s'emploie dans le commerce intérieur ou extérieur. Regardez un exemple, valable à l'intérieur de la France, document 14: Trois noms paraissent sur ce document: La société Centre du Quartier a écrit ou "tiré" l'effet, donc c'est *le tireur.* La Banque Nationale de X recevra la somme en question, donc c'est *le bénéficiaire.* La Coopérative X payera la somme due, donc c'est *le tiré.*

Sur les effets de commerce comme sur les chèques, on voit souvent les trois lettres *B.P.F.* C'est l'abréviation de "Bon pour francs", et la somme qui suit correspond à la valeur de l'effet ou du chèque. *L'échéance,* ou la date de liquidation,[3] peut être une date précise, ou, comme dans ce document, *à vue. A*

---

[1]*lettres de change . . . billets à ordre*: bills of exchange or drafts, and promissory notes
[2]Nous verrons ceci dans la section X–3.
[3]*date de liquidation*: date of payment

DOCUMENT 14. Lettre de change

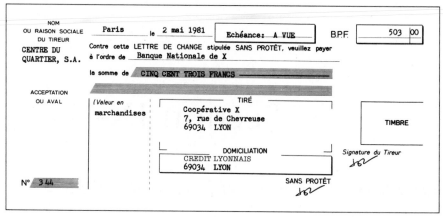

Courtesy of the Crédit Lyonnais

vue signifie que l'effet sera payé sur présentation au domicile du tiré, c'est-à-dire à un guichet de la banque du Crédit Lyonnais de Lyon. L'effet ci-dessus est daté du 2 mai 1981.

Plusieurs autres indications peuvent paraître sur l'effet de commerce. Dans le doc. 14, nous voyons la signature d'un membre de la société Centre du Quartier près de la mention *sans protêt*. Un *protêt* est la constation juridique qu'un effet de commerce n'a pas été payé à échéance. S'il signe une mention *sans protêt*, le tireur exige que le bénéficiaire accepte de ne pas protester s'il ne reçoit pas le paiement de l'effet à la date prévue.[4]

La mention *aval* est signée par une personne qui garantit le paiement de l'effet au cas où le tiré refuserait. La mention *acceptation* peut être signée par le tiré pour garantir qu'il payera, même s'il ne reçoit pas une *provision*[5] suffisante du tireur.

Sur le plan international, on utilise aussi la lettre de change ou la traite. On s'en sert de la façon suivante: l'entreprise I importatrice demande à sa banque de lui ouvrir un *crédit documentaire*[6] afin de payer l'entreprise II exportatrice. Si la banque accepte, l'entreprise I demande à l'entreprise II de *tirer une traite* sur elle (l'entreprise I). La traite permet à l'entreprise II (le bénéficiaire) de recevoir paiement de sa propre banque, qui à son tour reçoit paiement de la banque de l'entreprise I (le tiré), laquelle enfin reçoit paiement de l'entreprise I (le tireur).

[4]This is common when the writer or drawer is not certain that the person or organization that is supposed to pay the check will indeed pay. He wants to avoid legal complications. Rarely does a party other than the drawer sign this mention.

[5]*Provision* is the amount that backs up a check or other document. English-speakers usually translate *provision* and *provision suffisante* by "sufficient funds".

[6]*crédit documentaire*: documentary credit. It is credit based on documents, as the name implies. This paragraph and the following paragraph discuss the documents used commonly in a draft.

DOCUMENT 15. Billet à ordre

	Marseille _____, le 3 juin 1981 _____	B.P.F.	1.680
BON POUR AVAL	Au 31 août prochain		
	Contre le présent billet à ordre nous paierons		
	à l'ordre de : FROMAGES DU NORD		
	la somme de : SEIZE CENT QUATRE-VINGTS FRANCS		
	(Valeur en marchandises)		
	SOUSCRIPTEUR	Signature	
	COLARD - Vente de Fromages		TIMBRE
	Société anonyme Capital 25 millions		FISCAL
	R.C. D 385 809 317		
	DOMICILIATION		
N° 331	COMPTOIR X Agence centrale		
	Marseille	Sans frais	

Courtesy of the Crédit Lyonnais

Contrairement aux autres lettres de change, la traite qui se réfère à un crédit documentaire est accompagnée de documents pour en garantir le paiement. Ainsi, la personne demandant paiement doit non seulement présenter la traite, mais aussi la facture pour les marchandises, la police d'assurance, et le document de transport, normalement un connaissement. Le tiré, c'est-à-dire la banque de l'entreprise I, garde ces documents jusqu'au moment de recevoir la somme correspondant au paiement du tireur, c'est-à-dire l'entreprise I.

Un *billet à ordre* ne concerne que deux personnes: le souscripteur ou tireur, et le bénéficiaire. Le souscripteur promet de payer au bénéficiaire une certaine somme à une certaine échéance. La signature du souscripteur est la garantie normale d'un billet à ordre.

Les mentions du billet à ordre ressemblent à celles de la lettre de change. Notons cependant dans cet exemple la rubrique *sans frais*. Elle est synonyme de *sans protêt*. *La domiciliation* est l'indication de l'endroit, généralement la banque du tireur, où l'effet sera payé.

Passons à *la lettre de crédit*. Elle permet aux bénéficiaires de recevoir paiement dans une banque proche de leur domicile. La banque qui émet une lettre de crédit donne mandat[7] à une ou plusieurs de ses succursales, ou à un ou plusieurs de ses correspondants, dans *une lettre de crédit simple,* ou à tous ses correspondants, dans *une lettre de crédit circulaire.* La grande différence entre une lettre simple et une lettre circulaire est que dans la lettre de crédit simple, la banque émettrice sait dans lesquelles de ses succursales, ou chez lesquels de ses correspondants, le bénéficiaire sera accrédité, et elle peut les avertir à l'avance de la somme à verser. Avec une lettre circulaire, le bénéficiaire peut

[7]*mandat*: mandate, order

BANQUE DE X
Société Anonyme fondée en 1901
Au capital de 125 Millions N.F.
Siège à Paris, 84, Boulevard des Italiens

No. 1530 *LETTRE DE CREDIT CIRCULAIRE* de B.P.F.: 2800

CACHET	*deux mille huit cents N.F.* Valable jusqu'au *1er mars 1981* Paris, le *21 janvier 1981*

A MM. les Directeurs des Banques de X, Y, et Z en France, en Angleterre et aux Etats-Unis, suivant notre Carnet d'Indication.

Nous avons l'honneur de vous recommander le Porteur de cette lettre, M. Stephen JONES.

Vous voudrez bien lui verser les sommes qu'il vous demandera jusqu'au montant ci-dessus, contre ses chèques sur notre banque.

Nous vous prions d'agréer, Messieurs, nos salutations distinguées.

BANQUE DE X

Visa du Contrôle

Le porteur d'une lettre de crédit doit présenter un carnet d'indication qui montre sa signature.

aller dans la succursale de son choix, ou chez le correspondant qui lui plaît, sans que la banque émettrice ait la possibilité de l'avertir à l'avance. Quand la banque correspondante effectue *un versement*,[8] elle demande au *titulaire* (c'est-à-dire au bénéficiaire) deux reçus dont l'un est envoyé au banquier dépositaire. Pour le commerce international on se sert souvent d'*un accréditif*,[9] qui est l'ordre d'une banque à une banque correspondante de payer telle ou telle somme à telle ou telle personne.

[8]*versement*: payment
[9]In English, we translate both *lettre de crédit* and *accréditif* as letter of credit.

Exercices

I.   Questions sur le texte

1.   Nommez deux effets de commerce.

2.   Par quelle opération négocie-t-on ses effets de commerce?

3.   Quels sont les rôles du tireur, du tiré et du bénéficiaire dans une lettre de change?

4.   Expliquez le fonctionnement d'une traite documentaire. (N'oubliez pas de mentionner les documents qui l'accompagnent.)

5.   Quelle est la garantie normale d'un billet à ordre?

6.   Pourquoi les commerçants demandent-ils des lettres de crédit à leurs banques?

7.   Quelle est la différence entre une lettre de crédit simple et une lettre de crédit circulaire?

II.   Sur les documents

1.   Identifiez le tireur, le tiré et le bénéficiaire de la lettre de change ci-dessus.

2.   Quelle est la valeur de la lettre de change? du billet à ordre? de la lettre de crédit?

3.   Quelle est l'échéance de la lettre de change? du billet à ordre?

4.   Qui est le souscripteur du billet à ordre? Qui est le bénéficiaire?

5.   Quelle est la domiciliation du billet à ordre?

6.   A quoi compare-t-on la signature du porteur d'une lettre de crédit? Qui est le porteur de la lettre de crédit ci-dessus?

III.   Expliquez les termes et les sigles suivants:

échéance à vue	crédit documentaire	accréditif
B.P.F.	tirer une traite sur	titulaire
sans protêt	souscripteur	donner mandat à
sans frais	versement	provision

IV.   Translate the above terms into good English when possible.

V. Donnez la meilleure réponse:

1. Un effet de commerce qui peut être payé sur présentation a une _____.
2. La personne qui tire un effet de commerce est son _____.
3. Si le tiré signe un effet de commerce, cela veut dire qu'il paiera l'effet même s'il n'en reçoit pas _____.
4. La _____ d'un effet de commerce est le lieu de paiement.
5. La personne nommée comme bénéficiaire dans une lettre de crédit en est le _____.
6. Les expressions lettre de crédit et _____ se traduisent de la même façon en anglais.
7. La _____ se voit dans le commerce intérieur et le commerce extérieur.
8. La _____ est un synonyme de lettre de change utilisée sur le plan international.
9. Avant de demander à une entreprise étrangère de tirer une traite sur vous, il faut que vous ayez demandé à votre banquier de vous ouvrir un
_____.
10. L'opération par laquelle on négocie ses effets de commerce à la banque avant terme s'appelle
_____.

a. provision
b. accréditif
c. lettre de change
d. l'escompte
e. traite
f. échéance à vue
g. titulaire
h. crédit documentaire
i. domiciliation
j. souscripteur

VI. Choisir la meilleure réponse

1. Avant de payer une traite, la banque exige tous les documents suivants sauf _____.
a. un carnet d'indication   **b.** une facture   **c.** une police d'assurance
d. un document de transport

2. _____ est une constatation juridique qu'un effet de commerce n'a pas été payé à échéance.
a. Un aval   **b.** Une domiciliation   **c.** Une provision
d. Un protêt

3. C'est le _____ qui peut signer la mention *acceptation* dans un effet de commerce.
a. tireur   **b.** bénéficiaire   **c.** tiré   **d.** souscripteur

4. Une personne qui garantit le paiement d'un effet de commerce au cas où le tiré refuserait signe la mention _____.
a. acceptation   **b.** aval   **c.** sans frais   **d.** domiciliation

5. Une lettre de change donne le nom de toutes les personnes suivantes sauf celui du _____ .

a. tireur   **b.** tiré   **c.** bénéficiaire   **d.** propriétaire

6. La signature du tireur est la garantie normale d'_____ .

a. un billet à ordre   **b.** un effet de commerce   **c.** une lettre de change
d. une lettre de crédit

7. La lettre de crédit se paie dans une banque proche du domicile du

_____ .

a. souscripteur   **b.** tireur   **c.** fournisseur   **d.** tiré

8. Avec une lettre de crédit une banque donne _____ à une ou plusieurs banques correspondantes d'effectuer des versements au porteur de la lettre de crédit.

a. acceptation   **b.** mandat   **c.** accréditif   **d.** titulaire

Chapitre X

Section X–1

La Banque

Vocabulaire

l'approbation (f): approval
le billet: bill, bank note
la caution: security, guarantee
le chef-comptable: chief accountant
le coffre-fort: safe
le compartiment de coffre-fort: safe deposit
   box
le comptable: accountant, bookkeeper
le compte courant: open account, current
   account
le compte de chèques: checking account
le compte d'épargne: savings account
le dépôt: deposit
l'escompte (m): discount
foncier: pertaining to land or real estate
la gestion: management
l'hypothèque (f): mortgage

immobilier: pertaining to real estate
le livret: passbook
le nantissement: collateral
parfois: sometimes
à peu près: about, approximately
plusieurs: several
le préavis: notice
prêter: to lend
régler: to regulate; to pay
le retrait: withdrawal
le séjour: stay
surveiller: to watch over
le taux: rate
le titre: stock certificate; title
à titre d'exemple: as an example
le versement: deposit

M. Roberts parle avec son chef-comptable M. Lalonde. Celui-ci lui explique le système bancaire français.

M. ROBERTS: Je suppose que les banques françaises sont à peu près les mêmes que les banques américaines?

M. LALONDE: Oui et non. Après mon séjour à New-York j'ai trouvé plusieurs différences.

M. ROBERTS: Qu'est-ce qu'il y a de semblable?

M. LALONDE: Eh bien, les Français, comme les Américains, peuvent avoir des comptes de chèques et des comptes d'épargne. Dans les comptes d'épargne on peut faire des *dépôts à vue,* c'est-à-dire qu'on peut déposer et retirer son argent quand on veut sans perdre d'intérêt, ou on peut faire des *dépôts à terme,* où il faut laisser son argent pendant un temps déterminé, mais à un taux d'intérêt supérieur à celui des dépôts à vue. Il y a aussi des *comptes à préavis* où il faut aviser la banque d'un retrait sept jours à l'avance.[1]

M. ROBERTS: Où enregistre-t-on les dépôts et les retraits?

M. LALONDE: Souvent dans un livret, comme chez vous, et, bien sûr, dans l'ordinateur.

M. ROBERTS: Et comment est-ce qu'on appelle le compartiment où on met en dépôt des objets de valeur?

M. LALONDE: Un compartiment de coffre-fort. On peut même louer des coffres-forts entiers.

M. ROBERTS: Alors, qu'est-ce qu'il y a de différent?

M. LALONDE: Les grandes différences viennent de l'organisation des banques et de certains services bancaires.

M. ROBERTS: Par exemple?

M. LALONDE: En France nous avons des banques de dépôts, des banques d'affaires, et des banques de crédit à long et à moyen terme.

M. ROBERTS: Je crois comprendre ce que signifie une banque de dépôt. Elle prête une certaine partie de ses dépôts à vue et à terme.

M. LALONDE: C'est ça. La plupart des banques françaises sont des banques de dépôts.

M. ROBERTS: Et les banques d'affaires ne font pas la même chose?

M. LALONDE: Pas exactement. Les banques d'affaires prêtent seulement leurs dépôts à terme. Elles jouent aussi, parfois, un rôle dans la gestion des entreprises qu'elles aident.

M. ROBERTS: Et la troisième catégorie?

M. LALONDE: Il s'agit de banques spécialisées qui offrent un crédit à long et à moyen terme. Comme les banques d'affaires, elles reçoivent des dépôts à terme, pour deux ans et plus. Elles font des prêts sur garantie.

M. ROBERTS: Quelle sorte de garantie?

M. LALONDE: Normalement il faut un nantissement, c'est-à-dire, ou

---

[1]In the United States we have 90-day notice accounts but not seven-day notice accounts. Canadian banks offer some services not offered in France or the United States. These will be discussed in section XIV-2.

une hypothèque pour les biens immobiliers, ou une caution importante. Des titres, par exemple, constituent un nantissement valable.

M. ROBERTS: Je ne crois pas connaître ces banques spécialisées.

M. LALONDE: A titre d'exemple je peux vous citer les Caisses de Crédit Agricole, le Crédit Hôtelier, ou le Crédit Foncier. Leur raison sociale suggère leurs fonctions.[2]

M. ROBERTS: Où mettez-vous la Banque de France dans tout cela?

M. LALONDE: Je n'ai pas encore mentionné les banques nationalisées. On a nationalisé la Banque de France, le Crédit Lyonnais, la Société Générale, et la Banque Nationale de Paris.

M. ROBERTS: Pourtant la Banque de France est la plus importante, n'est-ce pas?

M. LALONDE: Oui, bien sûr. Elle est la banque de l'Etat: elle a un compte courant ouvert au Trésor, et des comptables publics s'occupent de ses versements et de ses retraits. Elle peut même consentir des avances de fonds à l'Etat.

M. ROBERTS: Elle a aussi son mot à dire dans la détermination du taux d'escompte pour le pays, n'est-ce pas?

M. LALONDE: Oui. Elle hausse ou baisse le taux d'escompte que doivent payer les autres banques qui viennent négocier leurs effets auprès d'elle. Elle joue un rôle capital dans la fixation du taux d'intérêt pour les prêts et la distribution du crédit. Il ne faut pas oublier non plus qu'elle est la seule banque qui puisse émettre des billets.

M. ROBERTS: Est-ce que l'Etat intervient dans le monde bancaire d'autres façons?

M. LALONDE: Oui, certainement. Le Conseil National du Crédit règle l'orientation de la distribution du crédit, et la Commission de Contrôle surveille les activités des banques. Toute banque doit obligatoirement adhérer aussi à l'Association Professionnelle des Banques.

Exercices

I.   Questions sur le texte

1.   Qui est M. Lalonde?

2.   Nommez trois similarités entre les banques françaises et les banques américaines.

3.   Où enregistre-t-on les dépôts et les retraits d'un compte d'épargne?

4.   Où met-on les objets de valeur des clients dans une banque?

5.   Qu'est-ce qu'un dépôt à vue? un dépôt à terme?

6.   Quelle est la différence entre une banque de dépôts et une banque d'affaires?

[2]They help farms, hotels, and real estate respectively.

7. Pour emprunter une somme à long terme ou à moyen terme à une banque spécialisée, que faut-il comme garantie?

8. Citez trois banques spécialisées. Sur quelles garanties prêtent-elles de l'argent?

9. Quelle est l'importance de la Banque de France? (4 points)

10. Expliquez le rôle du Conseil National du Crédit et de la Commission de Contrôle.

II. Consult no. 31 of the Grammar Review for uses of the subjunctive. Decide whether after the following expressions you would say *c'est vrai* or *ce soit vrai*.

1. Il est douteux que . . .
2. Il n'est pas douteux que . . .
3. Pensez-vous que . . .
4. Ne croyez-vous pas que . . .
5. Il est probable que . . .
6. Quoique . . .
7. Tandis que . . .
8. Lorsque . . .
9. Parce que . . .
10. Avant que . . .
11. Il est peu probable que . . .
12. Elle ne dit pas que . . .
13. Nous sommes désolés que . . .
14. Vous préférez que . . .
15. Tu désires que . . .
16. Il est impossible que . . .
17. Que . . .
18. Pourvu que . . .
19. Afin que . . .
20. Je constate que . . .

III. Change the following sentences to questions and make all necessary changes. Model: *Vous pensez qu'il viendra.* Answer: Pensez-vous qu'il vienne?

1. Je nie que je l'aie fait. (Employez "Est-ce que je")
2. Elle ne croit pas que vous réussissiez demain.
3. Je veux que vous m'aidiez.
4. Nous ne disons pas qu'elle ait tort.
5. Tu penses que nous sommes heureux.

IV. Put the verbs of the following sentences in the proper tense of the indicative or subjunctive:

1. Tandis que tu _____ (jouer), nous travaillions.
2. Il semble que vous _____ (avoir) raison, et que moi, j'aie tort.
3. Il paraît que mon frère est parti mais que ma soeur _____ (rester).
4. Il nous semble que Jacques _____ (être) le meilleur candidat.
5. Vous ordonnez que je _____ (dire) la vérité.

6. Autant que je _____ (savoir), la banque ouvre à 9ʰ00.

7. Quoi qu'il _____ (faire), sa femme ne lui a pas pardonné son crime.

8. Pendant que mon collègue _____ (terminer) son rapport, je livrerai les marchandises.

9. J'y suis allé afin que vous m'_____ (aider).

10. Nous sommes heureux que vous _____ (venir) hier.

V.   Translation

1. With the approval of the chief-accountant, the Société Générale allowed the withdrawal.

2. The Crédit Foncier preferred a mortgage as security instead of stock certificates.

3. The Banque de France issues bills and helps to regulate the discount rate.

4. Their savings account requires a seven-day notice.

5. During his stay he made several deposits and withdrawals from his open account.

6. As an example, the accountant spoke about his own checking account.

7. John and Warren are approximately the same age, but the latter has more experience in management.

8. To lend you money we shall need collateral such as the necklace in your safe deposit box.

VI.   Discussion. Divide class into groups of two.

Vous faites un stage (internship) dans une banque. Avant de commencer votre stage, le directeur de la banque vous demande ce que font les personnes suivantes. Expliquez ce que fait:

1. le préposé au crédit (loan officer)

2. le caissier (teller)

3. le client

Section X–2

La Comptabilité[1]

La comptabilité, dans le sens de "bookkeeping", se divise en deux grandes parties: le service de la caisse et la tenue des livres. C'est la caisse qui reçoit les paiements et qui débourse d'autres paiements.[2]

La loi française exige des entreprises commerciales, la tenue de quatre livres comptables: *le livre journal,* où l'on note toutes les opérations quotidiennes;[3] *le grand livre,* qui donne la somme des livres journaux;[4] *le livre des inventaires,* qui dresse trimestriellement ou annuellement l'état des matières premières, des produits en cours, et des produits finis;[5] et *le livre de paye,* qui

---

[1]"Comptabilité" may translate either bookkeeping or accounting. Bookkeeping (in English) is the physical keeping of financial records; accounting is the use of bookkeeping records to inform management, investors, creditors, and the government so that they may make decisions based on sound financial information.

[2]The *caisse* may be translated as a "cashier's window", "cashier's office", or even as "cash register".

[3]In the United States the government does not require these four books, although most companies would keep an equivalent of the *livre journal*; "journal" is a good approximation, since daily operations may be listed in a journal. Many businesses keep two journals, one for cash receipts (money taken in) and one for cash disbursements (money paid out).

[4]An equivalent of the *grand livre* kept by most businesses is the general ledger. It too summarizes entries in journals, and it is kept as a permanent accounting record.

[5]The *livre des inventaires* has little to do with taking inventory in the American sense. When an American business takes inventory, it counts merchandise on hand. The French use this term to indicate the balance sheet and the profit and loss statement for a given period. More will be said on each of these shortly.

comporte les salaires versés au personnel. La personne qui tient les livres s'appelle *le teneur des livres* ou *le comptable.*[6]

Dans le sens de "accounting", la comptabilité est beaucoup plus qu'une liste de chiffres. Le comptable ("accountant") doit être en mesure de renseigner le chef d'entreprise, les actionnaires (d'une société de capitaux), les créditeurs, et les Pouvoirs Publics sur l'état financier de l'entreprise d'une façon cohérente. Donc, selon Pierre Garnier, son travail consiste à (1) observer, (2) analyser et enregistrer, (3) classer, et (4) synthétiser pour renseigner.[7]

Considérons quelques termes particuliers à la comptabilité. *Actif* et *passif* sont deux mots clef.[8] L'actif est ou la somme de tous les biens de l'entreprise, ou un seul bien. Comme exemples nous pouvons citer sommes d'argent, valeurs mobilières, stocks, terrain, outils, et dettes actives.[9] *Les dettes actives* sont les sommes dues à l'entreprise. Le passif est ou la somme de toutes les dettes de l'entreprise, ou une seule dette. A titre d'exemple, on peut citer les intérêts des obligations vendues, les emprunts, et les dettes passives.[10] *Les dettes passives* sont des sommes que l'entreprise doit à quelqu'un d'autre.

L'actif (somme de tous les biens) moins le passif (somme de toutes les dettes) donne un résultat positif si l'actif est plus grand que le passif:

$$\text{Actif} - \text{Passif} = \pm \text{ Résultat}[11]$$
$$\$15.000 - 3.000 = \$12.000$$

Le résultat est la même chose que *la valeur nette* s'il est positif. Si le passif est plus grand que l'actif, le résultat est négatif, et

$$\text{Actif} - \text{Passif} = \pm \text{ Résultat}$$
$$\$15.000 - 16.000 = -\$1.000$$

C'est la même chose qu'*un déficit.* Une entreprise ne peut pas survivre longtemps à déficit.

En enregistrant *les faits comptables,*[12] on fait des *débits* (soustraction des

---

[6]"Bookkeeper" is a good translation. However, "comptable" may also mean accountant. This is not surprising since "comptabilité" may translate both "bookkeeping" and "accounting".

[7]Pierre Garnier, *Comptabilité Commerciale.* Paris: Dunod, 1975, p. 205.

[8]*Actif . . . clef*: Assets and liabilities are two key words. Assets are anything owned by a business or individual having commercial or exchange value. Liabilities are debts or responsibilities that are owed by a business or individual.

[9]*argent . . . actives*: money, securities, stock (i.e. inventory), land, machinery, and accounts receivable. "Accounts receivable" are sums owed by customers and other debtors to the company.

[10]*obligations . . . passives*: bonds issued by the company, loans, and accounts payable. "Accounts payable" are sums the company owes for its purchases and operating expenses.

[11]In English this is called the accounting equation. We usually write it: Assets − Liabilities = Owner's Equity. Owner's equity is the same thing as net worth (*valeur nette*).

[12]*les faits comptables*: accounting entries. The supplementary readings will go into detail on kinds of accounting entries.

sommes à l'actif ou addition des sommes au passif) et des *crédits* (addition des sommes à l'actif ou soustraction des sommes du passif).[13]

Aux Etats-Unis deux des documents les plus importants de la comptabilité sont la "balance sheet" et le "income statement". Selon Rachman et Mescon:

> A balance sheet shows the financial condition of a firm on a particular day. An income statement . . . summarizes financial transactions over a long period of time, usually a year.[14]

Le Bilan en France correspond à la "balance sheet" américaine. Il détaille l'actif d'un côté, le passif de l'autre côté et donne le résultat pour une certaine journée.

Dans un "income statement", on détaille les "revenues" et les "expenses" de la période couverte par l'exercice comptable. "Revenues" incluent les sommes reçues des clients pour les ventes et les services de cette période; "expenses" sont les dépenses qu'on a dû faire pour réaliser les ventes et services qui ont produit des "revenues". En français on appelle "revenues" *produits,* et "expenses" *charges.*

Au lieu d'avoir un seul document qui corresponde à notre "income statement", les Français en ont normalement deux: *le Compte d'Exploitation* et *le Compte de Pertes et Profits.*[15] Dans ces documents on détaille les produits et les charges pour une période donnée.

D'autres expressions importantes pour la comptabilité comprennent *la marge brute, le bénéfice commercial,* et *le bénéfice net.* La marge brute est le prix de vente moins le coût d'achat. Le bénéfice commercial est la marge brute moins les frais de vente. Le bénéfice net est le bénéfice commercial moins les frais généraux (mobilier, impôts, bail, etc.).[16]

Exercices

I. Questions sur le texte

   1. En combien de parties principales la comptabilité se divise-t-elle?

   2. Quels sont les quatre livres comptables exigés par la loi française?

   3. Comment appelle-t-on la personne qui tient les livres comptables?

   4. Qui le comptable doit-il renseigner?

[13]Americans also use the terms "debit" and "credit".

[14]David J. Rachman and Michael H. Mescon, *Business Today* (New York: Random House, 1976), p. 471.

[15]According to French law, a *Compte Profits et Pertes* is supposed to serve this function by itself, but today businesses tend to use two documents (those given in the text) or sometimes more.

[16]Canadian terminology sometimes differs. See bibliography for Canadian practices.

5. En quoi consiste le travail d'un comptable?

6. Contrastez *actif* et *passif*. Donnez des exemples de chacun.

7. Expliquez l'équation: Actif − Passif = ± Résultat. Quand le résultat correspond-il à la valeur nette? Quand correspond-il au déficit?

8. Etablissez un contraste entre *débit* et *crédit*.

9. Quelle est la fonction d'un *bilan*? Qu'est-ce qu'on détaille dans un bilan?

10. Que détaille-t-on dans *un Compte d'Exploitation* et dans *un Compte de Pertes et Profits*?

II. Expliquez et traduisez les termes suivants:

livre journal	bénéfice commercial	produit
livre des inventaires	comptabilité	perte
charges	marge brute	grand livre
trimestriel	bénéfice net	fait comptable
valeur nette	frais généraux	dettes actives

III. Vocabulaire

1. Le _____ donne la somme des livres journaux.
a. livre des inventaires   b. grand livre   c. gros livre
d. service de la caisse

2. Le _____ donne l'état financier de l'entreprise à une date précise—fin de trimestre, fin de l'année, ou toute autre date.
a. livre des inventaires   b. livre journal   c. livre de paye
d. caissier

3. Quand vous louez (rent) un terrain pour un an, normalement vous signez _____.
a. les frais généraux   b. un bail   c. un lieu   d. des termes

4. Le contraire de profit est _____.
a. chargement   b. bénéfice   c. perte   d. impôt

5. Le prix de vente moins le coût d'achat est _____.
a. la marge brute   b. le bénéfice commercial   c. les frais de vente
d. le bénéfice net

6. La marge brute moins les frais de vente est _____.
a. l'actif   b. le bénéfice net   c. le bénéfice commercial
d. le résultat

7. Le bénéfice commercial moins les frais généraux donne _____.
a. la valeur nette   b. le bénéfice net   c. le produit
d. la marge brute

8. Les Français ont deux documents qui correspondent à un "income statement": _____ et _____. (2 réponses)

9. Le _____ donne le détail de l'actif d'un côté et du passif de l'autre.
a. Bilan   **b.** Compte Profits et Pertes   **c.** Compte d'Exploitation
d. livre de paye

10. Les _____ sont les sommes qu'une entreprise doit.
a. dettes actives   **b.** dettes passives   **c.** résultats négatifs
d. faits comptables

IV.   Trouvez dans le texte un mot de la même famille:

caissier—cashier   _____
tenir—to keep (2 words)   _____   _____
jour—day (2 words)   _____   _____
classement—classification   _____
enregistrement—recording   _____
compter—to count   _____
chiffrer—to calculate, to figure   _____
synthèse—synthesis   _____
renseignement—information   _____
déboursement—expenditure, disbursement _____

V.   Dictée tirée d'une partie du texte

VI.   Approfondissement

Lectures conseillées: Garnier, pp. 1–31

1.   Citez des exemples de produits et charges.

2.   Donnez des synonymes de *Doit* et *Avoir*.

3.   Expliquez: Actif − Passif = Bénéfice, et
                            Actif − Passif = Perte

4.   Qu'est-ce que la comptabilité à partie double? (double-entry bookkeeping)

Section X–3

Quelques services offerts par les banques

Les chèques français sont *à ordre, au porteur,* ou *non à ordre.* Le chèque le plus commun est le chèque à ordre:

DOCUMENT 17. Chèque

Chèque N° 7622487	Serie JH 22/02/78	BANQUE REGIONALE	B.P.F. 880
	Ref: L 75	D'ESCOMPTE ET DE DEPOTS	

36
599

le _____ 19 __ | PAYEZ CONTRE CE CHÈQUE *Huit cent quatre - vingts francs*

M. _____

A L'ORDRE DE *Monsieur X*

Report		PAYABLE	à *Lyon*	, le *3 août* 19 *81*

TOUTES AGENCES
BRED TEL. 365 33 44

Cte N° 911 75 4315
M. OU MME F. CORMIER
24 RUE DE STAEL
75015 PARIS

Solde
Montant
du chèque
Solde

9175
┌─ Chèque N° ─┐

F. Cormier

7622487 917500107363 911754315

Celui-ci sera payé à l'ordre de M. X qui doit l'endosser au verso (comme pour un chèque américain). M. Cormier, le tireur, doit signer le chèque.

M. X peut endosser le chèque à son profit en demandant le paiement en espèces au guichet d'une banque, ou, s'il préfère, il peut endosser le chèque au profit d'une autre personne, en écrivant au verso, Payez à l'ordre de M. Y, la date, et sa signature.

Contrairement au chèque à ordre, le chèque non à ordre ne peut pas être endossé à une autre personne. Seul le bénéficiaire nommé dans le chèque peut le toucher.

Dans un chèque au porteur, la personne qui détient le chèque, le porteur, peut le toucher. Le chèque n'indique pas la mention d'un bénéficiaire particulier.

Si l'on a un compte de chèques, on conserve *le talon*[1] de son chèque où l'on indique la somme et la personne en faveur de qui on a tiré le chèque. Chaque mois, la banque vous envoie *un relevé,*[2] qui résume les débits et les crédits de votre compte et indique votre *avoir.*[3]

Comme aux Etats-Unis, on ne doit pas tirer des *chèques sans provision.*[4] Pourtant il existe la possibilité de tirer un *chèque à découvert*[5] si l'on a la permission de la banque. Par exemple, votre banque vous permet de tirer un chèque de 10.000F alors que vous n'avez que 8.000F dans votre compte courant, parce qu'elle sait que vous aurez les 2000F dans un proche avenir, et parce qu'elle vous fait confiance. Quelquefois il faut *une ouverture de crédit* formelle pour obtenir la couverture d'un découvert, mais d'autres fois rien de formel n'est exigé.

Comme nous l'avons vu dans la section IX–3, l'opération qui permet à une personne de *négocier* (ou *mobiliser*) ses effets de commerce avant la date d'échéance s'appelle *l'escompte.* Dans *l'escompte,* le détenteur des effets de commerce les vend à sa banque, qui lui remet les sommes indiquées sur les effets après avoir soustrait une commission. Cette commission s'appelle *l'agio,* et elle consiste en trois éléments: *le coût d'escompte, la commission d'endos,* et *la commission de manipulation.*[6]

Le Crédit de Mobilisation des Créances Commerciales (C.M.C.C.) est une nouvelle technique bancaire qui peut remplacer l'escompte quand le même client vend plusieurs effets de commerce à sa banque. Dans l'escompte le client doit payer un agio pour chaque effet de commerce; ensuite la banque doit négocier chaque effet de commerce individuellement quand elle les vend à d'autres banques. Avec le C.M.C.C. le client peut grouper ensemble les effets de commerce dont l'échéance se présente presque en même temps (par exemple, entre le 1er et le 15 du même mois); un seul document C.M.C.C. remplace tous les effets groupés, et le client paie une seule commission. Quand le banquier veut négocier le document C.M.C.C. (c'est-à-dire le vendre

---

[1]*talon*: stub. The French also use the term *souche* for "stub".

[2]*relevé*: statement (bank)

[3]*avoir*: balance

[4]*chèque sans provision*: check without sufficient funds

[5]*chèque à découvert*: overdraft. It is another way of indicating a check with insufficient funds. Sometimes banks pay a check when the account is overdrawn if they are certain of receiving payment; they may require a service charge for allowing an overdraft.

[6]*le coût . . . manipulation*: the cost of the discount, the endorsement commission (because the bank's signature is used to back up the document) and the handling commission. (In the United States we have only one charge, called the discount.)

à une autre banque), il renégocie ce seul billet signé par son client et par lui-même, au lieu de renégocier chaque effet individuellement.

Exercices

I. Questions sur le texte

1. Etablissez un contraste entre les chèques *à ordre, au porteur,* et *non à ordre.*
2. Où endosse-t-on un chèque?
3. Que contient un relevé bancaire?
4. Dans quelles circonstances peut-on faire un chèque à découvert?
5. Qu'est-ce que l'agio?
6. Expliquez le C.M.C.C.

II.   Sur les documents

1. Pour quelle somme a-t-on écrit le chèque donné en exemple? *Huit cent- quatre vingt t.*
2. Qui est le tireur du chèque? le bénéficiaire? *T. Mme T. Cormier bén. Monsieur X.*
3. Quelle est la banque de M. Cormier? *La Banque Regionale d'escompte et de Depots.*
4. Que remplace le billet C.M.C.C.?

III.   Expliquez les termes suivants:

chèque sans provision	mobiliser	commission de manipulation
chèque à découvert	escompte	compte courant
commission d'endos	ouverture de crédit	talon

IV.   Translate the terms of exercise III.

V.   Donnez la réponse qui convient:

1. Vous avez perdu quarante *cents* dans une cabine téléphonique (telephone booth) quand l'appareil (the telephone) ne vous a pas rendu votre monnaie. Bell Telephone vous envoie un chèque de 40 *cents* que n'importe qui peut toucher. C'est un chèque __b.__ .

a. à ordre   b. au porteur *Cash*   c. non à ordre   d. sans provision

2. La banque vous informe que vous avez tiré un chèque de $200, tandis que votre compte de chèques ne contient que $150. Vous avez tiré un chèque

_____ .

a. non à ordre   b. à l'escompte   c. sans avoir   (d.) sans provision

3. L'agio comprend tous les éléments suivants sauf _____.
a. coût d'escompte   **b.** effet de commerce   **c.** commission d'endos
d. commission de manipulation

4. Le C.M.C.C. a tous les avantages suivants sauf _____.
a. une échéance plus favorable au tireur de l'effet   **b.** une seule commission pour le client   **c.** plus de mobilité pour la banque
d. un regroupement des effets de commerce

5. La somme qui reste à votre compte est _____.
a. la balance   **b.** le bilan   **c.** l'avoir   **d.** le relevé

6. On endosse un chèque _____.
a. au talon   **b.** au verso   **c.** dans l'escompte   **d.** au détenteur

7. _____ vous résume les opérations d'une période donnée.
a. La souche   **b.** Le talon   **c.** L'agio   **d.** Un relevé

8. On enregistre le montant du chèque et le nom du bénéficiaire sur
_____.
a. le compte courant   **b.** l'endos   **c.** le talon   **d.** la manipulation

9. Pour toucher un chèque, le _____ doit le signer.
a. bénéficiaire   **b.** tiré   **c.** banquier   **d.** créditeur

10. La personne à l'ordre de qui on écrit un chèque peut faire toutes les
opérations suivantes sauf _____.
a. déposer le chèque   **b.** demander paiement en espèces   **c.** endosser le chèque au profit d'une autre personne   **d.** escompter le chèque

Chapitre XI

Section XI–1

Postes et Télécommunications (P. et T.)[1]

Vocabulaire

l'accusé de réception (m): acknowledgement of receipt

affranchir: to stamp

l'appel en PCV (m): collect call (PCV stands for *percevoir*)

l'avis de réception (m): acknowledgement of receipt, return receipt

le colis avion: air mail package

le colis voie de surface: surface mail package

le courrier: mail

le destinataire: addressee

l'envoi (m): mailing, shipment

l'étiquette (f): label

par exprès: express, special delivery (letter)

faire distribuer par porteur spécial: to send special delivery

faire suivre: to forward

gratuit: free of charge

le guichet: service window, window

jeter un coup d'oeil: to glance

la poste restante: general delivery

le récépissé de dépôt: acknowledgement of receipt

recommandé: registered

le répondeur téléphonique: telephone answering device

le tarif réduit: reduced rate

---

[1]The "Postes et Télécommunications" ministry was formerly known as "les P.T.T.", which meant Postes, Télégraphe, Téléphone.

M. Roberts va à son bureau de poste où il profite de plusieurs services. D'abord il veut envoyer un colis à Marseille et quelques cartes postales aux Etats-Unis. Il se trouve au guichet des colis:

LE POSTIER:　C'est un colis avion ou un colis voie de surface?

M. ROBERTS:　Colis avion. J'allais justement vous demander une étiquette bleue portant la mention "par avion." C'est aussi un envoi urgent.

LE POSTIER:　Voulez-vous l'envoyer par exprès et le faire porter à domicile par porteur spécial?

M. ROBERTS:　Oui, si c'est possible.

LE POSTIER:　C'est toujours possible à l'intérieur de la France. Et à l'étranger, aussi, bien sûr. C'est un objet recommandé?

M. ROBERTS:　Oui, et avec un avis de réception, s'il vous plaît. Après avoir payé M. Roberts se dirige vers le guichet où l'on vend des timbres.

M. ROBERTS:　Quatre timbres à 2F50 s'il vous plaît.

LA POSTIÈRE:　Vous désirez autre chose?

M. ROBERTS:　Oui, trois aérogrammes, s'il vous plaît. M. Roberts paye les timbres et les aérogrammes, il affranchit ses cartes postales, et il se dirige finalement vers le guichet de la poste restante.

M. ROBERTS:　Vous avez du courrier au nom de Roberts?

LE POSTIER:　Je vais voir. *Pause.* Non, Monsieur, il n'y a rien.

M. ROBERTS:　Pourrais-je vous laisser mon adresse permanente à Paris au cas où vous en recevriez?

LE POSTIER:　Oui, bien sûr.

Ensuite M. Roberts passe au guichet des télégrammes. Comme il doit faire la queue, il jette un coup d'oeil sur une brochure décrivant les services financiers fournis par les P. et T. C'est la première fois qu'il lit une description de la Caisse Nationale d'Epargne, qui ressemble à une banque dans ses fonctions mais qui fait partie des P. et T.

Au guichet

LE POSTIER:　Oui, Monsieur?

M. ROBERTS:　Pourriez-vous m'aider à remplir ce formulaire pour un télégramme?

LE POSTIER:　C'est très simple. Il suffit de remplir le nom et l'adresse du destinataire en face des rubriques prévues, puis vous écrivez le texte du message sur les lignes imprimées, et en bas votre nom et votre adresse. Je m'occuperai du reste, à moins que vous n'ayez l'intention de faire suivre le télégramme si la personne n'est pas à l'adresse indiquée.

M. ROBERTS:　Non, il n'est pas nécessaire de le faire suivre, mais j'aimerais bien savoir quand on aura reçu mon télégramme.

LE POSTIER:　Dans ce cas-là, je peux vous donner un récépissé de dépôt qui vous permet de garder trace de l'envoi, et vous pouvez même en faire une photocopie pour savoir exactement ce que vous avez écrit. Si le destinataire est en France, vous pouvez demander un accusé de réception qui vous indiquera la date et l'heure auxquelles votre télégramme a été reçu. Et, si c'est en France, vous pouvez vous assurer que seul le destinataire reçoive le télégramme en demandant la remise en "main propre" qui exige la signature de la personne avant que le télégramme ne soit remis.

M. ROBERTS: Bon, je crois qu'un accusé de réception suffira. *Il remplit le formulaire.*

LE POSTIER: Très bien. Voulez-vous le tarif réduit qui arrivera dans deux jours au plus tôt, ou préférez-vous que ça aille plus vite?

M. ROBERTS: Le plus vite possible.

M. Roberts paie le télégramme et passe aux guichets de services téléphoniques, où il téléphone à un ami des Vosges en PCV.
Ensuite il envoie un message aux Etats-Unis par télex[2] et rentre chez lui.

DOCUMENT 18.   Télégramme

Courtesy of the Ministère des Postes et Télécommunications

[2]French post offices offer telex services. Telex allows you to type a message that will be received by a telex subscriber in another city as fast as a telephone call. Many businesses are telex subscribers.

Exercices

I. Questions sur le texte

1. Où M. Roberts envoie-t-il son colis et ses cartes postales?

2. Comment envoie-t-il son colis? (3 moyens)

3. A quel guichet va-t-il chercher son courrier?

4. A quoi servent un récépissé de dépôt et un accusé de réception quand on envoie un télégramme?

5. Quand arrivera un télégramme à tarif réduit?

6. Comment M. Roberts téléphone-t-il à son ami des Vosges?

7. Où M. Roberts envoie-t-il un message par télex?

II. Review object pronouns and their placement, nos. 38–44 and 33–35. Replace the italicized words of the following sentences with pronouns:

1. Je parle *de mes problèmes au psychiatre.*

2. Elle voit *son frère à Omaha.*

3. Vous n'avez pas communiqué *le message à Jean et à moi.*

4. Elle a monté *la valise pour sa mère.*

5. Il ne s'agit pas de *Jean*; il s'agit de *Marie.*

6. Nous penserons *à l'avenir,* et nous ne nous souviendrons plus *de ces problèmes.*

7. J'ai laissé un mot *pour Marie,* mais elle ne sait pas *que j'ai laissé un mot.*

8. Tu écriras *à nos amis* pour qu'ils soient au courant *de nos projets.*

III. Put the following commands in the negative:

1. Donnez-la-nous.

2. Vas-y.

3. Offrez-le-moi.

4. Rendez-m'en.

5. Parlez-lui-en.

6. Assieds-toi.

IV. Use the proper disjunctive pronouns in the blanks provided:

1. _____ (He) et _____ (I), nous irons ensemble.

2. On le fait pour _____ (oneself).

3. Il veut la voir _____ -même (himself).

4. Parlez-vous avec _____ (them - feminine)?

5. _____, tu vas rester ici.

V.   Translation

1. He took his mail and made a collect phone call.

2. She stamped her letter, put on the label and mailed it at the reduced rate.

3. Do you get your mail at the window (i.e. service window) for general delivery?

4. I asked for a return receipt when I sent the air mail package.

5. We sent a telegram and a special delivery letter.

6. She glanced at the surface mail package.

7. If you forward a letter, it is free of charge.

VI.   Discussion. Divide class into groups of two.

Choisissez la meilleure façon d'envoyer une lettre ou autre chose dans les situations suivantes.

1. Vous envoyez un chèque deux jours avant la date fixée.

2. Vous envoyez à vos clients des brochures pour un produit qui sortira dans six mois.

3. Vous envoyez une carte de Noël de Montréal à Lyon.

4. Vous annoncez à vos clients un changement d'adresse dans la même ville.

5. Vous écrivez à un collègue qui n'a pas encore sa réservation d'hôtel à Trois-Rivières, ville pour laquelle il s'apprête à partir. C'est une lettre importante.

MAP 16. La Région parisienne

MAP 17. Quelques grandes villes

Section XI–2

Les Grandes Villes

Parmi les grandes villes de France Paris est la plus importante du point de vue commercial. La capitale et sa banlieue comprennent le sixième de la population, et elles comptent 65% des sièges sociaux des grandes entreprises françaises.[1]

Ce n'est pas étonnant que la région parisienne[2] participe pour un tiers à l'économie nationale. Les habitants travaillent non seulement dans l'industrie, mais aussi dans le secteur tertiaire (services, commerces, administrations). Donc la ville offre à l'industrie une source de main-d'oeuvre et de consommateurs. Paris est aussi le siège des grandes banques. De plus, la centralisation des Pouvoirs Publics et des moyens de transports—avions, trains, autoroutes—contribue à préserver la disparité entre le développement économique de Paris et des autres régions.

A l'heure actuelle le gouvernement français décourage le surdéveloppement de la région parisienne et favorise par des dégrèvements d'impôts et par d'autres moyens, le développement d'autres régions, surtout celles où le chômage est notable. Cette politique est évidente depuis le programme du VIIe

---

[1] In France a *grande entreprise* has over 300 to 400 employees and is distinguished from *moyennes entreprises,* which employ from 10 to about 300 to 400 persons, and *petites entreprises* with fewer than 10 employees.

[2] See map of Paris region on page 203.

Les vues Aériennes de Paris

Le port de Marseille

Plan[3] et dans les activités de la Délégation à l'Aménagement du Territoire et à l'Action Régionale (D.A.T.A.R.).[4]

Dans la région du Nord, nous avons le grand centre des textiles en France à Lille-Roubaix-Tourcoing, trois villes qu'on peut considérer comme un tout en parlant de l'industrie textile. Elles comprennent plus de 35% de la main-d'oeuvre de cette industrie en France. A Lille nous trouvons surtout du lin, du coton, et de la lingerie. Roubaix et Tourcoing sont les premiers centres lainiers d'Europe. A présent, les trois villes souffrent d'un chômage élevé dû à la concurrence de l'importation des produits des pays en voie de développement. Lille est non seulement un grand centre du textile, mais aussi une région houillère[5] et métallurgique.

Les villes de Lyon-Saint-Etienne-Grenoble forment un autre centre métropolitain, cette fois dans la région Rhône-Alpes. En textiles, elles produisent surtout de la soie et des textiles artificiels. L'industrie chimique et l'industrie métallurgique y jouent aussi un rôle important. A Lyon on fabrique des colorants, des insecticides, et des produits pharmaceutiques, à Grenoble du chlore et de la soude[6] et leurs dérivés, aussi bien que du carbure de calcium et des matières plastiques. Dans le domaine métallurgique, cette région est

[3] France has had 8 plans for economic development since 1944. Beginning with the seventh plan, which took effect in 1976, regional representatives have had a role in drawing up the part of the plan concerning regions.

[4] See chapter III-1 on D.A.T.A.R.

[5] *la houillère*: coal mine

[6] *du chlore et de la soude*: chlorine and soda

importante pour le matériel de chemin de fer et de travaux publics, pour l'aluminium, et pour l'acier électrique.[7] La production hydroélectrique et la houille blanche[8] de Grenoble, comme le charbon de Saint-Etienne aident à satisfaire aux besoins énergétiques du pays.

Le premier port de France est Marseille, "la porte de l'Orient et de l'Afrique." Sa situation géographique destine Marseille au commerce extérieur. Les activités d'Aix-en-Provence, 30 kilomètres à l'intérieur, et celles de Fos, port industriel tout près de Marseille, sont étroitement liées aux activités de Marseille. Celle-ci est la plus grande ville industrielle de la région Provence-Côte d'Azur. Elle a 25% du total du raffinage du pétrole français, et elle joue un grand rôle dans la construction navale à La Ciotat et à La Seyne, et dans la construction aéronautique à Marignane.[9] Malheureusement les constructions navale et aéronautique souffrent souvent de chômage. La pêche, le raffinage du sucre, l'industrie du bâtiment et les produits chimiques contribuent aussi à la vie commerciale de Marseille.

Exercices

I.   Questions sur le texte

1.   Donnez trois raisons pour lesquelles Paris est la ville française la plus importante du point de vue commercial.

2.   De quelles régions le gouvernement français favorise-t-il le développement? Pourquoi?

3.   Quel genre de textiles fabrique-t-on à Lille même?

4.   Pour quels textiles Roubaix et Tourcoing sont-ils renommés?

5.   Quelles villes forment le grand centre métropolitain de la région du Nord? de la région Rhône-Alpes? de la région Provence-Côte d'Azur?

6.   Expliquez l'importance de la métropole régionale de Lyon (avec les centres régionaux de St. Etienne et Grenoble) pour: les textiles, les industries chimique et métallurgique, et les besoins énergétiques du pays.

7.   Pourquoi peut-on appeler Marseille "la porte de l'Orient et de l'Afrique?"

8.   Nommez 5 industries importantes pour la vie commerciale de Marseille.

II.   En regardant les cartes ci-dessus:

1.   Expliquez où se trouve le Hainaut.

---

[7]*acier électrique*: steel-facing and copper-plating
[8]*houille blanche*: hydroelectric power
[9]See the map on naval and aeronautical construction in chapter VII–2.

2. Nommez 5 pays qui ont des frontières communes avec la France.

3. Quelle ville se trouve à 30 km de Marseille?

4. Dans quelle région se trouve Bordeaux?

5. Quels départements la région parisienne comprend-elle?

III. Vocabulaire

1. La _____ est une industrie côtière.
2. La personne qui achète un produit est le _____.
3. La _____ entoure la ville.
4. L'Iran est un _____.
5. Le chômeur cherche un _____.
6. L'industriel cherche de la _____.
7. E.D.F. utilise de la _____.
8. Cet acide est un _____ du soufre.
9. On met du _____ dans l'eau.
10. Le _____ est un tissu.

a. banlieue
b. pêche
c. chlore
d. emploi
e. main-d'oeuvre
f. consommateur
g. lin
h. houille blanche
i. dérivé
j. pays en voie de développement

IV. Trouvez dans le texte un mot de la même famille.

chimie—chemistry   _____

pharmacie—pharmacy   _____

couleur—color   _____

laine—wool   _____

énergie—energy   _____

souffrance—suffering   _____

trois—three (2 words)   _____   _____

V. Dictée tirée d'une partie du texte.

VI. Approfondissement

Lectures conseillées: Prévot et al., pp. 17, 25, 98, 133–34, 137–43, 170–72, 179–80; Froment et Lerat, pp. 175–87, 202–08.

1. Commentez l'importance commerciale des métropoles régionales suivantes: Bordeaux, Toulouse, Nantes-Saint-Nazaire, Metz-Nancy, et Strasbourg. (Mentionnez le nom de leurs régions.)

2. Dans quelles régions trouvez-vous les centres régionaux de Rennes, Caen, Rouen, Limoges, Dijon, Clermont-Ferrand, et Nice?

3. Pourquoi la France doit-elle s'occuper d'aménager son territoire? Quelles sont les trois structures qui doivent résoudre les problèmes régionaux?

4. Que font les Français pour faire face aux problèmes de la croissance urbaine?

Section XI–3

Les Services financiers
des Postes et Télécommunications

En plus des services de poste, de téléphone et de télégraphe, le ministère des Postes et Télécommunications offre plusieurs services financiers qui ressemblent à ceux d'une banque. Un des services les plus connus est celui des chèques. Toute personne et toute entreprise peuvent avoir un compte de chèques à la poste. Ce compte s'appelle un compte courant postal dont on voit souvent l'abréviation C.C.P. Regardons le chèque postal ci-après. Le volet du milieu est destiné au centre de chèques postaux qui paie le montant du chèque. Le volet de droite doit être conservé par le bénéficiaire, et on remet au tireur celui de gauche. Le verso, comme le recto du chèque, est nettement différent d'un chèque bancaire. Au verso du volet, conservé par le bénéficiaire, on indique l'objet du paiement. Comme le précise le volet destiné au centre de chèques, la personne voulant toucher ce chèque doit présenter une pièce d'identité.

En France, on peut envoyer ce genre de chèque non seulement à une personne ou à une entreprise, mais aussi directement au centre de chèques qui détient le C.C.P. du bénéficiaire. Quand le centre de chèques aura crédité le compte du bénéficiaire, il l'en avisera en lui envoyant le volet réservé au bénéficiaire. Toute cette opération porte le nom de virement. De la même façon, le tireur d'un chèque postal peut virer celui-ci au compte d'épargne du bénéficiaire. Dans le cas d'un compte d'épargne postal, c'est la Caisse Nationale d'Epargne, plutôt qu'un centre de chèques postaux, qui s'en occupe. Pour déposer ou pour retirer de l'argent d'un C.C.P. ou d'un compte

DOCUMENT 19. Chèque postal

Recto: au-dessus; verso: en dessous. (Les 3 volets sont marqués.)

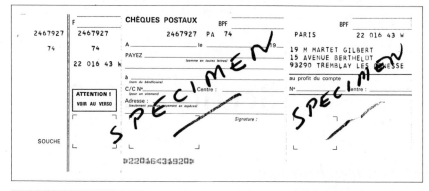

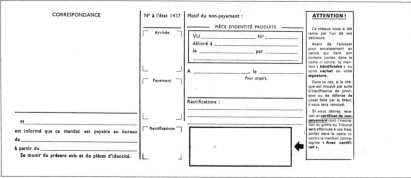

Courtesy of the Ministère des Postes et Télécommunications

d'épargne postal, il n'est pas nécessaire d'aller à un centre de chèques postaux, ni à une Caisse d'Epargne. Il suffit d'aller aux guichets du bureau de poste le plus proche ou de poster toute correspondance traitant de ces affaires.

Parmi les services à la disposition de l'entreprise, il y a la lettre-chèque, qui comporte l'en-tête de l'entreprise et dont la partie inférieure est un chèque postal. Les titulaires d'un compte postal peuvent encaisser les chèques bancaires ou les effets de commerce qui sont tirés à leur ordre, en les endossant à l'ordre du chef du centre de chèques postaux où ils ont leur compte.

Les P. et T. essaient de faciliter les opérations des entreprises qui ont un C.C.P. ou un compte d'épargne. S'il y a plusieurs transactions à faire en même temps, on peut se servir de bordereaux[1] ou de listes, qui font un état succint de chacune d'elles. Ainsi le bordereau indique-t-il pour un type de transaction, le montant des sommes à créditer et le nom des tirés et des tireurs. Il permet d'accomplir chaque transaction plus rapidement. Une grande entreprise se

---

[1]*bordereau*: summary statement

DÉCOMPTE
SANS TAXE

BPF

PAIEMENT

DESTINATAIRE : **C.R.I.T.** - **PARIS-MASSY** - CEDEX N° 55 - 75300 PARIS BRUNE
Exp

SANS TAXE

RÉFÉRENCES | COMPTE

AU BUREAU
DE POSTE

DANS CE CADRE INSCRIRE LES RÉFÉRENCES DU COMPTE A DÉBITER

OP 1418 1 **TITRE UNIVERSEL DE PAIEMENT**
C.R.I.T. - **PARIS-MASSY** CEDEX N° 55 - 75300 PARIS BRUNE

C/C N°
chiffres   lettre

C/C N°
CENTRE
NOM

A   , le
Signature

C.R.I.T. - **PARIS MASSY**
CEDEX N° 55
75300 PARIS BRUNE
C.C.P. PARIS 9048-56 V

SANS
TAXE

NE RIEN INSCRIRE SOUS CE TRAIT   NE PAS PLIER

MODES DE RÈGLEMENT

PAIEMENT EN ESPÈCES

Présentez au bureau de poste de votre choix la formule du recto sans y porter aucune mention.
Conservez la facture (partie 4).
Le talon oblitéré (partie 3) qui vous sera remis a valeur de reçu.

PAIEMENT PAR CHÈQUE BANCAIRE

- Établissez votre chèque à l'ordre du DIRECTEUR DU CRIT DE PARIS-MASSY pour le montant exact de la facture (centimes compris).
- Joignez à votre chèque, sans l'agrafer et sans rien y inscrire, l'ensemble de la formule (Parties 1, 2, 3 attachées)
- Adressez l'ensemble (chèque et formule) sous pli non affranchi à ➤ **CRIT DE PARIS-MASSY**
CEDEX 55
75300 PARIS BRUNE
- Conservez la facture (partie 4).

PAIEMENT PAR VIREMENT POSTAL

- Au lieu d'utiliser votre carnet de chèques, complétez le cadre de la formule par les références de votre compte, la date et votre signature.
- Adressez l'ensemble de la formule (parties 1, 2, 3 attachées) à votre Centre de Chèques Postaux.
- Conservez la facture (partie 4).
- La mention du débit correspondant portée sur votre extrait de compte a valeur libératoire.

Courtesy of the Ministère des Postes et Télécommunications

servant d'un ordinateur[2] pour sa comptabilité peut envoyer au centre de chèques postaux une bande magnétique[3] pour une grande variété de transactions. Pour les grandes entreprises avec beaucoup de clients, il existe des Titres Universels de Paiement (T.U.P.), que l'entreprise envoie directement aux clients. (Voir le doc. no. 20 ci-après). Le client a le choix de débiter son compte, en virant la somme due au compte de l'entreprise, ou de payer par chèque ou en espèces.

[2]*ordinateur*: computer
[3]*bande magnétique*: recording tape. Computers can record transactions on tape to be sent to the post office.

DOCUMENT 21. Mandat de poste international (recto)

COUPON (Peut être détaché par le bénéficiaire)	ADMINISTRATION DES POSTES DE FRANCE	MANDAT DE POSTE INTERNATIONAL	MP 1

Cours du change [1]

Montant en chiffres arabes

Date d'émission

Montant en chiffres arabes

Somme payée [1]

S'il y a lieu application des timbres-poste ou indication de la taxe perçue

Montant en toutes lettres et en caractères latins

Nom et adresse de l'expéditeur

Nom du bénéficiaire

Rue et n°

Lieu de destination

Pays de destination

[1] A porter par l'Administration de paiement lorsqu'elle opère la conversion.

Timbre du bureau d'émission

Timbre du bureau d'émission

Indications du bureau d'émission

N° du mandat

Somme versée

Bureau

Date

Signature de l'agent

N° 1485.

DESTINATAIRE

EXPÉDITEUR

MONTANT

Origine   Destination

Le mandat est un document postal qui vous permet d'envoyer rapidement de l'argent à une personne ou à une entreprise éloignée. Il existe divers types de mandats—le mandat-télégramme, le mandat-lettre, le mandat-carte, le mandat de poste international, le mandat optique (mandat demandé par bande magnétique par une entreprise ayant un ordinateur), et encore d'autres; tous servent à envoyer de l'argent. Le télégramme est plus rapide, la lettre plus personnelle, et, pour une grande entreprise, le mandat-optique est plus approprié. (Voir le doc. 21 ci-dessus).

Les Français utilisent la poste pour d'autres services d'ordre financier. Ils peuvent obtenir des chèques de voyage valables en France et à l'étranger, acheter des bons du Trésor et des S.I.C.A.V., et souscrire des plans d'épargne et des assurances. En somme, les postes en France offrent toute une gamme de services inconnus des postes américaines.

DOCUMENT 21. Mandat de poste international (verso)

Cadre réservé aux endossements, s'il y a lieu

Mle n° 1405 – IN 6 110436 3 91

Quittance du bénéficiaire

Reçu la somme indiquée d'autre part

Lieu et date

Signature du bénéficiaire

Registre d'arrivée

N°

Timbre du bureau payeur

Mandats, Lausanne 1974, art. 104, § 1 – Dimensions : 148 x 105 mm, couleur rose

Courtesy of the Ministère des Postes et Télécommunications

Exercices

I. Questions sur le texte

1. Quelle est la différence entre P. et T., et P.T.T.?

2. Expliquez ce que c'est qu'un virement postal.

3. Faites la différence entre le centre de chèques postaux et la caisse nationale d'épargne.

4. Comment encaisse-t-on des effets de commerce dans un compte courant postal?

5. Comment fait-on un versement ("deposit") sur son livret d'épargne si on ne peut pas aller à la caisse d'épargne qui détient son compte?

6. Nommez trois services que proposent les P. et T. pour faciliter les opérations des entreprises.

7. Expliquez l'avantage du mandat-télégramme, du mandat-lettre, et du mandat optique.

8. Citez trois services des postes françaises que les postes américaines n'offrent pas.

II. Sur les documents

1. Expliquez le fonctionnement des trois volets du chèque postal ci-dessus.

2. Quel est le numéro du C.C.P. de l'entreprise qui a envoyé le T.U.P. ci-dessus?

3. Quels sont les modes de règlement mentionnés sur le T.U.P.?

4. Où écrit-on la somme à payer sur le mandat de poste international ci-dessus?

5. Que prouve la signature du bénéficiaire sur le mandat de poste international?

6. Dans le versement ci-après, où indique-t-on le montant de la somme qu'on veut déposer à son compte d'épargne?

7. Où indique-t-on le montant de la somme qu'on envoie dans le mandat-carte ci-après?

III. Expliquez les termes suivants:

montant	lettre-chèque	plan d'épargne
verso	bordereau	virer
C.C.P.	ordinateur	bande magnétique
T.U.P.		encaisser

IV. Translate the terms of exercise III.

V. Vocabulaire

1. Pour retirer de l'argent de son compte à la Caisse Nationale d'Epargne on doit présenter son _____.

2. Un _____ indique tous les chèques bancaires que l'entreprise a reçus de Créteil.

3. Il faut une _____ pour toucher un chèque postal.

a. titre universel de paiement
b. veuve
c. ordinateur
d. bande magnétique
e. volet
f. livret

4. Il y a trois façons de payer un _____.

5. Sur le document no. 22, une femme dont le mari (husband) est mort indique qu'elle est _____.

6. La _____ s'utilise non seulement pour les ordinateurs mais aussi pour les magnétophones (tape recorders).

7. On indique le _____ en toutes lettres et en chiffres.

8. Un _____ du chèque est conservé par le centre de chèques postaux.

9. La _____ du document no. 19 correspond au talon des chèques mentionnés au chapitre X.

10. Un _____ peut calculer le montant d'une somme plus rapidement qu'un homme.

g. souche
h. bordereau
i. montant du chèque
j. pièce d'identité

DOCUMENT 22. Versement sur le livret d'un compte d'épargne

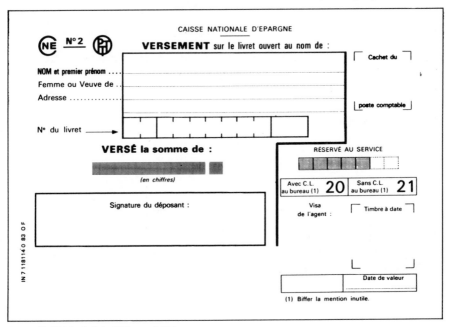

DOCUMENT 23. Mandat-carte

MANDAT-CARTE

N° 1406

┌ ┐   ┌ ┐

└ ┘   └ ┘

COUPON
remis au destinataire

N° d'émission :

A REMPLIR PAR L'EXPÉDITEUR

MONTANT du mandat
(en chiffres)

MANDAT de la somme de
(en lettres)

EXPÉDITEUR (Nom et adresse)

M (1) _ _ _ _ _ _ _ _ _ _ _ _ _ _ _

_ _ _ _ _ _ _ _ _ _ _ _ _ _ _ _ _ _ _

_ _ _ _ _ _ _ _ _ _ _ _ _ _ _ _ _ _ _

payable à

_ _ _ _ _ _ _ _ _ _ _ _ _ _ _ _ _ _ _

(1)   (Pour une femme, préciser «Madame» ou Mademoiselle»)

M _ _ _ _ _ _ _ _ _ est informé que
ce mandat est payable au bureau

de _ _ _ _ _ _ _ _ _ _ _ _ _ _ _ _ _

à partir du _ _ _ _ _ à _ _ _ _ h,
Se munir du présent coupon et
d'une pièce d'identité.

M _

_ _

_ _

_ _

DESTINATAIRE   M (1) _

_ _

EXPÉDITEUR   M (1) _

_ MONTANT : _ _ _ _ _ _ _ _ _ _ _ _ _ _

Courtesy of the Ministère des Postes et Télécommunications

Chapitre XII

MAP 18.   Le Canada

MAP 19. Le Québec

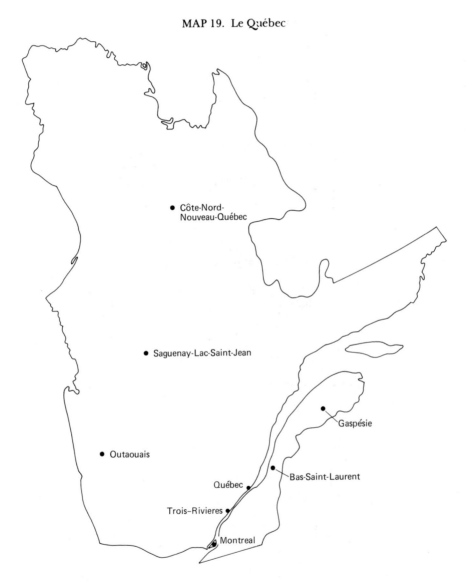

● Côte-Nord-
   Nouveau-Québec

● Saguenay-Lac-Saint-Jean

                                                        ● Gaspésie

● Outaouais
                                                    ● Bas-Saint-Laurent
                            Québec ●
            Trois–Rivieres ●
                        ● Montreal

MAP 20. Nouveau-Québec

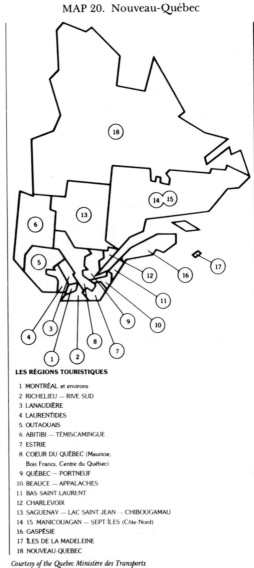

LES RÉGIONS TOURISTIQUES

1 MONTRÉAL et environs
2 RICHELIEU — RIVE-SUD
3 LANAUDIÈRE
4 LAURENTIDES
5 OUTAOUAIS
6 ABITIBI — TÉMISCAMINGUE
7 ESTRIE
8 COEUR DU QUÉBEC (Mauricie,
    Bois-Francs, Centre du Québec)
9 QUÉBEC — PORTNEUF
10 BEAUCE — APPALACHES
11 BAS SAINT-LAURENT
12 CHARLEVOIX
13 SAGUENAY — LAC SAINT-JEAN — CHIBOUGAMAU
14 15 MANICOUAGAN — SEPT-ÎLES (Côte-Nord)
16 GASPÉSIE
17 ÎLES DE LA MADELEINE
18 NOUVEAU-QUEBEC

Courtesy of the Quebec Ministère des Transports

Section XII–1

La Langue française et l'économie du Québec

Vocabulaire

l'amiante (m): asbestos, amianthus
l'anglophone (m,f): English-speaking person
l'argent (m): silver
l'argile (m): clay
l'atout (m): strong point (literally: trump)
l'avenir (m): future
le bâtiment: building
bon marché: cheap, inexpensive
contre, par: on the other hand
le contremaître: foreman
le cuivre: copper
l'emploi (m): job
l'étiquette (f): label
le francophone: French-speaking person
le gisement: deposit (of ore)
le gravier: gravel
la houille blanche: hydroelectric power

l'huile à moteur (f): motor oil
la loi: law
le magnésium: magnesium
la matière première: natural resource
les meubles (m): furniture
l'or (m): gold
le papier journal: newsprint
passer (des vacances): to spend (a vacation)
la pâte de bois: woodpulp
rédiger: to draw up, to edit
le sable: sand
le sel: salt
le silice: silica
le soufre: sulfur
le supermarché: supermarket
surnommer: to nickname, to call
le titane: titanium
le vent: wind

   Mark Roberts passe ses vacances dans le Québec où il rend visite à un
ami québécois qui a fait ses études dans la même université. Son ami René
travaille pour Alcan, la grande compagnie d'aluminium. Sa femme Anne
travaille à la Bourse de Montréal.

   MARK: Le Québec a beaucoup changé depuis ma dernière visite en

1973. Tout le monde me parle en français. Auparavant, je n'entendais que l'anglais.

RENÉ: C'est vrai. Nous avons changé avec la loi 101.

MARK: Je ne la connais pas.

RENÉ: En 1977 l'Assemblée nationale du Québec a adopté cette loi que l'on surnomme "Charte de la langue française." Elle a donné à chacun le droit de communiquer en français avec l'Administration[1] et avec les entreprises. En plus, il a fallu que les entreprises identifient en français les articles vendus au Québec, ainsi que leurs services.

MARK: Cela me paraît normal. Cela n'existait pas avant la loi?

RENÉ: Pas nécessairement. Il arrivait qu'un francophone achète un article, comme l'huile à moteur, sans trouver un mot de français sur la boîte. Il arrivait même que le pauvre francophone ne puisse pas lire les étiquettes écrites dans une langue autre que la sienne au supermarché. Et cela dans une province où plus de 80% de la population considère le français comme sa langue maternelle.

ANNE: Pire encore était la nécessité de parler anglais pour avoir un bon emploi. Pour être cadre ou contremaître il fallait souvent parler anglais. Donc le francophone occupait dans les affaires une place inférieure, tout en résidant dans une province francophone!

RENÉ: Et il y avait souvent des différences de salaire pour la seule raison que l'on ne parlait pas anglais. Par contre, l'anglophone ne perdait presque rien dans le Québec s'il était incapable de parler français.

ANNE: Cette loi a donné à la langue française un rang semblable à celui de l'anglais dans les autres provinces. Le français est devenu la langue officielle au Québec.[2] Dans les communications entre les Pouvoirs Publics et les entreprises, tout doit être rédigé en français. Et une personne ne peut pas avoir une situation ni un salaire inférieurs pour la seule raison qu'elle ne parle que le français.

MARK: Les Québécois parlent quelquefois de l'indépendance. Pour se séparer du Canada, il faudrait avoir une base économique suffisante. Avez-vous de grandes industries qui puissent vous aider si le mouvement indépendantiste réussit?

RENÉ: Bon. Tu sais déjà que nous avons de grandes ressources hydro-électriques. Hydro-Québec produit beaucoup d'électricité à un prix plus bas que les prix de la plupart du Canada et des Etats-Unis. C'est un grand atout pour l'aluminium, qui dépend de la houille blanche. L'électricité bon marché est importante aussi pour réduire nos importations de pétrole et de gaz naturel.

MARK: Est-ce que le Québec exploite d'autres formes d'énergie?

ANNE: L'Institut de recherche d'Hydro-Québec, ou l'IREQ, a une

[1]*Administration*—government agencies

[2]Law 101 was passed at a time when the *Parti Québécois* was in power. The party was still in control in the early 1980's, but it had lost some of the seats in the legislature which it had held in 1977. The law's fate in the 1980's may change in relation to the strength of the *Parti Québécois*.

grande compétence en matière d'électricité. En outre, cet institut s'occupe de beaucoup plus que de la production, du transport et de la distribution de l'électricité. L'IREQ étudie l'énergie solaire, l'énergie des vents, et, bien sûr, l'énergie nucléaire.

MARK: Mais si le Québec veut du pétrole et du gaz, il faudra toujours les importer.

RENÉ: Sans doute.

MARK: Quelles sont les autres grandes industries du Québec?

RENÉ: Je dirais l'aluminium, le papier journal, la pâte à papier, les meubles, et les vêtements.

ANNE: Et nous sommes très riches en matières premières. Nos gisements de fer sont parmi les plus riches du monde. Le principal se trouve dans la région de Schefferville. En 1978, le Québec était le premier producteur mondial d'amiante; je crois qu'il l'est encore.

RENÉ: A part cela, nous exploitons le cuivre, le zinc, le niobium, le titane, et même l'argent et l'or.

ANNE: Nous avons aussi, en grande quantité, du sable, du gravier, de l'argile et d'autres matériaux nécessaires à l'industrie du bâtiment.

MARK: Avez-vous d'autres minéraux?

RENÉ: Nous importons notre bauxite, mais nous avons lithium, silice, magnésium, soufre, sel, et talc entre autres minéraux.

MARK: Donc, vous êtes assez sûrs de vous-mêmes pour être prêts à l'indépendance?

ANNE: C'est difficile à dire. . . .

Exercices

I.   Questions sur le texte

1.   A qui Mark Roberts rend-il visite?

2.   Pour quels organismes travaillent René et Anne?

3.   Quel est le surnom donné à la loi 101?

4.   Quelle est la langue officielle du Québec?

5.   Quel pourcentage de la population québécoise considère le français comme sa langue maternelle?

6.   Donnez deux raisons pour lesquelles René et Anne considèrent la loi 101 une bonne loi.

7.   Comment s'appelle la grande compagnie d'électricité du Québec?

8.   Citez deux activités de l'IREQ.

9.   Selon René, quelles sont les grandes industries du Québec?

10.   Faites la liste de dix matières premières qu'on trouve au Québec.

II. Consult the verb lists of Appendix B for the present and past subjunctive, and see nos. 23–24 of the Grammar Review. Give the correct forms of both tenses:

1.	je (venir)	8.	tu (avoir)	15.	nous (boire)
2.	tu (jeter)	9.	elle (être)	16.	vous (retenir)
3.	il (acheter)	10.	je (écrire)	17.	elles (mourir)
4.	nous (vouloir)	11.	vous (dire)	18.	il (prendre)
5.	vous (croire)	12.	ils (craindre)	19.	nous (lire)
6.	elles (pouvoir)	13.	je (mettre)	20.	tu (aller)
7.	je (savoir)	14.	tu (voir)		

III. Consult nos. 25–28 of the Grammar Review and put the following verbs in the correct tense of the subjunctive or in the infinitive:

1. Elle ne croit pas qu'il _____ (is) ici.
2. Elle ne croit pas qu'il _____ (was) ici.
3. Nous défendons que vous _____ (stay).
4. Ils étaient malheureux que les affaires _____ (had gone) mal.
5. J'aimais mieux qu'elle _____ (go) à Paris.
6. Jacques ordonne que les directeurs _____ (pay for) leurs provisions.
7. Daniel demandera à son père de lui _____ (give) dix dollars.
8. Edouard nie que je lui _____ (gave) les renseignements.
9. Tu es triste que ta mère _____ (died).
10. Quoi que je _____ (might do), je ne réussissais pas.

IV. Translate from French into English:

1. Il est important que vous engagiez cette femme.
2. Voulez-vous que nous rédigions le contrat?
3. Il doutait que nous soyons capables de le faire.
4. Il n'est pas sûr que l'avion arrive à l'heure.
5. Monique ne pense pas que Charles puisse passer ses vacances avec nous.
6. Préférez-vous qu'elle parle avec votre secrétaire?
7. Où que nous voyagions, nous garderons un bon souvenir de cette ville.
8. Il est excusable qu'il ait mal préparé son rapport.
9. Es-tu surpris que nous soyons en retard?
10. Il était bon que vous ayez pu venir.

V. Translation

1. The foreman lost his job.

2. The Québécois have no large bauxite deposits, but they have much hydroelectric power necessary for the aluminum industry.

3. She drew up the contract in French.

4. The province is rich in natural resources.

5. The building industry uses clay, sand, and gravel.

6. We bought cheap woodpulp.

7. They went to the supermarket to buy salt.

8. The law limits the use of asbestos.

9. Why did you spend your vacation in Schefferville?

10. When do you use magnesium and sulfur?

11. The future of copper seems good

12. How many trump do you have?

VI. Discussion. Divide class in groups of two.

Vous êtes deux étudiants québécois, l'un anglophone et l'autre francophone. Vous discutez de la question d'un Québec indépendant. Est-ce qu'il est sage de se séparer du Canada?

Considérations possibles

1. différences de langue, de religion, de culture

2. l'industrie du Québec—suffisante ou insuffisante?

3. matières premières

4. problèmes des entreprises canadiennes qui ont leur siège social dans une province et des succursales ou des filiales dans d'autres provinces

5. avantages ou désavantages d'un gouvernement fédéral—monnaie, armée, impôts, aide financière, relations avec l'étranger, influence sur la vie des interlocuteurs, etc.

Note: There is no one answer. It is most important to be able to discuss issues, whether on the basis of fact or on the basis of belief.

LISTE DES CENTRALES d'HYDRO-QUÉBEC

en service
ou en construction
au 31 décembre 1979

Centrales en service[1]	(kilowatts)		(kilowatts)		(kilowatts)
Hydroélectriques		*Thermiques*		*En bref*	
Beauharnois	1 574 260	*Thermique classique*		Puissance nominale	
LG 2[2]	1 332 000	Tracy	600 000	des 51 centrales	
Manic 5	1 292 000			hydroélectriques	13 487 716
Manic 3	1 183 200	*Nucléaire*			
Manic 2	1 015 200	Gentilly 1[3]	266 400	Puissance nominale	
Bersimis 1	912 000			des 15 centrales	
Outardes 3	756 200	*Turbines à gaz*		thermiques	986 819
Bersimis 2	655 000	Cadillac	162 000		
Carillon	654 500	La Citière[4]	150 660	Puissance nominale	
Outardes 4	632 000			totale des 66 centrales	
Outardes 2	453 900	*Groupes Diesel*		en service au	
La Trenche	286 200	Iles-de-la-Madeleine[5]	52 539	31 décembre	
Beaumont	243 000	Blanc-Sablon	3 800	1979	14 474 535
La Tuque	216 000	Natashquan	3 000		
Paugan	201 975	La Tabatière	2 800		
Manic 1	184 410	Fort-Georges	2 700		
Rapide-Blanc	183 600	La Baleine	2 650		
Shawinigan 2	163 000	La Romaine	1 600		
Les Cèdres	162 000	Parent	1 550		
Shawinigan 3	150 000	Saint-Augustin	1 400		
Grand-Mère	148 075	Île-d'Entrée	865		
Rapide-des-Îles	146 520	Île-aux-Grues	650		
Chelsea	144 000	Johan-Beetz	605		
La Gabelle	136 580				
Première-Chute	124 200				
Rapides-Farmers	98 250				
Rapides-des-Quinze	89 600				
Rapide 7	57 000				
Bryson	56 000				
Rapide 2	48 000				
Rivière-des-Prairies	45 000				
Chute-Hemmings	28 800				
Hull 2	27 280				
Sept-Chutes	18 720				
Saint-Narcisse	15 000				
Drummondville	14 600				
Mitis 1	6 400				
Pont-Arnault	5 450				
Chute-Bell	4 800				
Mitis 2	4 250				
Saint-Alban	3 000				
Saint-Raphaël	2 550				
Sherbrooke	2 256				
Chute-Garneau	2 240				
Corbeau	2 000				

Centrales en service[1]	(kilowatts)
Magpie	1 800
Rawdon	1 720
Chute-Burroughs	1 600
Chute-Wilson	840
Anse-Saint-Jean	400
High-Falls	340

Centrales en construction	Mise en service	(kilowatts)
Hydroélectriques		
LG 2[2]	1980–81	3 996 000
LG 3	1982–84	2 304 000
LG 4	1984–85	2 637 000
Thermiques		
Turbines à gaz		
La Citière[4]	1980	50 200
Nucléaire		
Gentilly 2	1983	685 000

[1]Une éolienne de 230 kilowatts est rattachée au réseau des Îles-de-la-Madeleine à titre expérimental. Une seconde est en exploitation à l'IREQ. Etant donné qu'il s'agit d'installations expérimentales, elles ne sont pas incluses dans la liste ci-dessous.

[2]Au 31 décembre 1979, quatre groupes de LG 2 étaient en service. Cette centrale de 16 groupes, dont la construction se terminera en 1981, aura une puissance totale de 5 328 mégawatts.

[3]Gentilly 1 n'appartient pas à Hydro-Québec et est exclue du total.

[4]Au 31 décembre 1979, trois des quatre groupes de la centrale La Citière étaient en service. Le dernier groupe a été mis en service en janvier 1980. La puissance effective de cette centrale peut atteindre environ 284 mégawatts.

[5]Nouvelle désignation de la centrale thermique de Cap-aux-Meules.

MAP 21. L'Agriculture française I

Section XII–2

L'Agriculture française I

L'agriculture française utilise 80% du territoire, mais elle emploie moins de douze pour cent de la population active du pays. La ferme typique est petite et tenue par une seule famille. Quatre fermes sur cinq n'ont aucun salarié. La méthode d'exploitation la plus répandue, spécialement dans l'est et dans le sud, est le faire-valoir direct,[1] c'est-à-dire que le propriétaire lui-même exploite ses terrains. Pourtant le fermage joue un rôle important surtout dans le nord, alors que le Bassin Aquitain pratique encore le métayage.[2] L'agriculture française est la plus étendue du Marché Commun, et elle représentait 30% de ses terres cultivées en 1980.

La modernisation de l'agriculture française est entravée par les dimensions de la ferme moyenne, qui n'occupe qu'une petite parcelle du territoire. En 1980 la ferme moyenne ne couvrait que 23,5 hectares. La tendance pour l'avenir est vers le remembrement des parcelles. Le nombre des fermes de moins de 10 hectares diminue chaque année. Comme cela, les machines agricoles qui remplacent les animaux dans les champs—moissonneuses-batteuses, tracteurs, machines à traire[3]—deviendront plus rentables. Les

---

[1]*le faire-valoir direct*: direct development

[2]*le fermage*: tenant-farming, i.e. one rents farm property instead of buying it for one's own use; *le métayage*: sharecropping, i.e. one shares one's production with the owner who allows his farmland to be used.

[3]*moissonneuses-batteuses, tracteurs, machines à traire*: combine-harvesters, tractors, milking machines.

Une Ferme Française

fermiers utilisent de plus en plus des engrais et des insecticides pour leurs produits végétaux et du grain pour engraisser plus rapidement leur bétail.

L'Etat encourage la modernisation, et plusieurs organismes aident directement les exploitants. La Fédération Nationale des Syndicats d'Exploitants Agricoles (F.N.S.E.A.) comprend les adhérents de plusieurs coopératives et de syndicats de fermiers. Certains groupes achètent et exploitent en commun des machines, d'autres introduisent des méthodes modernes de gestion et de comptabilité, d'autres encore enseignent aux agriculteurs les nouvelles méthodes de production. Comme le pourcentage de la population active dans l'agriculture diminue chaque année en France, il faut améliorer la productivité de ceux qui restent dans la profession. Le nord de la France s'est déjà modernisé, et l'ouest de la France fait de vrais progrès. C'est avant tout le Midi qui est à la traîne.

Considérons d'abord la production animale. En 1977 la France était le deuxième producteur mondial de beurre, le troisième producteur de lait, le quatrième producteur de viande, et le septième producteur d'oeufs.

Les bovins comptent pour près de 40% de la valeur de la production agricole. A part la viande, les bovins donnent toute une variété de produits laitiers dont le fromage. Le nord et l'ouest du pays sont les grands éleveurs du cheptel bovin,[4] ainsi que certaines parties de l'Auvergne, de la Bourgogne et même de la Lorraine. L'élevage en plein air est de règle en Normandie, mais la Flandre et l'Ile-de-France préfèrent l'élevage à l'étable. La France est un des

---

[4] *le cheptel bovin*: beef livestock

grands producteurs mondiaux de boeuf et de produits laitiers. Pourtant elle obtient moins de lait par vache que les Pays-Bas, et elle exporte un pourcentage de sa production de beurre et de fromage inférieur à celui de la Hollande. Elle voudrait donc améliorer encore ses moyens de production dans ce domaine où elle est déjà assez avancée.

Le porc et la volaille sont des viandes importantes que la France produit en quantité suffisante. Le porc vient surtout de l'Aquitaine et de l'Ouest. La Bretagne joue un grand rôle dans les productions de basse-cour (volaille et oeufs.) Les moutons sont élevés surtout dans le Midi, mais la France dépend de plus en plus pour la laine et pour la viande de moutons de l'Australie et de la Nouvelle Zélande.

Exercices

I.   Questions sur le texte

1.   Comment est la ferme typique française?

2.   Expliquez la différence entre le faire-valoir direct, le fermage et le métayage.

3.   Pourquoi la modernisation est-elle lente à avancer en France?

4.   Citez quatre tendances de l'agriculture pour l'avenir.

5.   Quelles sont les activités des groupes qui essaient de faire progresser les cultivateurs français?

6.   Quels degrés de modernisation trouve-t-on dans les différentes régions de France?

7.   A quel rang mondial se trouve la France pour la production du beurre, de la viande, et des oeufs?

8.   Expliquez le rôle du cheptel bovin dans la production agricole—pourcentage de la production, régions importantes.

9.   Comment peut-on améliorer la production bovine?

10.   Quelle région joue le plus grand rôle dans la production de la volaille et des oeufs?

II.   Répondez aux questions suivantes en regardant la carte au début de cette section.

1.   Est-ce que les régions qui pratiquent l'élevage des bovins à l'étable sont proches l'une de l'autre?

2.   Quelle relation voyez-vous entre les méthodes de cultiver la terre dans les différentes régions et le niveau de modernisation?

3.   Quel animal élève-t-on dans l'est de la France?

4. Pour quelles productions animales la Bretagne est-elle renommée? (deux sortes)

5. Quelle région est menacée par la concurrence de l'Australie et de la Nouvelle Zélande?

III. Vocabulaire

1. Les gens qui travaillent forment _____ .
a. la population active   **b.** la gestion   **c.** le travail   **d.** l'élevage

2. Un synonyme de rendre meilleur est _____ .
a. traîner   **b.** répandre   **c.** améliorer   **d.** majorer

3. L'agriculteur qui loue les terrains d'une autre personne pratique _____ .
a. le faire-valoir direct   **b.** l'élevage   **c.** le fermage
d. le métayage

4. Le fermier qui partage sa moisson (harvest) avec le propriétaire des terrains qu'il cultive pratique _____ .
a. le faire-valoir direct   **b.** l'élevage   **c.** le fermage
d. le métayage

5. _____ fait 2½ "acres".
a. Un remembrement   **b.** Un hectare   **c.** Une parcelle
d. Une étable

6. _____ appartient aux bovins.
a. Le poulet   **b.** La vache   **c.** La volaille   **d.** Le mouton

7. _____ appartient à la basse-cour.
a. Le lait   **b.** La vache   **c.** La volaille   **d.** Le mouton

8. On se sert d'une moissonneuse-batteuse pour _____ .
a. les champs   **b.** les vaches   **c.** la basse-cour
d. l'élevage à l'étable

9. On se sert d'une machine à traire pour _____ .
a. les champs   **b.** les vaches   **c.** la basse-cour   **d.** les oeufs

10. On se sert de l'engrais pour _____ .
a. les champs   **b.** les vaches   **c.** la basse-cour   **d.** le beurre

IV. Trouvez dans le texte un mot de la même famille:

lait—milk   _____
tendre—to tend, to lead   _____
adhérer—to belong   _____
exploiter—to farm   _____
produire—to produce   _____
moisson—harvest   _____

V.   Dictée tirée d'une partie du texte.

VI.   Approfondissement

Lectures conseillées: V. Prévot et al., pp. 49–64, 192, or a text selected by your teacher.

1.   Comment l'Etat français aide-t-il les fermiers?
2.   Citez trois problèmes des agriculteurs.
3.   Expliquez le rôle de l'agriculture française dans le Marché Commun.

Section XII–3

Lettres à l'Administration

Lettre à la Sécurité Sociale:

Monsieur,

Je tiens à porter à votre connaissance que je viens d'engager deux représentants, qui ne reçoivent que des commissions plutôt que des salaires comme mes autres représentants par le passé.

Je vous serais obligé de bien vouloir noter leur emploi, indiqué sur les feuilles ci-jointes, et de me renseigner sur la manière dont je dois calculer les cotisations dues à votre organisme.

En attendant votre réponse, je vous prie de bien croire, Monsieur, à l'expression de mes sentiments les meilleurs.

J. COFFIN

Lettre à l'inspecteur du Travail:

Monsieur l'Inspecteur,

Nous sommes en train de procéder à la reconstruction de notre usine de Lille. Je voudrais vous demander à ce sujet des renseignements sur les derniers règlements en matière d'installation sanitaire, de protection contre l'incendie, et de sécurité pour nos fabriques de matières plastiques.

A cet effet, vous trouverez ci-joint le plan actuel de construction. Nous espérons qu'il est adapté aux règlements du ministère.

Dans l'attente de votre réponse, je vous prie d'agréer, Monsieur l'Inspecteur, l'expression de mes sentiments distingués.

L. PONCHIE

Exercices

I. Sur le format

Expliquez les parties des lettres qui manquent. Où devrait-on les mettre? Notez aussi que le retrait des alinéas peut varier d'une lettre à une autre.

II.   Ecrire une lettre

1. Vous voulez installer une entreprise en France, et vous demandez à la Banque de France une déclaration préalable d'investissement (i.e. the form declaring your intent to invest.) Vous êtes pressé parce que vous voulez faire d'autres démarches qui exigent au préalable cette déclaration. L'adresse est la suivante: Direction Générale des Services Etrangers; Banque de France; 39, rue des Croix-des-Petits-Champs; 75001 PARIS.

2. Avant d'importer du fromage, vous demandez au Centre de Documentation de l'Alimentation de vous envoyer des renseignements et les adresses des producteurs de fromage qui s'intéressent à l'exportation aux Etats-Unis. L'adresse du Centre est la suivante: 30, rue de Lübeck; 75116 PARIS.

III.   Questions sur le texte

1. Pourquoi M. Coffin ne connaît-il pas les cotisations de sécurité sociale pour ses nouveaux représentants?

2. Comment savons-nous que M. Coffin veut recevoir une réponse dans le proche avenir?

3. Que compte produire M. Ponchie dans sa nouvelle usine?

4. Qu'est-ce que M. Ponchie envoie avec sa lettre?

5. Pourquoi écrit-il à l'inspecteur du Travail?

IV.   Translate the model letters.

V.   Donnez une réponse convenable:

1. Un synonyme de feu est _____.
2. Il faut suivre les _____s de l'Inspection du Travail.
3. Un _____ reçoit souvent une commission.
4. Une page est une sorte de _____.
5. Le contraire de chômage est _____.
6. Il faut payer les _____s de sécurité sociale.

a. représentant
b. emploi
c. règlement
d. cotisation
e. feuille
f. incendie

VI.   Trouvez un mot de la même famille:

pressé—rushed   _____
saluer—to greet   _____
merci—thank you   _____
protéger—to protect   _____
installer—to install   _____

VII.   Composez des phrases en utilisant les mots suivants à la forme correcte:

1. tenir à—votre connaissance—n'avoir pas reçu
2. prier—croire—salutation—empressé
3. en train de—construction—hôtel
4. à ce sujet—renseignements—règlements

Chapitre XIII

Section XIII–1

Transports, agriculture, et exportations du Québec

Vocabulaire

arable: arable, farmable
l'autoroute (f): super highway; *l'autoroute à péage*: toll road
le bateau-rail: boat-train
la boulette: pellet, small ball
le cidre: cider
le concentré: concentrate
congelé: frozen
le crustacé: crustacean (e.g. lobster, crab), shellfish
desservir: to serve, to offer service to
entretenir: to take care of
l'étranger (m): foreigner; *à l'étranger*: abroad
l'excursion (f): short trip, excursion
le fer: iron
ferroviaire: rail, pertaining to railroads
le fleuve: river
le fromage: cheese

le golfe: gulf
le long de: along
le minerai: ore
le minéral: mineral
le mollusque: mollusk, shellfish
la morue: cod
la moule: mussel
le péage: toll
le poisson: fish; *les poissons de fond*: deep sea fish
relever de: to belong to
le réseau: network
la rive: bank (of a river)
la scorie: slag, scoria
la sidérurgie: steel industry, siderurgy (i.e. metallurgy of iron and steel)
le tiers: third
la volaille: poultry

Après avoir passé quinze jours à excursionner avec ses amis québécois René et Anne, Mark Roberts a visité une grande partie de la province.

MARK: J'aime bien vos autoroutes modernes. Je dois d'ailleurs dire que les routes provinciales et régionales sont toutes en bon état. Je suppose que c'est nécessaire avec la neige que vous avez pendant l'hiver. Mais je voudrais vous poser une question. Qui entretient les autoroutes à péage, le gouvernement fédéral ou le gouvernement provincial?

ANNE: Les autoroutes relèvent de la juridiction de l'Office des autoroutes du Québec, mais le gouvernement fédéral a aidé à leur construction.

MARK: Est-ce que les autres moyens de transport répondent aux besoins de la province?

RENÉ: Je crois que nous avons des transports excellents. Dans le domaine maritime, le Saint-Laurent est un des fleuves les plus importants de l'Amérique du Nord. Notre réseau ferroviaire est relié aux réseaux du reste du Canada et des Etats-Unis. Nous avons même un bateau-rail entre Matane et Baie-Comeau qui nous permet de convoyer facilement les matières premières de la Côte-Nord jusqu'aux grands centres industriels ou jusqu'aux villes d'exportation. Finalement, nous avons plus de 100 aéroports dans la province et des lignes aériennes qui desservent toutes les régions.

MARK: Pendant nos excursions, je n'ai pas vu beaucoup d'industrie pour transformer vos matières premières.

ANNE: Nous exportons une grande partie de nos ressources naturelles. Prenons, par exemple, la sidérurgie. Plus de la moitié de notre fer est expédiée aux Etats-Unis sous forme de minerai de fer, de boulettes, et de concentrés. Le Québec ne produit que 10% environ de l'acier canadien.

RENÉ: Quelle est la société de l'Etat[1] qui produit la plupart de l'acier québécois?

ANNE: Aujourd'hui elle s'appelle Sidbec-Dosco Limitée. Sidbec est la contraction de "Sidérurgie du Québec" et Dosco la contraction de "Dominion Steel and Coal Corporation."

MARK: Y a-t-il d'autres entreprises de l'Etat qui essaient d'exploiter d'autres minéraux?

ANNE: La S.O.Q.U.E.M., ou Société québécoise d'exploration minière, s'occupe de plusieurs minéraux. Le Ministère des Finances du Québec est son actionnaire unique. Pourtant vers la fin des années 1970, presque 95% de l'amiante québécois se transformait à l'étranger, et plus du tiers de la scorie de titane était exporté aux Etats-Unis.

MARK: J'ai vu des fermes pendant nos excursions, surtout près de Montréal. Est-ce que l'agriculture est très importante pour l'économie de la province?

RENÉ: Seulement 10% du territoire est arable, et seulement un tiers du sol arable est exploité, selon le recensement de 1976. Comme tu as pu le

---

[1]*société de l'Etat*: provincially owned rather than federally owned in this case

deviner, beaucoup de nos fermes se trouvent dans la plaine de Montréal et autour du lac Saint-Pierre. D'autres fermes se trouvent près du lac Saint-Jean et le long de la rive sud du Saint-Laurent.

MARK: Quels sont les produits agricoles les plus importants?

RENÉ: Les plus importants sont les produits laitiers, comme le fromage, et après cela, le porc et la volaille.

MARK: Qu'est-ce que vous avez comme fromage?

ANNE: Surtout du fromage de type cheddar, mais nous avons aussi du roquefort et du port salut.

MARK: J'ai bu pas mal de cidre dans le Québec. Avez-vous beaucoup de pommes?

ANNE: Oui, beaucoup.

MARK: Les Américains adorent aller à la pêche quand ils viennent au Québec. Est-ce que la pêche commerciale est importante ici?

ANNE: La pêche commerciale est importante pour le fleuve et le golfe du Saint-Laurent. Nous avons des poissons de fond, comme la morue; des crustacés, des mollusques et d'autres. J'ai un cousin qui pratique l'élevage des moules. Il paraît que la majorité du poisson préparé en filets et en blocs congelés est destiné aux Etats-Unis.

Exercices

I.   Questions sur le texte

1.   Combien de temps Mark Roberts a-t-il passé à excursionner dans le Québec avec ses amis?

2.   Qui entretient les autoroutes à péage?

3.   Quel fleuve du Québec est parmi les plus importants de l'Amérique du Nord pour les transports maritimes?

4.   Pourquoi peut-on convoyer facilement les matières premières de la Côte-Nord jusqu'aux grands centres industriels ou jusqu'aux villes d'exportation?

5.   Quelle proportion du fer québécois est expédié aux Etats-Unis? Sous quelles formes?

6.   Que font Sidbec-Dosco et S.O.Q.U.E.M.?

7.   Où transforme-t-on la plupart de l'amiante québécois?

8.   Quelle proportion de scorie de titane est exportée aux Etats-Unis?

9.   Où se trouvent la plupart des fermes du Québec?

10.   Citez trois produits agricoles du Québec.

11.   Quels genres de poissons trouve-t-on dans les eaux québécoises?

12.   Où la pêche commerciale est-elle spécialement importante?

II. Consult no. 45 of the Grammar Review and select the correct relative pronoun (*qui, que* or *dont*) for the blanks in the following sentences:

1. J'ai donné la facture au monsieur _____ a acheté le réfrigérateur.
2. Elle a un rendez-vous avec le médecin _____ je vous ai parlé.
3. La femme _____ le mari est sénateur est dans mon bureau.
4. Nous avons vu la maison _____ vous allez acheter.
5. Tu as mal compris la question _____ ton collègue a posée.
6. Ils connaissent le représentant _____ m'a vendu cet appareil.
7. Elles veulent annoncer cette nouvelle _____ choquera tout le monde.
8. Il préfère aider les gens _____ le désastre a affligés.

III. Consult no. 46 of the Grammar Review and fill in the blanks below with *ce qui, ce que* or *ce dont*:

1. Je ne sais pas _____ l'intéresse.
2. _____ vous voyez est une usine que nous venons de construire.
3. Tu comprends _____ il parle.
4. Elle a raconté _____ elle se souvenait.
5. _____ peut vous aider est une augmentation de salaire.
6. Racontez-nous _____ vous avez besoin.
7. Je ne suis pas d'accord avec _____ vous dites.
8. Expliquez _____ vous voulez dire.

IV. Condense the following pairs of sentences into single sentences by using an appropriate relative pronoun. Model: *J'ai mille dollars. Mon frère a investi ces mille dollars.* Answer: J'ai mille dollars que mon frère a investis.

1. Elle regarde la directrice. Cette directrice l'a renvoyée.
2. Nous avons acheté une télévision. Cette télévision est très petite.
3. Vous prenez un apéritif. Votre chef de service vous a préparé cet apéritif.
4. Vous avez gagné 500F. Vous avez besoin de ces 500F pour payer une dette.
5. Je trouverai un bon poste. Je serai fier de ce poste.

V. Translation

1. The steel industry needs a good rail network.

2. Commercial fishing depends on maritime transportation to export frozen fish.

3. The toll road goes along the north bank.

4. It is not profitable to send iron slag by plane.

5. These airlines serve eight provinces.

6. We sent our iron ore by boat-train.

7. I like cod, but I don't like mussels.

8. Much of Quebec is not farmable.

9. She took a short trip abroad.

10. We export much cheese and poultry.

VI.   Discussion. Divide class in groups of two.

Consultez les cartes 19–20 (XII-1). En employant des termes comme nord, est, sud, ouest, nord-est, sud-ouest, centre, et ainsi de suite, décrivez où se trouvent:

1. les régions agricoles mentionnées ci-dessus

2. le Saint-Laurent

3. Matane

4. Baie-Comeau

5. Baie James

6. Côte-Nord

MAP 22. L'Agriculture française II

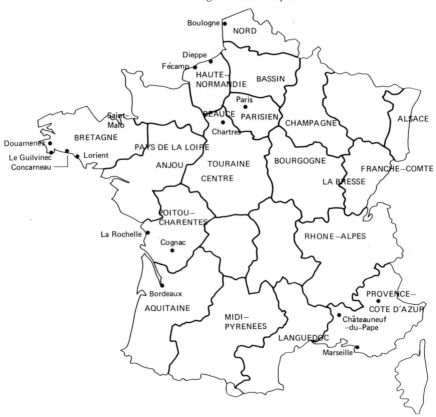

Boulogne
NORD
Dieppe
Fécamp
HAUTE–NORMANDIE
BASSIN
Paris
Saint-Malo
BEAUCE
PARISIEN
CHAMPAGNE
ALSACE
BRETAGNE
Chartres
Douarnenez
PAYS DE LA LOIRE
Le Guilvinec
Lorient
Concarneau
ANJOU
TOURAINE
BOURGOGNE
FRANCHE–COMTE
CENTRE
LA BRESSE
POITOU–CHARENTES
La Rochelle
RHONE–ALPES
Cognac
Bordeaux
PROVENCE–COTE D'AZUR
AQUITAINE
MIDI–PYRENEES
Châteauneuf–du-Pape
LANGUEDOC
Marseille

MAP 23. Les Vignobles de France

Courtesy of the French Embassy

Section XIII–2

L'Agriculture française II

Les produits de mer viennent pour la plupart de l'Atlantique. Si vous regardez la carte ci-dessus, vous verrez les grands ports de la pêche fraîche:[1] Boulogne (30% à peu près), Lorient, Concarneau, La Rochelle, Douarnenez et Dieppe. La pêche fraîche réalise 70% des prises en mer. Pour pêcher la morue, des chalutiers sortent de Fécamp, Bordeaux, et Saint-Malo et se rendent dans des eaux plus lointaines. C'est la grande pêche. Parmi les autres poissons commerciaux on compte les huîtres (la France est le premier pays producteur d'huîtres), le thon, le homard, la langouste, le hareng, et la sardine.[2] Cependant la pêche ne joue qu'un petit rôle dans l'économie française, et en 1980, le pays devait importer autant de poissons qu'il en capturait. Les pétroliers qui font naufrage sur la côte[3] empirent les problèmes des pêcheurs qui doivent faire face à l'épuisement des bancs de pêche traditionnels, à la concurrence des pays étrangers mieux équipés, et à une augmentation du prix du pétrole.[4]

[1]*la pêche fraîche*: freshly caught fish

[2]*les huîtres, . . . , le thon, le homard, la langouste, le hareng, et la sardine*: oysters . . . , tuna, lobster, crayfish, herring and sardines. It is worthy of note that from 1977 to 1980, there was a continued decline in the oyster catch. By 1980, over half the businesses specializing in oysters had ceased operations.

[3]*Les pétroliers . . . côte*: the oil tankers that shipwreck on the coast

[4]The 1980 fishermen's strike was rooted in high prices for fuel which contrasted with fishermen's inability to obtain similar increases for the price of their fish. They wanted a lower price for fuel and a higher price for fish.

Tournons-nous maintenant vers la production végétale. Les céréales comprennent de 12 à 13% du revenu agricole français. Le blé est la céréale la plus importante. La France en était le cinquième producteur mondial en 1977. Le blé est cultivé en grand dans le nord du Bassin Parisien et dans l'ouest de la France. Les touristes en route de Paris à Chartres traversent la Beauce, importante région pour le blé. Les Français exportent le blé dont ils n'ont pas besoin.

Tandis que le blé est la céréale la plus importante pour le Français (c'est la base du pain), l'orge[5] est la céréale la plus indispensable au bétail. La France en était le troisième producteur mondial en 1977. L'orge sert aussi à la fabrication de la bière dans le nord. On la cultive dans le Centre, dans l'Ouest, et dans le Bassin Parisien. Contrairement à celui des Etats-Unis, le maïs français se destine quasi uniquement au bétail. La France cultive un hybride de gros rendement où le goût n'a pas un rôle important. Elle exporte plus de la moitié de sa production et en 1977, se trouvait au septième rang mondial. L'Aquitaine, la Bresse et l'Alsace sont les principales régions du maïs.

Les betteraves à sucre[6] servent à la fabrication du sucre, de la lysine,[7] et de l'alcool. Avec les pulpes de betteraves, on nourrit le bétail pendant l'hiver. La plantation des betteraves enrichit la terre au profit du blé qui lui succède dans l'assolement.[8] En dépit de tout ceci, la betterave à sucre ne joue qu'un petit rôle dans l'agriculture française. Les Français préfèrent le sucre provenant de la canne à sucre, et quand le pays exporte les betteraves dont il n'a pas besoin, c'est souvent à perte.

Le vin est une des grandes réussites des exportations françaises. La France est le plus grand pays producteur de vin. Sur la carte vous verrez les régions importantes pour sa production: Bourgogne (Beaujolais et autres) et Côtes du Rhône pour le vin rouge, Alsace et Bourgogne (Chablis et autres) pour le vin blanc, Champagne pour le champagne, Charentes (y compris la ville de Cognac) et l'Armagnac pour l'eau-de-vie. Et il faut ajouter encore le vin rosé et les vins de la région de Bordeaux, de Provence, du Bas Languedoc, du Jura, de Touraine et d'Anjou. Comme on peut l'imaginer d'après cette liste, la France produit trop de vin. Le gouvernement encourage certains viticulteurs[9] à substituer d'autres produits agricoles à la vigne, et il encourage la production d'un vin de qualité pour ceux qui continuent à cultiver les raisins.

A part les raisins pour la viticulture, la France produit des fruits de table—surtout des pommes, des poires et des pêches. La production des fruits témoigne d'un grand accroissement depuis les années 1960. Comme les Américains avant eux, les Français commencent à standardiser leurs fruits (par taille et qualité) et à les garder dans des chambres froides pour les avoir en

[5]*l'orge* (f): barley

[6]*la betterave à sucre*: sugar beet

[7]*la lysine*: lysine, an amino acid extracted from beets, used for protein in animal feed and in the manufacture of fertilizer.

[8]*l'assolement* (m): crop rotation

[9]*les viticulteurs* (m): wine producers

Une Cave à Vin de Mâcon

toute saison. On essaie de nouvelles variétés de fruits en France, dont une des grandes réussites est la pomme "delicious" des Etats-Unis.

Exercices

I.   Questions sur le texte

1.   Quel est le rôle de la pêche fraîche dans les prises en mer? 70°|o

2.   Nommez un poisson de la grande pêche.

3.   Quel poisson la France produit-elle en plus grande quantité que d'autres pays? Combien de ses poissons la France doit-elle importer?

4.   Citez trois des problèmes des pêcheurs.

5.   Quelle est la céréale la plus importante de la France? Où croît-elle?

6.   Quelle est la première céréale du bétail? Où croît-elle?

7.   Faites la différence entre le maïs français et le maïs américain.

8.   Donnez quatre emplois de la betterave à sucre. Expliquez son peu d'importance dans l'économie française.

9.   Quelle est la politique de l'Etat français envers les viticulteurs?

10.   Quels sont les fruits les plus importants pour l'agriculture française? Comment les Français imitent-ils les Américains dans la production des fruits?

II.   Répondez aux questions suivantes en vous basant sur les cartes au début de cette section:

1.   Nommez les régions où se trouvent Boulogne, La Rochelle, Dieppe et Saint-Malo.

2.   Où se trouve la Beauce?

3.   Est-ce que les principales régions du maïs se trouvent proches l'une de l'autre?

4.   Dans quelles régions trouve-t-on du vin rouge? de l'eau de vie?

5.   Est-ce que le champagne vient du nord de la France ou du Midi?

III.   Donnez une réponse convenable:

1.   Tous les mots suivants désignent des fruits sauf _____.
a. pomme   b. poire   c. pêche   d. morue

2.   Tous les mots suivants désignent des poissons sauf _____.
a. chalutier   b. hareng   c. sardine   d. thon

3.   *Chicken of the Sea* et *Starkist* sont des marques de _____.
a. pêcheur   b. homard   c. thon   d. langouste

4.   Le produit de mer qui coûte le plus cher est _____.
a. la sardine   b. le bétail   c. le homard   d. le banc de pêche

5.   On peut trouver une perle dans l'écaille d' _____.
a. une huître   b. une morue   c. une pêche   d. un pêcheur

6.   Dans _____ il s'agit de voyager loin pour trouver du poisson.
a. la pêche fraîche   b. la grande pêche   c. l'assolement
d. le banc de pêche

7.   Tous les mots suivants désignent des céréales sauf _____.
a. le blé   b. la bière   c. l'orge   d. le maïs

8.   On peut faire du sucre avec _____.
a. de la bière   b. du bétail   c. des betteraves   d. de la moitié

9.   La France est un grand producteur de tous les produits suivants sauf

_____.

a. le vin   b. l'eau-de-vie   c. la céréale   d. la canne à sucre

10.   En France, _____ est destiné presque uniquement au bétail.
a. le maïs   b. l'assolement   c. la céréale   d. l'orge

IV.   Trouvez dans le texte un autre mot de la même famille:

épuiser—to exhaust (a supply)   _____
pétrole—oil   _____
accroître—to increase   _____
tailler—to shape   _____
goûter—to taste   _____
rendre—to return   _____

V.   Dictée tirée d'une partie du texte.

VI.   Approfondissement

Lectures conseillées: V. Prévot et al., pp. 57–60, 62–64.

1.   Quelle est la politique de l'Etat français envers les forêts?

2.   Quelle est l'importance des pommes de terre et des fleurs dans l'agriculture française?

3.   Faites la différence entre pêche artisanale et pêche industrielle.

Section XIII–3

Lettre de réclamation

Réf.: facture no. 87661

Messieurs,

Après avoir attendu pendant plus de trois mois les disques que j'avais commandés en octobre, je suis au regret de vous informer que la semaine dernière tous trois sont arrivés cassés et l'emballage ouvert. J'ai dû en refuser la livraison. De toute façon, comme nous sommes déjà au mois de janvier, je n'aurais pas pu les offrir comme cadeaux de Noël.

Ce contretemps est inexcusable. La responsabilité vous incombe ou d'envoyer les disques commandés dans les plus brefs délais, comme vous l'indiquez dans vos réclames, ou de rembourser le montant du chèque que le client vous envoie au moment de la commande. Je vous prie donc de bien vouloir me fixer sur vos intentions le plus tôt possible.

Dans l'attente de vous lire, je vous prie de croire, Messieurs, à mes salutations distinguées.

G. VILLIER

Réponse:

Réf: facture no. 87661

Madame,

Nous apprenòns par votre lettre du 22 ct les difficultés que vous avez eues avec votre dernière commande. Nous regrettons sincèrement que vos disques aient été livrés trois mois après que vous avez passé votre ordre et qu'ils soient arrivés endommagés.

Comme l'un des trois disques que vous souhaitiez avoir était épuisé en octobre, nous avons attendu de nouveaux stocks pour satisfaire votre ordre. Malheureusement nous ne savions pas qu'il faudrait attendre jusqu'au mois de janvier. Nous ne savions pas non plus qu'il s'agissait de cadeaux de Noël.

Sans attendre l'indemnité que nous avons réclamée auprès des messageries qui ont transporté vos disques, nous vous envoyons ce jour, par courrier séparé, les disques que vous avez commandés. En plus, nous vous offrons un quatrième disque gratuitement.

Nous espérons que cet incident ne nous privera pas de vos commandes futures. S'il y a d'autres problèmes avec ce nouvel envoi, n'hésitez pas à m'écrire directement.

Veuillez croire, Madame, à l'expression de nos sentiments dévoués.

J.-L. PAQUETTE
Directeur des Ventes

Exercices

I.   Questions sur le format

1.   Comment le destinataire saura-t-il de quelle commande Mme. Villier parle?

2.   Par quelle expression Mme. Villier indique-t-elle son insatisfaction à la ligne 2 du premier paragraphe?

3.   Quelle expression du paragraphe 2 introduit le devoir (responsabilité) de la compagnie de disques envers le client?

4.   Comment M. Paquette exprime-t-il ses regrets dans le premier paragraphe de sa lettre?

5.   Quelle est la fonction de l'avant-dernier paragraphe de la lettre de M. Paquette?

II.   Ecrire une lettre

1.   Vous vous plaignez d'un arrivage en mauvais état d'une caisse de fil de fer. Celui-ci est arrivé rouillé bien que la caisse ait semblé intacte. Vous en avez accepté la livraison, mais vous demandez à l'expéditeur de vous remplacer cet envoi que vous lui retournez.

2.   Réponse de l'expéditeur du fil de fer.

III.   Questions sur les deux lettres

1.   Pourquoi Mme. Villier se plaint-elle?

2.   Quelle est la responsabilité de la compagnie de disques?

3.   Comment savons-nous que Mme. Villier attend une réponse?

4.   Pourquoi la compagnie de disques avait-elle retardé la commande de Mme. Villier?

5.   Comment M. Paquette essaie-t-il de satisfaire la cliente?

6.   Pourquoi M. Paquette réclame-t-il une indemnité auprès des messageries?

IV.   Translate the letters into good English. (Oral or written)

V.   Trouvez dans le texte ou dans l'exercice II un mot de la même famille:

livrer—to deliver   _____
regretter—to regret   _____
responsable—responsible, liable   _____
excuse—excuse   _____
attendre—to wait for   _____
dommage—damage   _____
gratuit—free of charge   _____
arriver—to arrive   _____
expédier—to send   _____

VI.   Composez des phrases en utilisant les mots suivants à la forme correcte:

1.   au regret de—hier après-midi—les assiettes (f)—cassé

2.   responsabilité—incomber à—remplacer

3.   réclame—promettre—rembourser—n'être pas satisfait

4.   regretter—bouteilles de vin—endommagé

Chapitre XIV

Section XIV–1

Les Partis Politiques
en France et au Québec

Vocabulaire

ancien: former
appartenir: to belong
après, d': according to
assez: rather, enough
cependant: however
la chambre: chamber, house
chercher: to seek, to look for
le conflit: conflict
contre: against
croire: to believe
depuis: since
la droite: the right
ensemble: together
faible: weak

la fois: time (as in number of times)
la gauche: the left
la mort: death
le parti: party (political)
pendant: during
pourtant: however
se rappeler: to remember
la scission: split
le séjour: stay
soutenir: to support
la souveraineté: sovereignty
surtout: especially
la teinte: color, tint

Ses amis québécois demandent à Mark Roberts de leur expliquer les partis politiques en France dont ils voient les sigles dans *l'Express.*[1]

[1]Due to the lack of a Canadian French-language weekly news magazine, many French-speaking Canadians buy the French publication *l'Express.*

ANNE: D'après les articles que j'ai lus, l'ancien président français Giscard d'Estaing appartient à l'U.D.F. Pourtant, je pense qu'il était membre d'un autre parti il y a quelques années.

MARK: C'est facile à expliquer. U.D.F. signifie Union pour la Démocratie Française. C'est un parti du centre qui groupe les anciens Républicains Indépendants, parti auquel Giscard d'Estaing appartenait jusqu'à la formation de l'U.D.F., aussi bien que le Centre Démocrate Socialiste et certains Radicaux-Socialistes.

ANNE: Attends. Je ne comprends pas. Tu dis que trois partis se sont groupés ensemble pour former l'U.D.F. Et tu dis que l'U.D.F. est un parti du centre. Comment se fait-il que les Radicaux-Socialistes soient un parti du centre?

MARK: Il faut comprendre que les Radicaux-Socialistes n'étaient ni radicaux ni socialistes. Ça a toujours été un parti du centre. Certains de ses membres soutenaient la politique de Giscard d'Estaing; ils sont devenus membres de l'U.D.F. D'autres Radicaux-Socialistes préféraient soutenir un candidat de gauche. Après la scission du parti, avant les élections législatives de 1978, les membres de tendances gauchistes ont formé le Mouvement des Radicaux de Gauche (M.R.G.). Michel Crepeau était son président.

RENÉ: Oui. J'ai vu ce sigle, M.R.G. Mais ce doit être un parti assez petit par comparaison aux autres partis de gauche.

MARK: En effet. Le Parti Socialiste, ou P.S., était plus important quand j'étais en France. Mitterrand venait d'être élu.

RENÉ: Je me rappelle le conflit entre les leaders du P.S. en 1980. Michel Rocard et François Mitterrand voulaient tous les deux se présenter à l'élection présidentielle de 1981.

MARK: C'est ça. Il y a aussi un autre parti socialiste. C'est le Parti Socialiste Unifié, qui était plus faible que le P.S. quand j'étais en France.

RENÉ: Donc P.S. et P.S.U. représentent deux tendances différentes?

MARK: Oui. Je mettrais le P.S.U. plus à gauche que le P.S.

ANNE: Et le Parti Communiste encore plus à gauche?

MARK: Oui. Pendant mon séjour en France, Georges Marchais était son grand leader.

RENÉ: D'après ce que je lis, les gaullistes aujourd'hui appartiennent au R.P.R., mais je n'ai jamais compris ce que cela signifie.

MARK: C'est le Rassemblement pour la République. Le parti du général de Gaulle[2] a changé de nom plus d'une fois, mais même depuis sa

---

[2]Charles de Gaulle led the Free French against Nazi occupation of France during World War II. After the war, he did not immediately obtain political office, although he was considered a charismatic political leader. In 1958 he was instrumental in the formation of the Fifth Republic, so named because it gave France its fifth constitution for a republic. De Gaulle was president of France from 1958–1969. While de Gaulle was in office, the Gaullists often banded together with Giscard d'Estaing's Independent Republicans; both were considered parties of the right with the Gaullists more to the right than the Independent Republicans.

mort, il reste un parti de droite. Jacques Chirac et Michel Debré sont deux de ses leaders.

RENÉ: J'ai toujours aimé le général de Gaulle, surtout en 1967 quand il est venu au Québec et a crié—Vive le Québec libre!

ANNE: L'année suivante la chambre législative du Québec a pris une teinte plus nationaliste en adoptant le nom d'Assemblée nationale du Québec.

MARK: Mais quand est-ce que le Parti Québécois est venu au pouvoir?

ANNE: En 1976. Le Parti Québécois et son leader, René Lévesque, cherchent une souveraineté politique pour la province tout en conservant une association économique avec le Canada.

MARK: Croyez-vous que le Québec ait un jour cette indépendance?

RENÉ: Je ne sais plus. Au référendum de 1980, la majorité de l'électorat a voté contre l'indépendance. Dans notre famille, j'ai voté pour, mais Anne a voté contre.

MARK: Pour qui votent les Québécois qui ne veulent pas du Parti Québécois? Et pour qui votent-ils dans les élections canadiennes?

ANNE: Normalement les francophones votent pour le Parti Libéral de Pierre Trudeau et les anglophones pour le Parti Conservateur de Joe Clark.[3]

Exercices

I.   Questions sur le texte

1.   Quels partis l'U.D.F. a-t-elle remplacés? Que signifie U.D.F.?

2.   Comment Mark explique-t-il que les Radicaux-Socialistes soient un ancien parti du centre?

3.   Qui a formé le M.R.G.? Que signifie M.R.G.?

4.   Nommez deux leaders du Parti Socialiste.

5.   Que signifient P.S. et P.S.U.?

6.   Qui est Georges Marchais? Valéry Giscard d'Estaing?

7.   Qui est le général de Gaulle?

8.   Quel est le parti gaulliste? Est-il droitiste, gauchiste ou centriste?

9.   Comment s'appelle la chambre législative du Québec?

10.   Que cherchent René Lévesque et le Parti Québécois?

11.   Quel a été le résultat du référendum de 1980?

12.   Nommez les partis de Pierre Trudeau et de Joe Clark.

[3]Pierre Trudeau was Prime Minister of Canada during the 1970s and early 1980s. Joe Clark briefly took over as Prime Minister at the close of the 1970s but was later replaced by his Liberal rival. Pierre Trudeau is a French-speaking Canadian, while Joe Clark is an English-speaking Canadian.

II. Consult nos. 63 and 64 of the Grammar Review and give the feminine singular and masculine plural of the following adjectives:

	feminine singular	masculine plural
dernier		
malheureux		
cruel		
nouveau		
sec		
inférieur		
travailleur		
vert clair		
frais		
cordial		

III. Consult nos. 57 and 66 of the Grammar Review and fill in the blanks:

1. Ma fille veut aller à une (better) _____ école pour pouvoir trouver une bonne situation (more easily) _____.

2. Elle s'habille (more elegantly) _____ que sa soeur.

3. Son patron le traite (better) _____ que ses collègues.

4. Elle est (less intelligent) _____ que sa mère.

5. C'est le (handsomest) _____ homme que je connaisse.

6. Cette affaire n'est pas (as profitable as) _____ celle de mon cousin.

7. C'est la (worst) _____ solution.

8. Je n'ai pas la (slightest, i.e. least) _____ idée de ce qu'il faut faire.

9. Le chah d'Iran n'était pas l'homme (richest) _____ du monde.

10. Les réfugiés de Cuba sont arrivés (more recently) _____ que les réfugiés du Vietnam.

11. Une grève est (less probable) _____ que des accords à la dernière minute.

12. Notre magnétophone marche (less well) _____ que le vôtre.

IV. Consult nos. 70 and 71 of the Grammar Review and translate the following phrases:

1. After signing the contract . . .

2. After having signed the contract . . .

3. While doing the exercises . . .

4. Begin by opening the box. (use *par*)

5. Be here in an hour.

6. You have done much in two years.

7. I am thinking about coming. (use *à*)

8. The parties will split in a month. (Explain differences in meaning with *en* and *dans*.)

V.   Translation

1. The results of the elections showed that the left was weaker than the right.

2. The conservatives did not seek sovereignty.

3. The conflict of the leaders led to the death of the party.

4. Our stay will be more pleasant if we spend more time together.

5. According to a former Communist, Georges Marchais was rather sad when the Socialists refused to support him.

6. We believe they will vote against you.

7. However, she is especially happy that the parties avoided the split.

8. Do they belong to the U.D.F.?

VI.   Discussion. Divide class into groups of three.

1. Faites une liste des hommes politiques que vous connaissez et identifiez leurs partis. Choisissez-en au moins trois au niveau national et trois au niveau de l'état ou de la province.

2. Faites une liste des différences entre les partis de votre pays au niveau national. Considérez au moins deux différences.

3. A votre avis, quelle serait l'opinion d'un gauchiste et l'opinion d'un droitiste en France sur les questions suivantes:
a. Il faut augmenter les impôts des entreprises.
b. Il faut réduire les services sociaux de l'Etat.
c. Le contrôle de l'inflation est plus important que le contrôle du chômage.
d. Il faut une augmentation du salaire minimum.
e. L'Etat intervient trop dans les affaires des entreprises.

Section XIV–2

Les Institutions financières du Canada

Les banques du Canada ressemblent aux banques américaines avec quelques différences. En 1979, le Canada n'avait que 11 *banques à charte*[1] avec des milliers de succursales à travers le Canada. C'est un *système bancaire à succursales*.[2] Dans ce système, le taux d'intérêt pour un prêt ne change pas d'une ville à l'autre, mais il reste le même dans toutes les succursales d'une banque. Aux Etats-Unis, certains états permettent l'existence de banques à succursales, mais il y a beaucoup de banques qui n'ont pas de succursales. Donc les Etats-Unis ont un *système bancaire unitaire*.[3] Dans ce système, le taux d'intérêt pour un prêt peut changer facilement d'une ville à l'autre. Une personne qui déménage[4] doit ouvrir un compte dans une autre banque si elle change de ville. Au Canada, c'est le gouvernement fédéral qui doit approuver la charte d'une banque. Aux Etats-Unis, les états aussi bien que le gouvernement fédéral peuvent accorder une charte.

Dans les deux pays, les banques offrent des services semblables— comptes d'épargne, crédit commercial, virement ou transfert de sommes

---

[1]*banques à charte*: charter banks
[2]*système bancaire à succursales*: branch banking system
[3]*système bancaire unitaire*: unit banking system
[4]*déménage*: moves

déposées, comptes de chèques, prêts aux personnes morales ou physiques,[5] hypothèques, dépôts à vue, dépôts à terme, et d'autres services.

Les sociétés de fiducie[6] offrent plusieurs des services des banques à charte, mais elles gèrent aussi les successions, les fiducies, et les agences.[7] Les régimes de pension[8] des salariés constituent leur plus importante source de fonds.

Les caisses populaires et *les caisses d'épargne et de crédit*[9] sont autorisées par les provinces. Ces caisses locales vendent des *parts*[10] et acceptent des dépôts. Normalement on doit payer une *cotisation*[11] nominale pour devenir membre. En 1979, la Caisse Populaire de l'Université Laval demandait une cotisation de $5,00 et l'achat d'une part à $5,00 (total de $10,00). Quand un étudiant fermait son compte, on lui rachetait la part à $5,00, mais la Caisse Populaire gardait la cotisation de $5,00. Les comptes d'épargne de ces deux genres de caisse peuvent avoir un taux d'intérêt supérieur à celui d'une banque.

Parquet de la Bourse de Montréal

Les deux grandes bourses du Canada sont la Bourse de Toronto et la Bourse de Montréal. Bien des termes utilisés au Canada ressemblent à ceux utilisés aux Etats-Unis et en France avec quelques exceptions.

[5]*personnes morales ou physiques*: corporate bodies or individuals. If the *personne morale* is not a corporation, one may also use the expression "legal entity", words which may describe any business or agency.

[6]*sociétés de fiducie*: trust companies

[7]*successions . . . fiducies . . . agences*: estates . . . trusts . . . agencies

[8]*régimes de pension*: pension plans

[9]*caisses populaires . . . caisses d'épargne et de crédit*: caisses populaires and local credit unions

[10]*parts*: shares

[11]*cotisation*: dues

Dans les trois pays on parle d'actions ordinaires, d'actions privilégiées, d'obligations, de dividendes, de rendements, et de cours. Mais voici quelques différences entre les termes canadiens et les termes français du chapitre VII: Le *Marché hors Bourse* canadien correspond au Marché Hors-Cote français (Over-the-Counter Market in the United States and English-speaking Canada.) Au Canada, on parle du *lot régulier* (*round lot* in the United States, *board lot* in English-speaking Canada) et du *lot irrégulier* (*odd lot* in the United States and English Canada.) Au Canada on utilise le terme de *droits d'achat d'actions* pour des primes en liquidation à une date future (*stock options* in the United States and *stock purchase warrants* in English Canada;) quand on achète des droits d'achat d'actions, on reçoit un certificat qui donne au porteur le droit d'acheter des actions à un prix déterminé dans le délai indiqué sur le certificat.

Si vous achetez ou vendez des actions chez un agent de change canadien, il est probable que vous pourrez observer sur un écran[12] au mur, des chiffres comme les suivants:

Votre Compagnie 25⅛ 25¼ 25⅛ 3.000 en baisse ⅛ 25 25½ 25
(⅛ veut dire $0,12½ ou $0,13; ¼ veut dire $0,25)

Que signifient tous ces chiffres? Pour commencer, *le cours acheteur* (amount *bid*) est de $25,13 et le *cours vendeur* (*asking price*) de $25,25. La dernière vente s'est faite à $25,13, et l'on a négocié 3.000 actions dès l'ouverture. Le prix de la dernière vente représente une baisse de $0,12½ depuis la clôture de la veille.[13] La première négociation de la journée était de $25,00. Les *cours extrêmes,* c'est-à-dire le cours le plus haut et le cours le plus bas, étaient de $25,50 et de $25,00 respectivement.

Exercices

I. Questions sur le texte

1. Quel est le système bancaire du Canada? Combien de banques le Canada avait-il en 1979?

2. Quel est le système bancaire des Etats-Unis? Est-ce qu'il existe des banques à succursales aux Etats-Unis?

3. De qui les banques à charte canadiennes reçoivent-elles leur charte?

4. De qui les banques des Etats-Unis reçoivent-elles leur charte?

5. Pourquoi les taux d'intérêt canadiens sont-ils plus uniformes que les taux d'intérêt américains?

---

[12]*écran*: screen
[13]*veille*: preceding day

6. Le Canadien qui change de province garde souvent la même banque pour son compte de chèques. L'Américain qui change d'état doit souvent ouvrir un nouveau compte de chèques. Expliquez pourquoi en vous appuyant sur les différences entre les systèmes bancaires.

7. Citez quatre services qu'on peut obtenir dans les banques canadiennes et américaines.

8. Quels services spéciaux les sociétés de fiducie offrent-elles?

9. Qu'est-ce qu'il faut verser pour devenir membre d'une caisse populaire ou d'une caisse d'épargne?

10. Citez un avantage que l'on a lorsqu'on place son argent dans une caisse locale.

11. Quelles sont les deux grandes bourses du Canada?

12. Qu'est-ce qu'on reçoit quand on achète des droits d'achat d'actions?

II. En consultant le chapitre VII, sections 1 et 3, donnez les équivalents demandés ci-dessous:[14]

	Canada francophone	France	Etats-Unis	Canada anglophone
1.	Marché hors Bourse	_____	_____	_____
2.	lot régulier		_____	_____
3.	lot irrégulier		_____	_____
4.	droits d'achat d'actions	_____	_____	_____
5.	obligation	_____	_____	_____
6.	cours extrêmes	_____	_____	_____
7.	actions privilégiées	_____	_____	_____
8.	cours vendeur	_____	_____	_____
9.	cours acheteur	_____	_____	_____
10.	en baisse	_____	_____	_____

III. Expliquez les chiffres suivants que vous pourrez trouver sur l'écran d'un agent de change canadien:

Notre compagnie 41½ 41⅝ 41½ 5.550 en hausse ⅛ 41¼ 41¾ 41

[14]A moins que les chapitres VII et XIV ne mentionnent des différences, l'étudiant peut présumer que les termes en France sont les mêmes que dans le Canada francophone et que les termes américains sont les mêmes que dans le Canada anglophone. Certains termes ne s'utilisent pas en France.

IV.   Donnez une réponse convenable:

1.   Je voulais demander un prêt, mais j'ai trouvé le _____ trop élevé.

2.   Une banque peut avoir des _____s au Canada.

3.   Le grand magasin Sears est une _____.

4.   Un étudiant est une _____.

5.   Quand on achète une maison, normalement on a besoin d'un _____.

6.   Quand vous mourrez vous laisserez à vos héritiers une _____.

7.   Cette compagnie offre à ses ouvriers un _____.

8–9.   Pour devenir membre de la Caisse Populaire de l'Université Laval, il fallait payer une _____ et acheter une _____.

10.   Les actions peuvent rapporter un _____.

a.   prêt
b.   personne morale
c.   part
d.   régime de pension
e.   dividende
f.   taux d'intérêt
g.   cotisation
h.   succession
i.   succursale
j.   personne physique

V.   Dictée tirée d'une partie du texte.

VI.   Approfondissement

Lectures conseillées: *Le Ticker et tout le reste,* pp. 1–11; *Les banques à charte du Canada,* pp. 3–12, 17; (same publication in English: *The Chartered Banks of Canada.*)

1.   Expliquer et traduire les termes suivants:

division d'actions	valeurs de premier ordre
droits de souscription	Acte de l'Amérique du Nord Britannique[15]
souscrire à forfait	compte courant
valeurs spéculatives	compte d'épargne ordinaire
marge	compte d'épargne sans privilèges de chèques
valeurs à découvert	Société d'assurance-dépôts du Canada

2.   Quel est le surnom des délégués des firmes membres de la Bourse?

3.   Expliquez l'organisation bancaire du Canada.

---

[15]The British North America Act was under attack in 1981. It may or may not be in effect during the mid to late 1980s.

Section XIV–3

La Presse en France

Une des meilleures façons de connaître un peuple est de connaître ses journaux et ses revues. Si l'on fait un voyage en France, qu'est-ce qu'on devrait lire?

Si l'homme d'affaires français veut beaucoup de détails sur les questions financières, il peut acheter le journal *Les Echos,* ou une revue comme *L'Expansion.* Ce sont des publications comparables au *Wall Street Journal* et à *Forbes* aux Etats-Unis. Pour les lire, il faut avoir de bonnes connaissances des affaires dans le pays, et il faut connaître beaucoup de sigles. Si, au contraire, l'homme d'affaires préfère des renseignements plus divers sur la politique et sur d'autres questions sérieuses, il peut acheter *Le Monde,* qui offre un supplément économique le mardi. Le *New York Times* donne des renseignements semblables à ceux du *Monde.* Si le Français cherche une revue sérieuse, il peut acheter *Le Nouvel Observateur.*

Beaucoup d'hommes d'affaires en France lisent le journal pour se détendre. Ils ne veulent pas se limiter aux questions sérieuses. Dans ce cas-là, le quotidien parisien, *Le Figaro,* leur offre non seulement des renseignements sur la politique, l'économie, et la culture, mais aussi sur les chiens écrasés, ou petits scandales quotidiens, et même quelques bandes dessinées. Bien sûr, on y trouve aussi des prévisions météorologiques et le carnet du jour. C'est dans le carnet du jour qu'on annonce les mariages et les décès. Un équivalent québécois du *Figaro* est *Le Devoir,* publié à Montréal. Dans cette même catégorie, qui mélange le sérieux au léger, on peut placer la revue française *Paris Match,* qui a beaucoup de photos même pour les articles sérieux.

Si l'on s'intéresse à la politique, à l'économie, et aux questions culturelles mais sans avoir le temps de lire un journal tous les jours, on peut se contenter de lire les hebdomadaires *L'Express* et *Le Point,* qui donnent un résumé des grands événements de la semaine, tout comme *Time* et *Newsweek* aux Etats-Unis.

Pour la personne qui préfère ne pas lire des choses sérieuses, il existe des quotidiens français comme *France-Soir.* On peut lire beaucoup d'histoires de chiens écrasés et de vedettes de cinéma. Il y a une grande quantité de photos et de bandes dessinées.

Sachant que l'ouvrier moyen ne s'intéresse pas beaucoup au détail, le rédacteur de *L'Humanité,* le journal communiste, emploie souvent de grandes manchettes. Les gros titres attirent l'attention et donnent le point de vue de la C.G.T. et du P.C. en peu d'espace. Parfois les nouvelles contiennent autant d'opinions que des éditoriaux.

Parmi les autres journaux politiques, on trouve *Le Canard Enchaîné.* Son point de vue n'est pas toujours clair au lecteur moyen; c'est probablement le journal le plus difficile à lire si l'on est étranger. Pourquoi? Parce qu'il est très sarcastique et se sert d'expressions à double sens. Pour les comprendre, il faut connaître l'argot courant et les personnages politiques dont le journal se moque. "Canard" est un terme argotique pour "journal." Comme les articles attaquent les hommes politiques de tous les partis, il est difficile de l'associer à aucun parti, mais il est toujours contre le gouvernement.

Pour la personne qui préfère écouter la radio ou regarder la télévision, on présente les informations sur plusieurs chaînes à huit heures du soir. Après les informations à la télévision, on a souvent l'occasion de regarder un feuilleton ou un film.

Exercices

I.   Questions sur le texte

1.   Quels sont les équivalents français du *Wall Street Journal* et de *Forbes?* Qu'est-ce qu'ils font de commun?

2.   Quel est l'équivalent français du *New York Times?* Expliquez.

3.   Quel genre de renseignements trouve-t-on dans *Le Figaro?*

4.   Qu'est-ce que c'est qu'une histoire de chiens écrasés?

5.   Quelle est votre bande dessinée préférée?

6.   Qu'est-ce qu'on annonce dans le carnet du jour?

7.   Qui achète *Le Figaro* en France ou *Le Devoir* au Québec?

8.   Quels sont les équivalents français de *Time* et *Newsweek?*

9. Quelle est la différence entre *France-Soir* et *Le Figaro?*

10. De quel syndicat et de quel parti politique *L'Humanité* présente-t-il les points de vue?

11. Pourquoi *Le Canard Enchaîné* est-il difficile à lire?

12. Préférez-vous les informations ou les feuilletons?

II. Vocabulaire

1. On annonce le _____ d'une personne qui vient de mourir.

2. Un journal qui paraît tous les jours est un _____.

3. Un journal qui paraît une fois par semaine est un _____.

4. La personne qui a le dernier mot dans la publication d'un journal est son _____.

5. Les _____s indiquent le titre d'un article.

6. Robert Redford est une _____.

7. "Charlie's Angels" est un _____.

8. *Le Nouvel Observateur* est une _____.

9. Si je veux savoir quel temps il fera demain, je regarde les _____s météorologiques.

10. Quand je veux savoir qui s'est marié, je consulte le _____ du jour.

a. hebdomadaire
b. décès
c. vedette
d. carnet
e. revue
f. prévision
g. rédacteur
h. feuilleton
i. quotidien
j. manchette

III. Complétez les phrases suivantes par une réponse convenable:

1. Un article de cinq pages sur un homme politique paraîtrait dans _____.
a. L'Expansion   b. Le Monde   c. France-Soir
d. Le Nouvel Observateur

2. Un article sur les détails du divorce d'une actrice paraîtrait dans _____.
a. L'Expansion   b. Le Monde   c. France-Soir
d. Le Nouvel Observateur

3. Un article de cinq pages sur la réussite d'un PDG de l'industrie chimique paraîtrait dans _____.
a. L'Expansion   b. Le Monde   c. France-Soir
d. Le Nouvel Observateur

4. Toutes les publications suivantes contiennent des articles sur le cinéma et sur les livres sauf _____.
a. Le Point   b. Les Echos   c. L'Express   d. Le Devoir

5. Pour connaître les derniers renseignements sur l'économie française, on pourrait consulter toutes les publications suivantes sauf _____.
a. Le Point   b. Les Echos   c. Le Figaro   d. Le Devoir

IV. Discussion. Divide the class in groups of two. Each student may answer all questions.

1. Sur quoi le rédacteur donne-t-il ses opinions dans les éditoriaux que vous lisez? (2 réponses ou plus)

2. Quels sont les personnages de votre bande dessinée favorite? Décrivez-les.

3. Racontez une histoire de chiens écrasés que vous avez lue récemment.

4. Résumez un article sérieux que vous avez lu récemment.

5. Dans quelle partie du journal annonce-t-on le mauvais temps?

6. Quelles sont les parties principales du journal de votre école?

7. Si vous étiez français, quels journaux et quelles revues liriez-vous? Pourquoi?

8. Quels journaux et quelles revues de votre pays lisez-vous?

Chapitre XV

Section XV–1

Review of Chapters I–1—V–2

I. Expliquez et traduisez les termes suivants:

avenant	H.E.C.	embauchage
D.A.T.A.R.	rabais	courtier
société de personnes	filiale	secteur tertiaire
S.A.R.L.	armateur	escompte de règlement
société en commandite par actions	grossiste	société anonyme
sociétés publiques	montant	lettre de voiture
avarie	port payé	mandataire
récépissé-warrant	C.E.C.A.	magasins généraux
société en commandite simple	connaissement	prime
commandité	grande vitesse	prix de revient
F.A.S.	remise	SMIC
ville nouvelle	reçu	sinistre
F.O.B.	détaillant	facture pro-forma
port dû	C.A.F.	cabotage
charte-partie	commanditaire	affrètement
contentieux	transitaire	licenciement

II.   Essays

1.   Quelles sont les missions des chambres de commerce en France? (Donnez un exemple de chaque mission.)

2.   Tracez le développement du Marché Commun du traité de Rome jusqu'au présent.

3.   Décrivez l'importance économique de trois régions économiques françaises.

4.   Quels sont les équivalents français de "corporation" et "partnership"?

5.   Décrivez la subdivision du personnel d'une entreprise multinationale.

III.   Lettre commerciale

Commandez 1000 stylos qui doivent arriver le 1er juillet. Inventez la raison sociale et l'adresse de votre firme et celles du fournisseur. Vous avez trouvé ces stylos dans un catalogue, et vous demandez une remise parce que vous en achetez une grande quantité.

IV.   Traduction

A. The chief executive officer was in the process of acquiring a new subsidiary when the board of directors decided that its management would be too difficult: the problems were taxes, rent and manpower. The government offered no reduction in taxes in Paris, rent was higher than in other cities, and because of unemployment in France it was impossible to allow enough American workers to enter the country. The high level executives agreed that the manufacture of their merchandise in Paris was not suitable.

B. A fire caused great damage to our branch office, but our insurance policy covered almost everything including water damage. Our agent informed us that our premium would increase, but that our losses caused by the disaster would all be paid. The manager was satisfied.

C. The Buick dealer did not give his salesmen a fixed salary; he gave them a commission. They received their commission after delivery of the car. In this way if the sales volume was low he did not lose money.

V.   Identifiez les 22 régions économiques sur la carte ci-dessous:

Section XV–2

Review of Chapters V–3—X–1

I.   Expliquez et traduisez les termes suivants:

provision	échéance à vue	accréditif
chèque barré	ordre de virement	facture consulaire
participation	passavant	avis de prélèvement
acquit de paiement	sans protêt	concurrence
transit	acquit à caution	compte d'épargne
monnaie scripturale	B.P.F.	mandat
lettre de change	F.M.I.	vente à tempérament
C.F.D.T.	comptant contre remboursement	arrhes
franchising	vente à forfait	valeur nominale
P.I.B.	obligation	au mieux
H.L.M.	P.N.B.	Carte Bleue
tiré	lettre de crédit simple	billet à ordre

II.   Essays

1.   Décrivez la situation actuelle de la sidérurgie. (géographie, situation économique). Mentionnez les constructions navale, aéronautique, automobile.

2.   Quelles sont les régions de l'industrie textile? Quels sont les problèmes de l'industrie textile?

3. Comment la France fait-elle face à ses problèmes énergétiques?

4. Quels sont les grands syndicats français et quelles sont leurs tendances politiques?

5. Expliquez le rôle de la planification dans l'économie française.

6. Citez trois différences entre la Bourse de Paris et une bourse américaine.

7. Expliquez les trois sortes de banques en France. Quel est le rôle de la Banque de France?

III. Vérifiez votre compréhension des cotes de la Bourse de Paris au chapitre VII–3.

IV. Traduction

A. The Stock Market was rising, and the quotations improved every day. The yield for certain bonds was especially good. Holders of common stock were almost all happy. Then came the energy crisis. Gasoline was expensive, and stagflation hit Western economies. The Stock Market went down, and few stockholders were happy.

B. The workers were members of the A.F.L.-C.I.O., but they would not support wildcat strikes. The number of people employed[1] at the factory was over[2] 2000. Of course a large percentage of workers believed that the oil pipeline they were building would make[3] gasoline cheaper in the future, but we still bought oil from OPEC, and prices went up.

[1]Use "effectifs"
[2]Use "plus de"
[3]Use "rendre"

Section XV–3

Review of Chapters X–2—XIV–3

I. Expliquez et traduisez les termes suivants:

banque à charte
cours extrêmes
agio
personne physique
passif
avoir
loi 101
valeur nette
cours vendeur
C.C.P.
fermage
viticulture
trimestriel

société de fiducie
bilan
avis de réception
chèque sans
    provision
bénéfice net
personne morale
dettes actives
C.M.C.C.
Hydro-Québec
Les Echos
pêche fraîche
produits et charges

U.D.F.
système bancaire unitaire
livre des inventaires
bordereau
marge brute
T.U.P.
part
livre journal
population active
faire-valoir direct
R.P.R.

II. Essays

1. Quels sont les produits les plus importants pour l'économie du Québec?

2. Quelles industries forment la base de l'économie de Lille-Roubaix-Tour-coing? de Lyon-St-Etienne-Grenoble?

3. Pourquoi Marseille a-t-elle une importance capitale dans sa région?

4. Quelles sortes de groupes encouragent la modernisation de l'agriculture?

5. Commentez l'importance de la production animale dans l'économie française.

6. Expliquez l'importance des différentes céréales en France.

III. Lettre commerciale

A. Votre fournisseur a commis une erreur. Vous aviez commandé 40 classeurs verts à quatre tiroirs, et l'on vous en a expedié 80 gris à deux tiroirs. Vous proposez au fournisseur d'accepter la marchandise s'il vous accorde une remise de 10% sur le montant de votre première facture, car, de cette façon, il épargnera de nouveaux frais de transport.

B. Ecrivez la réponse du fournisseur.

IV. Traduction

A. When applying for[1] the loan, I offered the stock certificates in my safe deposit box as collateral. The government encourages borrowing because that helps the economy. However, I found the rate of interest too high and decided not to borrow.

B. The planner helped the ministry build the "new city." He watched over its construction and glanced at the shipments of material. He answered mail from deputies and encouraged them to approve all necessary equipment.

[1]Use "demander"

Appendix A

Useful addresses

ALIMENTATION
Centre de Documentation de
  l'Alimentation
30, rue de Lübeck
75116 PARIS

ASSURANCE
Centre de Documentation et
  d'Information de l'Assurance
2, rue de la Chaussée d'Antin
75009 PARIS

BANQUE
Association Française des Banques
18, rue Lafayette
75009 PARIS

BANQUE
Banque de France
Direction Générale des Services Etrangers
39, rue Croix-des-Petits-Champs
75001 PARIS

BANQUE
The Canadian Bankers' Association
P.O. Box 282
Toronto Dominion Centre
Toronto, Ontario M5K 1K2

BOURSE
Bourse de Montréal
Square Victoria
Montréal, P.Q.

BOURSE
Centre d'Information et de Documentation
Compagnie des Agents de Change
4, place de la Bourse
75080 PARIS

BOURSE
Toronto Stock Exchange
234 Bay Street
Toronto, Ontario, M5J 1R1

CHAMBRE DE COMMERCE (général)
Chambre de Commerce et d'Industrie
  de Paris
27, avenue de Friedland
75382 PARIS

CHAMBRE DE COMMERCE
  (**Examens**)
Chambre de Commerce et d'Industrie
  de Paris
14, rue Chateaubriand
75008 PARIS

CHAMBRE DE COMMERCE
Franco-American Chamber of Commerce
1350 Avenue of the Americas
New York, NY 10019

COMMERCE
Centre de Renseignements et de
    Formalités pour le Commerce
    Intérieur et Extérieur
2, rue de Viarmes
75001 PARIS

COMMERCE
Centre Français du Commerce Extérieur
10, avenue d'Iéna
75016 PARIS

COMMERCE
U.S. Department of Commerce
Industry and Trade Administration
Washington, D.C. 20230

D.A.T.A.R.
Délégation à l'Aménagement du
    Territoire et à l'Action Régionale
1, avenue Charles-Floquet
75007 PARIS

DOCUMENTATION
Centre de Documentation
16, rue Chateaubriand
75008 PARIS

DOCUMENTATION
La Documentation Française
51, quai Voltaire
75007 PARIS

DOUANE
Entrepôt de la Douane Centrale
Chambre de Commerce et d'Industrie
    de Paris
11, rue Léon Jouhaux
75010 PARIS

DOUANE
Department of the Treasury
U.S. Customs Service
Washington, D.C. 20229

DOUANE
Centre de Renseignements Douaniers
182, rue Saint-Honoré
75001 PARIS

ECHOS
Les Echos
37, avenue des Champs-Elysées
75008 PARIS

ECONOMIE
Ministère de l'Economie et des Finances
Direction du Trésor
Service des Investissements Etrangers
93, rue de Rivoli
75001 PARIS

ECONOMIE (I.N.S.E.E.)
Institut National de la Statistique et des
    Etudes Economiques
Observatoire économique de Paris
Tour Gamma A
195, rue de Bercy
75582 PARIS

EXPANSION
L'Expansion
6, rue de Berri
75008 PARIS

FRANCE
French Embassy
4400 Jenifer St., NW
Washington, DC 20015

FRANCE
French Embassy
972 Fifth Avenue
New York, NY 10021

LANGUE FRANÇAISE
Directeur de la Terminologie
Office de la Langue Française
800, square Victoria
Montréal, P.Q. H4Z 1G8

POSTES FRANÇAISES
Ministère des Postes et
    Télécommunications
Service de la Communication et des
    Relations Extérieures
20, avenue de Ségur
75700 PARIS

QUÉBEC
Quebec Government House
17 West 50th Street
New York, NY 10020

QUÉBEC
Ministère des Affaires
    Intergouvernementales du Québec
1225, place Georges V
Québec, P.Q. G1R 4Z7

Appendix B

*Conjugation of Selected Regular
and Irregular Verbs*

The first five verbs illustrate regular *-er, -ir,* and *-re* verbs and the auxiliary verbs *avoir* and *être.* Since they serve as examples, they are given in all tenses.

Irregular verbs are listed alphabetically (nos. 6–30). They are given with their past and present participles and with the present indicative, simple past, future, and present subjunctive tenses. Students should be able to form all tenses with this information and instructions on tense formation in the grammar review.

Verbs with spelling changes (nos. 31–35) follow the rules for regular verbs except in the tenses given.

1.	PRESENT	COMPOUND PAST	IMPERFECT	PLUPERFECT
parler	je parle	j'ai parlé	je parlais	j'avais parlé
parlé	tu parles	tu as parlé	tu parlais	tu avais parlé
parlant	il parle	il a parlé	il parlait	il avait parlé
	nous parlons	nous avons parlé	nous parlions	nous avions parlé
	vous parlez	vous avez parlé	vous parliez	vous aviez parlé
	ils parlent	ils ont parlé	ils parlaient	ils avaient parlé

SIMPLE PAST	PAST ANTERIOR	SUPERCOMPOUND PAST	FUTURE
je parlai	j'eus parlé	j'ai eu parlé	je parlerai
tu parlas	tu eus parlé	tu as eu parlé	tu parleras
il parla	il eut parlé	il a eu parlé	il parlera
nous parlâmes	nous eûmes parlé	nous avons eu parlé	nous parlerons
vous parlâtes	vous eûtes parlé	vous avez eu parlé	vous parlerez
ils parlèrent	ils eurent parlé	ils ont eu parlé	ils parleront

FUTURE ANTERIOR	IMPERATIVE	CONDITIONAL	PAST CONDITIONAL
j'aurai parlé		je parlerais	j'aurais parlé
tu auras parlé	parle	tu parlerais	tu aurais parlé
il aura parlé		il parlerait	il aurait parlé
nous aurons parlé	parlons	nous parlerions	nous aurions parlé
vous aurez parlé	parlez	vous parleriez	vous auriez parlé
ils auront parlé		ils parleraient	ils auraient parlé

Subjunctive	PRESENT	PAST	IMPERFECT	PLUPERFECT
	je parle	j'aie parlé	je parlasse	j'eusse parlé
	tu parles	tu aies parlé	tu parlasses	tu eusses parlé
	il parle	il ait parlé	il parlât	il eût parlé
	nous parlions	nous ayons parlé	nous parlassions	nous eussions parlé
	vous parliez	vous ayez parlé	vous parlassiez	vous eussiez parlé
	ils parlent	ils aient parlé	ils parlassent	ils eussent parlé

2.	PRESENT	COMPOUND PAST	IMPERFECT	PLUPERFECT
finir	je finis	j'ai fini	je finissais	j'avais fini
fini	tu finis	tu as fini	tu finissais	tu avais fini
finissant	il finit	il a fini	il finissait	il avait fini
	nous finissons	nous avons fini	nous finissions	nous avions fini
	vous finissez	vous avez fini	vous finissiez	vous aviez fini
	ils finissent	ils ont fini	ils finissaient	ils avaient fini

SIMPLE PAST	PAST ANTERIOR	SUPERCOMPOUND PAST	FUTURE
je finis	j'eus fini	j'ai eu fini	je finirai
tu finis	tu eus fini	tu as eu fini	tu finiras
il finit	il eut fini	il a eu fini	il finira
nous finîmes	nous eûmes fini	nous avons eu fini	nous finirons
vous finîtes	vous eûtes fini	vous avez eu fini	vous finirez
ils finirent	ils eurent fini	ils ont eu fini	ils finiront

FUTURE ANTERIOR	IMPERATIVE	CONDITIONAL	PAST CONDITIONAL
j'aurai fini		je finirais	j'aurais fini
tu auras fini	finis	tu finirais	tu aurais fini
il aura fini		il finirait	il aurait fini
nous aurons fini	finissons	nous finirions	nous aurions fini
vous aurez fini	finissez	vous finiriez	vous auriez fini
ils auront fini		ils finiraient	ils auraient fini

Subjunctive	PRESENT	PAST	IMPERFECT	PLUPERFECT
	je finisse	j'aie fini	je finisse	j'eusse fini
	tu finisses	tu aies fini	tu finisses	tu eusses fini
	il finisse	il ait fini	il finît	il eût fini
	nous finissions	nous ayons fini	nous finissions	nous eussions fini
	vous finissiez	vous ayez fini	vous finissiez	vous eussiez fini
	ils finissent	ils aient fini	ils finissent	ils eussent fini

3.	PRESENT	COMPOUND PAST	IMPERFECT	PLUPERFECT
vendre	je vends	j'ai vendu	je vendais	j'avais vendu
vendu	tu vends	tu as vendu	tu vendais	tu avais vendu
vendant	il vend	il a vendu	il vendait	il avait vendu
	nous vendons	nous avons vendu	nous vendions	nous avions vendu
	vous vendez	vous avez vendu	vous vendiez	vous aviez vendu
	ils vendent	ils ont vendu	ils vendaient	ils avaient vendu

SIMPLE PAST	PAST ANTERIOR	SUPERCOMPOUND PAST	FUTURE
je vendis	j'eus vendu	j'ai eu vendu	je vendrai
tu vendis	tu eus vendu	tu as eu vendu	tu vendras
il vendit	il eut vendu	il a eu vendu	il vendra
nous vendîmes	nous eûmes vendu	nous avons eu vendu	nous vendrons
vous vendîtes	vous eûtes vendu	vous avez eu vendu	vous vendrez
ils vendirent	ils eurent vendu	ils ont eu vendu	ils vendront

FUTURE ANTERIOR	IMPERATIVE	CONDITIONAL	PAST CONDITIONAL
j'aurai vendu		je vendrais	j'aurais vendu
tu auras vendu	vends	tu vendrais	tu aurais vendu
il aura vendu		il vendrait	il aurait vendu
nous aurons vendu	vendons	nous vendrions	nous aurions vendu
vous aurez vendu	vendez	vous vendriez	vous auriez vendu
ils auront vendu		ils vendraient	ils auraient vendu

Subjunctive	PRESENT	PAST	IMPERFECT	PLUPERFECT
	je vende	j'aie vendu	je vendisse	j'eusse vendu
	tu vendes	tu aies vendu	tu vendisses	tu eusses vendu
	il vende	il ait vendu	il vendît	il eût vendu
	nous vendions	nous ayons vendu	nous vendissions	nous eussions vendu
	vous vendiez	vous ayez vendu	vous vendissiez	vous eussiez vendu
	ils vendent	ils aient vendu	ils vendissent	ils eussent vendu

---

4.
avoir
eu
ayant

PRESENT	COMPOUND PAST	IMPERFECT	PLUPERFECT
j'ai	j'ai eu	j'avais	j'avais eu
tu as	tu as eu	tu avais	tu avais eu
il a	il a eu	il avait	il avait eu
nous avons	nous avons eu	nous avions	nous avions eu
vous avez	vous avez eu	vous aviez	vous aviez eu
ils ont	ils ont eu	ils avaient	ils avaient eu

SIMPLE PAST	PAST ANTERIOR	SUPERCOMPOUND PAST	FUTURE
j'eus	j'eus eu	j'ai eu eu	j'aurai
tu eus	tu eus eu	tu as eu eu	tu auras
il eut	il eut eu	il a eu eu	il aura
nous eûmes	nous eûmes eu	nous avons eu eu	nous aurons
vous eûtes	vous eûtes eu	vous avez eu eu	vous aurez
ils eurent	ils eurent eu	ils ont eu eu	ils auront

FUTURE ANTERIOR	IMPERATIVE	CONDITIONAL	PAST CONDITIONAL
j'aurai eu		j'aurais	j'aurais eu
tu auras eu	aie	tu aurais	tu aurais eu
il aura eu		il aurait	il aurait eu
nous aurons eu	ayons	nous aurions	nous aurions eu
vous aurez eu	ayez	vous auriez	vous auriez eu
ils auront eu		ils auraient	ils auraient eu

Subjunctive	PRESENT	PAST	IMPERFECT	PLUPERFECT
	j'aie	j'aie eu	j'eusse	j'eusse eu
	tu aies	tu aies eu	tu eusses	tu eusses eu
	il ait	il ait eu	il eût	il eût eu
	nous ayons	nous ayons eu	nous eussions	nous eussions eu
	vous ayez	vous ayez eu	vous eussiez	vous eussiez eu
	ils aient	ils aient eu	ils eussent	ils eussent eu

5.

	PRESENT	COMPOUND PAST	IMPERFECT	PLUPERFECT
être	je suis	j'ai été	j'étais	j'avais été
été	tu es	tu as été	tu étais	tu avais été
étant	il est	il a été	il était	il avait été
	nous sommes	nous avons été	nous étions	nous avions été
	vous êtes	vous avez été	vous étiez	vous aviez été
	ils sont	ils ont été	ils étaient	ils avaient été

SIMPLE PAST	PAST ANTERIOR	SUPERCOMPOUND PAST	FUTURE
je fus	j'eus été	j'ai eu été	je serai
tu fus	tu eus été	tu as eu été	tu seras
il fut	il eut été	il a eu été	il sera
nous fûmes	nous eûmes été	nous avons eu été	nous serons
vous fûtes	vous eûtes été	vous avez eu été	vous serez
ils furent	ils eurent été	ils ont eu été	ils seront

FUTURE ANTERIOR	IMPERATIVE	CONDITIONAL	PAST CONDITIONAL
j'aurai été		je serais	j'aurais été
tu auras été	sois	tu serais	tu aurais été
il aura été		il serait	il aurait été
nous aurons été	soyons	nous serions	nous aurions été
vous aurez été	soyez	vous seriez	vous auriez été
ils auront été		ils seraient	ils auraient été

	PRESENT	PAST	IMPERFECT	PLUPERFECT
Subjunctive	je sois	j'aie été	je fusse	j'eusse été
	tu sois	tu aies été	tu fusses	tu eusses été
	il soit	il ait été	il fût	il eût été
	nous soyons	nous ayons été	nous fussions	nous eussions été
	vous soyez	vous ayez été	vous fussiez	vous eussiez été
	ils soient	ils aient été	ils fussent	ils eussent été

6.

	PRESENT	SIMPLE PAST	FUTURE	PRESENT SUBJUNCTIVE
aller	je vais	j'allai	j'irai	j'aille
allé	tu vas	tu allas	tu iras	tu ailles
allant	il va	il alla	il ira	il aille
	nous allons	nous allâmes	nous irons	nous allions
	vous allez	vous allâtes	vous irez	vous alliez
	ils vont	ils allèrent	ils iront	ils aillent

7.

	PRESENT	SIMPLE PAST	FUTURE	PRESENT SUBJUNCTIVE
boire	je bois	je bus	je boirai	je boive
bu	tu bois	tu bus	tu boiras	tu boives
buvant	il boit	il but	il boira	il boive
	nous buvons	nous bûmes	nous boirons	nous buvions
	vous buvez	vous bûtes	vous boirez	vous buviez
	ils boivent	ils burent	ils boiront	ils boivent

8.

	PRESENT	SIMPLE PAST	FUTURE	PRESENT SUBJUNCTIVE
connaître	je connais	je connus	je connaîtrai	je connaisse
connu	tu connais	tu connus	tu connaîtras	tu connaisses
connaissant	il connaît	il connut	il connaîtra	il connaisse
	nous connaissons	nous connûmes	nous connaîtrons	nous connaissions
	vous connaissez	vous connûtes	vous connaîtrez	vous connaissiez
	ils connaissent	ils connurent	ils connaîtront	ils connaissent

9.

	PRESENT	SIMPLE PAST	FUTURE	PRESENT SUBJUNCTIVE
craindre	je crains	je craignis	je craindrai	je craigne
craint	tu crains	tu craignis	tu craindras	tu craignes
craignant	il craint	il craignit	il craindra	il craigne
	nous craignons	nous craignîmes	nous craindrons	nous craignions
	vous craignez	vous craignîtes	vous craindrez	vous craigniez
	ils craignent	ils craignirent	ils craindront	ils craignent

10.

	PRESENT	SIMPLE PAST	FUTURE	PRESENT SUBJUNCTIVE
croire	je crois	je crus	je croirai	je croie
cru	tu crois	tu crus	tu croiras	tu croies
croyant	il croit	il crut	il croira	il croie
	nous croyons	nous crûmes	nous croirons	nous croyions
	vous croyez	vous crûtes	vous croirez	vous croyiez
	ils croient	ils crurent	ils croiront	ils croient

11.

	PRESENT	SIMPLE PAST	FUTURE	PRESENT SUBJUNCTIVE
devoir	je dois	je dus	je devrai	je doive
dû (due,	tu dois	tu dus	tu devras	tu doives
dus, dues)	il doit	il dut	il devra	il doive
devant	nous devons	nous dûmes	nous devrons	nous devions
	vous devez	vous dûtes	vous devrez	vous deviez
	ils doivent	ils durent	ils devront	ils doivent

12.

	PRESENT	SIMPLE PAST	FUTURE	PRESENT SUBJUNCTIVE
dire	je dis	je dis	je dirai	je dise
dit	tu dis	tu dis	tu diras	tu dises
disant	il dit	il dit	il dira	il dise
	nous disons	nous dîmes	nous dirons	nous disions
	vous dites	vous dîtes	vous direz	vous disiez
	ils disent	ils dirent	ils diront	ils disent

13.

	PRESENT	SIMPLE PAST	FUTURE	PRESENT SUBJUNCTIVE
faire	je fais	je fis	je ferai	je fasse
fait	tu fais	tu fis	tu feras	tu fasses
faisant	il fait	il fit	il fera	il fasse
	nous faisons	nous fîmes	nous ferons	nous fassions
	vous faites	vous fîtes	vous ferez	vous fassiez
	ils font	ils firent	ils feront	ils fassent

14.

	PRESENT	SIMPLE PAST	FUTURE	PRESENT SUBJUNCTIVE
falloir	il faut	il fallut	il faudra	il faille
fallu				

15.

	PRESENT	SIMPLE PAST	FUTURE	PRESENT SUBJUNCTIVE
lire	je lis	je lus	je lirai	je lise
lu	tu lis	tu lus	tu liras	tu lises
lisant	il lit	il lut	il lira	il lise
	nous lisons	nous lûmes	nous lirons	nous lisions
	vous lisez	vous lûtes	vous lirez	vous lisiez
	ils lisent	ils lurent	ils liront	ils lisent

16.

	PRESENT	SIMPLE PAST	FUTURE	PRESENT SUBJUNCTIVE
mettre	je mets	je mis	je mettrai	je mette
mis	tu mets	tu mis	tu mettras	tu mettes
mettant	il met	il mit	il mettra	il mette
	nous mettons	nous mîmes	nous mettrons	nous mettions
	vous mettez	vous mîtes	vous mettrez	vous mettiez
	ils mettent	ils mirent	ils mettront	ils mettent

17.

	PRESENT	SIMPLE PAST	FUTURE	PRESENT SUBJUNCTIVE
mourir	je meurs	je mourus	je mourrai	je meure
mort	tu meurs	tu mourus	tu mourras	tu meures
mourant	il meurt	il mourut	il mourra	il meure
	nous mourons	nous mourûmes	nous mourrons	nous mourions
	vous mourez	vous mourûtes	vous mourrez	vous mouriez
	ils meurent	ils moururent	ils mourront	ils meurent

18.

	PRESENT	SIMPLE PAST	FUTURE	PRESENT SUBJUNCTIVE
ouvrir	j'ouvre	j'ouvris	j'ouvrirai	j'ouvre
ouvert	tu ouvres	tu ouvris	tu ouvriras	tu ouvres
ouvrant	il ouvre	il ouvrit	il ouvrira	il ouvre
	nous ouvrons	nous ouvrîmes	nous ouvrirons	nous ouvrions
	vous ouvrez	vous ouvrîtes	vous ouvrirez	vous ouvriez
	ils ouvrent	ils ouvrirent	ils ouvriront	ils ouvrent

19.

partir   See sortir

20.

	PRESENT	SIMPLE PAST	FUTURE	PRESENT SUBJUNCTIVE
plaire	je plais	je plus	je plairai	je plaise
plu	tu plais	tu plus	tu plairas	tu plaises
plaisant	il plaît	il plut	il plaira	il plaise
	nous plaisons	nous plûmes	nous plairons	nous plaisions
	vous plaisez	vous plûtes	vous plairez	vous plaisiez
	ils plaisent	ils plurent	ils plairont	ils plaisent

21.

	PRESENT	SIMPLE PAST	FUTURE	PRESENT SUBJUNCTIVE
pouvoir	je peux	je pus	je pourrai	je puisse
pu	tu peux	tu pus	tu pourras	tu puisses
pouvant	il peut	il put	il pourra	il puisse
	nous pouvons	nous pûmes	nous pourrons	nous puissions
	vous pouvez	vous pûtes	vous pourrez	vous puissiez
	ils peuvent	ils purent	ils pourront	ils puissent

22.

	PRESENT	SIMPLE PAST	FUTURE	PRESENT SUBJUNCTIVE
prendre	je prends	je pris	je prendrai	je prenne
pris	tu prends	tu pris	tu prendras	tu prennes
prenant	il prend	il prit	il prendra	il prenne
	nous prenons	nous prîmes	nous prendrons	nous prenions
	vous prenez	vous prîtes	vous prendrez	vous preniez
	ils prennent	ils prirent	ils prendront	ils prennent

23.

	PRESENT	SIMPLE PAST	FUTURE	PRESENT SUBJUNCTIVE
résoudre	je résous	je résolus	je résoudrai	je résolve
résolu	tu résous	tu résolus	tu résoudras	tu résolves
résolvant	il résout	il résolut	il résoudra	il résolve
	nous résolvons	nous résolûmes	nous résoudrons	nous résolvions
	vous résolvez	vous résolûtes	vous résoudrez	vous résolviez
	ils résolvent	ils résolurent	ils résoudront	ils résolvent

24.

	PRESENT	SIMPLE PAST	FUTURE	PRESENT SUBJUNCTIVE
savoir	je sais	je sus	je saurai	je sache
su	tu sais	tu sus	tu sauras	tu saches
sachant	il sait	il sut	il saura	il sache
	nous savons	nous sûmes	nous saurons	nous sachions
	vous savez	vous sûtes	vous saurez	vous sachiez
	ils savent	ils surent	ils sauront	ils sachent

25.

	PRESENT	SIMPLE PAST	FUTURE	PRESENT SUBJUNCTIVE
sortir	je sors	je sortis	je sortirai	je sorte
sorti	tu sors	tu sortis	tu sortiras	tu sortes
sortant	il sort	il sortit	il sortira	il sorte
	nous sortons	nous sortîmes	nous sortirons	nous sortions
	vous sortez	vous sortîtes	vous sortirez	vous sortiez
	ils sortent	ils sortirent	ils sortiront	ils sortent

26.
tenir   See *venir*

27.

	PRESENT	SIMPLE PAST	FUTURE	PRESENT SUBJUNCTIVE
valoir	je vaux	je valus	je vaudrai	je vaille
valu	tu vaux	tu valus	tu vaudras	tu vailles
valant	il vaut	il valut	il vaudra	il vaille
	nous valons	nous valûmes	nous vaudrons	nous valions
	vous valez	vous valûtes	vous vaudrez	vous valiez
	ils valent	ils valurent	ils vaudront	ils vaillent

28.

	PRESENT	SIMPLE PAST	FUTURE	PRESENT SUBJUNCTIVE
venir	je viens	je vins	je viendrai	je vienne
venu	tu viens	tu vins	tu viendras	tu viennes
venant	il vient	il vint	il viendra	il vienne
	nous venons	nous vînmes	nous viendrons	nous venions
	vous venez	vous vîntes	vous viendrez	vous veniez
	ils viennent	ils vinrent	ils viendront	ils viennent

29.

	PRESENT	SIMPLE PAST	FUTURE	PRESENT SUBJUNCTIVE
voir	je vois	je vis	je verrai	je voie
vu	tu vois	tu vis	tu verras	tu voies
voyant	il voit	il vit	il verra	il voie
	nous voyons	nous vîmes	nous verrons	nous voyions
	vous voyez	vous vîtes	vous verrez	vous voyiez
	ils voient	ils virent	ils verront	ils voient

30.	PRESENT	SIMPLE PAST	FUTURE	PRESENT SUBJUNCTIVE
vouloir	je veux	je voulus	je voudrai	je veuille
voulu	tu veux	tu voulus	tu voudras	tu veuilles
voulant	il veut	il voulut	il voudra	il veuille
	nous voulons	nous voulûmes	nous voudrons	nous voulions
	vous voulez	vous voulûtes	vous voudrez	vous vouliez
	ils veulent	ils voulurent	ils voudront	ils veuillent

31.	PRESENT	IMPERFECT	IMPERATIVE	SIMPLE PAST
changer	je change	je changeais		je changeai
changé	tu changes	tu changeais	change	tu changeas
changeant	il change	il changeait		il changea
	nous changeons	nous changions	changeons	nous changeâmes
-ger	vous changez	vous changiez	changez	vous changeâtes
verb	ils changent	ils changeaient		ils changèrent

32.	PRESENT	IMPERFECT	IMPERATIVE	SIMPLE PAST
avancer	j'avance	j'avançais		j'avançai
avancé	tu avances	tu avançais	avance	tu avanças
avançant	il avance	il avançait		il avança
	nous avançons	nous avancions	avançons	nous avançâmes
-cer	vous avancez	vous avanciez	avancez	vous avançâtes
verb	ils avancent	ils avançaient		ils avancèrent

33.	PRESENT	FUTURE	CONDITIONAL	PRESENT SUBJUNCTIVE
appeler	j'appelle	j'appellerai	j'appellerais	j'appelle
appelé	tu appelles	tu appelleras	tu appellerais	tu appelles
appelant	il appelle	il appellera	il appellerait	il appelle
-eler or	nous appelons	nous appellerons	nous appellerions	nous appelions
-eter	vous appelez	vous appellerez	vous appelleriez	vous appeliez
verb	ils appellent	ils appelleront	ils appelleraient	ils appellent

34.	PRESENT	FUTURE	CONDITIONAL	PRESENT SUBJUNCTIVE
lever	je lève	je lèverai	je lèverais	je lève
levé	tu lèves	tu lèveras	tu lèverais	tu lèves
levant	il lève	il lèvera	il lèverait	il lève
e plus con-	nous levons	nous lèverons	nous lèverions	nous levions
sonant be-	vous levez	vous lèverez	vous lèveriez	vous leviez
fore *-er*	ils lèvent	ils lèveront	ils lèveraient	ils lèvent

35.	PRESENT	FUTURE	CONDITIONAL	PRESENT SUBJUNCTIVE
répéter	je répète	je répéterai	je répéterais	je répète
répété	tu répètes	tu répéteras	tu répéterais	tu répètes
répétant	il répète	il répétera	il répéterait	il répète
é plus con-	nous répétons	nous répéterons	nous répéterions	nous répétions
sonant be-	vous répétez	vous répéterez	vous répéteriez	vous répétiez
fore -er	ils répètent	ils répéteront	ils répéteraient	ils répètent

Appendix C

Grammar Review

1. Present indicative. See Appendix B, verbs 1–3, for the formation of regular verbs in each conjugation. The present may be translated in any of the following ways:

> *Je parle*
> I speak, I am speaking, I do speak

2. Present tense after *depuis, cela fait, il y a*. It usually indicates an action begun in the past and continued in the present. Examples:

> *How long have you been here?*
> Depuis quand êtes-vous ici?
> Combien de temps cela fait-il que vous êtes ici?
> Combien de temps y a-t-il que vous êtes ici?

> *I have been here ten minutes.*
> Je suis ici depuis dix minutes.
> Cela fait dix minutes que je suis ici.
> Il y a dix minutes que je suis ici.

3. Compound past. Verbs form this tense by using the present tense of *avoir* or *être* plus the past participle. The past participle of regular verbs is formed in the following manner:

-er verbs	*parler*	becomes *parlé*	*é* is the ending
-ir verbs	*finir*	becomes *fini*	*i* is the ending
-re verbs	*vendre*	becomes *vendu*	*u* is the ending

The tense is translated in the following ways:

> *J'ai parlé*
> I spoke, I did speak, I have spoken

Most verbs are conjugated with *avoir*; this includes all non-reflexive verbs that take direct objects. Reflexives (such as *se lever*) are conjugated with *être*. A list of non-reflexive verbs conjugated with *être* appears in no. 4.

4. Agreement of the past participle in compound tenses.

   a. Verbs conjugated with *être* that are not reflexives have past participles that agree with the subject:

> *Elles sont entrées* (*entré* adds *es* because *elles* is feminine plural). Other verbs conjugated with *être* include: *aller, arriver, descendre, entrer, monter, mourir, naître, partir, passer, rester, retourner, tomber, venir,* and verbs that are built on these verbs, like *redescendre* or *devenir*. These verbs use *être* only when they do not take a direct object:

> *Je suis descendu.* but   *J'ai descendu les valises.*

   b. Verbs conjugated with *avoir* have past participles that do not agree with the subject but rather with the direct object when the direct object precedes:

> *J'ai acheté deux stylos.* (no agreement, direct object follows)
> *Je leur ai donné deux stylos.* (no agreement, indirect object precedes but direct object follows)
> *Je les ai achetés.* (agreement, direct object precedes)
> *J'en ai acheté.* (no agreement with *en*)
> *Les stylos que j'ai achetés sont bleus.* (agreement, direct object precedes)

   c. Reflexive verbs also have participles that agree only with direct objects that precede:

> *Ils se sont vus.* (*se* is a direct object)
> *Ils se sont parlé.* (*se* is an indirect object)
> *Elle s'est lavée.* (*s'* is the direct object)
> *Elle s'est lavé les mains.* (*les mains* is the direct object; it follows)
> *La jambe qu'il s'est cassée se guérit.* (*qu'* is the direct object; it precedes; it is feminine singular because it represents *la jambe*)

5. Imperfect indicative. Normally its stem derives from the *nous* form of the present indicative: drop *ons* and add the endings as indicated in verbs 1–3 of Appendix B: *-ais, -ais, -ait, -ions, -iez, -aient. Etre* is an exception; its stem *ét* is not formed from *sommes.*

The tense is translated in the following ways:

Je parlais
I spoke, I used to speak, I would speak (repeated action), I was speaking

6. Imperfect after *depuis, cela fait, il y a.* It usually indicates an action begun in the distant past and continued at a more recent moment of the past. Examples:

> *How long had you been waiting when he arrived?*
> Depuis quand attendiez-vous quand il est arrivé?
> Combien de temps cela faisait-il que vous attendiez quand il est arrivé?
> Combien de temps y avait-il que vous attendiez quand il est arrivé?

7. Pluperfect indicative. Verbs form this tense by using the imperfect of *avoir* or *être* plus the past participle. It usually is translated in the following manner:

> *J'avais parlé*
> I had spoken

8. Future. Verbs form this tense by using as a stem the infinitive of *-er* and *-ir* verbs, and the infinitive of *-re* verbs without the final *e.* To the stem are added the endings as found in the verbs of Appendix B: *-ai, -as, -a, -ons, -ez, -ont.* The tense is translated in the following ways:

> *Je parlerai*
> I shall speak, I will speak

See no. 13 for one special use of the future and future anterior.

9. Present conditional. Verbs form this tense by using the same stem used for the future: the infinitive of *-er* and *-ir* verbs, and the infinitive without the final *e* of *-re* verbs. To the stem are added the endings found in the verbs of Appendix B: -ais, -ais, -ait, -ions, -iez, -aient. The tense may be translated in the following manner:

> *Je parlerais*
> I would speak

Verbs irregular in the future are also irregular in the conditional:

> *courir* to run
> *je courrai* I shall run
> *je courrais* I would run

Sometimes the conditional replaces the present tense when the speaker wants to be more polite: *Je voudrais de la salade* is more polite than *Je veux de la salade.* Similarly in English "I would like salad" is more polite than "I want salad."

10. Past conditional. Verbs form this tense by using the present conditional of *avoir* or *être* plus the past participle. The tense may be translated as follows:

> *Elles seraient entrées.*   *Nous aurions fini.*
> They would have entered   We would have finished.

See no. 12 for the conditional of *devoir* and *pouvoir*; see no. 14 on conditions with *si*.

11. Future anterior. Verbs form this tense by using the future of *avoir* or *être* plus the past participle. The tense is usually translated in the following ways:

Elles seront entrées.

They will have entered, they shall have entered

See no. 13 for one special use of the future and future anterior.

12. *Devoir* and *pouvoir*.

When *devoir* means *to owe* it has no special uses.

When *devoir* means *must, ought* or *should,* it may present some difficulties in translation, as in the following examples:

present indicative	*Je dois partir.*	I must leave. OR
		I should leave, I ought to leave.
compound past	*Il a dû partir.*	He had to leave. OR
		He must have left.
future	*Je devrai partir.*	I shall (will) have to leave.
imperfect	*Je devais partir.*	I was supposed to leave
conditional	*Je devrais partir.*	I should leave, I ought to leave.
past conditional	*J'aurais dû partir.*	I should have left, I ought to have left.

Pouvoir means *to be able, can, could, may.* The following tenses may present difficulties in translation:

present	*Je peux partir.*	I can leave, I am able to leave, I may leave.
future	*Je pourrai partir.*	I shall (will) be able to leave, I can leave.
imperfect	*Je pouvais partir.*	I could leave, I was able to leave. (action not necessarily carried out)
conditional	*Je pourrais partir.*	I could leave. (condition not yet fulfilled)
past conditional	*J'aurais pu partir.*	I could have left.
compound past	*J'ai pu partir.*	I succeeded in leaving, I was able to leave. (action carried out)

13. Future and future anterior after *quand, lorsque, dès que, aussitôt que.* A present or past tense in English often has a future meaning after *when* or *as soon as.* It requires a future or a future anterior in French:

When we finish, we'll call you. Quand nous finirons, nous vous téléphonerons.
As soon as we have finished, we'll call you. Aussitôt que nous aurons fini, nous vous téléphonerons.

14. Tenses used in conditions with *si.* Normally three tenses are used after *si* when *si* means *if* and not *whether.*

   a. The first is the present indicative. The accompanying independent clause may contain a present indicative, a future, or an imperative tense:

Si les bénéfices *sont* grands, les actionnaires *sont* contents. (present, present)

Si les bénéfices *sont* grands, les actionnaires *seront* contents. (present, future)

Si les bénéfices *sont* grands, *soyez* contents. (present, imperative)

Even if *si* has a future meaning implied in its clause, it may not be followed by the future while it means *if* and not *whether*.

b. The second is the imperfect indicative. The accompanying independent clause has a conditional tense:

Si les bénéfices *étaient* grands, les actionnaires *seraient* contents. (imperfect, conditional)

c. The third is the pluperfect indicative. The accompanying independent clause has a past conditional tense:

Si les bénéfices *avaient été* grands, les actionnaires *auraient été* contents. (pluperfect, past conditional)

Note that a subjunctive cannot follow *si*. Furthermore, the three tenses following *si* remain the same even when the *si* clause comes last instead of first. When *si* means *whether* any indicative or conditional tense may follow.

15. Simple past. Regular verbs form the stem for this tense by dropping their *-er, -ir,* or *-re* ending. They then add to the stem the endings that follow:

-er	*-ir*	*-re*
parl ai	fin is	vend is
parl as	fin is	vend is
parl a	fin it	vend it
parl âmes	fin îmes	vend îmes
parl âtes	fin îtes	vend îtes
parl èrent	fin irent	vend irent

Consult the list of irregular verbs in Appendix B for other endings. Normally the endings of irregular verbs are the same as those of *-ir* and *-re* verbs: *-s, -s, -t, -̂mes, -̂tes, -rent* preceded by *i* or another vowel: *je lus, tu lus, il lut, nous lûmes, vous lûtes, ils lurent.*

This tense is translated and used under circumstances similar to those of the compound past with one major exception: it is not used in conversation. It is a literary tense used in fiction, history, and similar texts. See no. 19 for uses.

16. Past anterior. Verbs form this tense by using the simple past of *avoir* or *être* plus the past participle. It is translated like the pluperfect but is used as a literary tense and not in conversation:

Elle fut entrée
She had entered

17. Supercompound past. Verbs form this tense by using the compound past

of *avoir* or *être* plus the past participle. It is translated like the pluperfect but is used primarily in conversation:

> *Elle a été entrée*
> She had entered

18. Using the compound past and the imperfect together. Usually the compound past is used in one of two situations and the imperfect in one of three situations:

Compound past
a. *Narration.* An action takes place once or a definite number of times:

> J'ai vu la maison.
> J'ai frappé à la porte deux fois.
> J'ai attendu la réponse.

b. *Actions considered as a whole.* One considers a whole period of time in a statement:

> J'ai parlé anglais toute ma vie.
> J'ai toujours parlé anglais.
> J'ai joué au tennis pendant trois semaines.

Imperfect
a. *Description.* The description may be physical, mental, or abstract:

> J'étais fatigué. Il pleuvait. Je regardais la télévision, mais les émissions
> semblaient ridicules.

b. *Repeated past actions.* They occur an indefinite number of times:

> Je prenais l'autobus tous les jours.

c. *Continued action interrupted by a narrated action:*

> Je lisais quand le téléphone a sonné.

19. The simple past is distinguished from the imperfect in the same manner as the compound past is distinguished from the imperfect (see no. 18). The simple past is found in literary works, historical accounts, and so on, but not in conversation.

20. The pluperfect precedes the compound past and imperfect chronologically:

> *Ils avaient fini le travail quand nous sommes arrivés.*
> They had finished the work when we arrived.
> *Ils avaient terminé leur dîner quand nous prenions l'apéritif.*
> They had finished their dinner when we were having our cocktails.

21. The supercompound past precedes the compound past and the imperfect chronologically as does the pluperfect. It is used only in conversation, however, while the pluperfect is used in conversation or in written materials:

Après qu'ils ont eu fini le travail, nous sommes arrivés.
After they had finished the work, we arrived.
Après qu'ils ont eu terminé leur dîner, nous prenions l'apéritif.
After they had finished their dinner, we were having our cocktails.

This tense is used after conjunctions like *quand, lorsque, dès que, aussitôt que, à peine, après que,* etc.

22. The past anterior precedes the simple past and the imperfect chronologically:

Après qu'ils eurent fini le travail, nous arrivâmes.
After they had finished the work, we arrived.
Après qu'ils eurent terminé leur dîner, nous prenions l'apéritif.
After they had finished their dinner, we were having our cocktails.

This tense is not used in conversation. It appears after conjunctions such as *quand, lorsque, dès que, aussitôt que, à peine, après que,* etc.

23. Present subjunctive. Verbs usually form the stem for this tense by dropping the *-ent* from the third person plural (*ils, elles*) form of the present indicative. Add to the stem the endings *-e, -es, -e, -ions, -iez, -ent.* Irregular verbs often have *nous* and *vous* forms that are identical to their imperfect indicative forms.

Regular example: *finir*   Irregular example: *boire*
present indicative: ils finiss ent   present indicative: ils boiv ent
                                            imperfect indicative: nous buvions
                                                                  vous buviez

je finiss e   je boiv e
tu finiss es   tu boiv es
il finiss e   il boiv e
nous finiss ions   nous buv ions
vous finiss iez   vous buv iez
ils finiss ent   ils boiv ent

Note that *nous finissions* and *vous finissiez* are also the forms for the imperfect indicative of *finir.*

Some irregular verbs do not change to forms of the imperfect tense for the *nous* and *vous* subjects: example of *faire* (present: *ils font*; imperfect: *nous faisions*)

je fasse
tu fasses
il fasse
nous fassions
vous fassiez
ils fassent

See no. 31 for uses of the subjunctive, nos. 25–28 for sequence of tenses in the subjunctive and subjunctive translations.

24. Past subjunctive. Verbs form the past subjunctive by using the present subjunctive of *avoir* or *être* plus the past participle:

. . . que j'aie parlé	Translations depend on context. See no. 28.
. . . qu'elle soit entrée	Translations depend on context. See no. 28.

25. Translation of the present subjunctive. The present subjunctive is translated in a tense simultaneous with that of the main verb or in a tense taking place after the main verb:

a. *Elle doute qu'il vienne.*	She doubts that he is coming (simultaneous)
	She doubts that he will come. (takes place later)
b. *Elle doutait qu'il vienne.*	She doubted he was coming. (simultaneous)
	She doubted he would come. (takes place later)

26. When the subject is the same in both the principal clause and the subordinate clause, an infinitive may replace the subordinate clause:

Je préfère que je réussisse à l'examen. I prefer that I pass the test.

OR

Je préfère réussir à l'examen. I prefer to pass the test.

The infinitive is preferable to the subordinate clause.

27. An infinitive in English may replace a subjunctive clause that cannot be replaced by an infinitive in French:

Je voulais qu'il parte. I wanted him to go.

In French, when each clause has a different subject, an infinitive may not replace the clause, except in verbs that give a kind of command: *Je défends qu'il parte,* or *Je lui défends de partir.*

28. Translation of the past subjunctive. The past subjunctive should be translated by a tense that expresses action earlier than that of the main verb:

Elle doute qu'il soit venu. She doubts he has come, she doubts he came.
Elle doutait qu'il soit venu. She doubted he had come.

29. The imperfect subjunctive is a literary tense. It is formed by taking the *je* form of the simple past of a verb, dropping the last letter and adding the following endings: *-sse, -sses, -̂t, -ssions, -ssiez, -ssent.* Examples:

parler	*venir*
simple past: *je parlai*	simple past: *je vins*
parla sse	vin sse
parla sses	vin sses
parlâ t	vîn t
parla ssions	vin ssions
parla ssiez	vin ssiez
parla ssent	vin ssent

This tense may replace the present subjunctive (in history, literature, etc.) if the main verb is in a past tense or a conditional tense.

30. The pluperfect subjunctive is a literary tense. It is formed by taking the imperfect subjunctive of *avoir* or *être* and adding the past participle:

> . . . que j'eusse parlé
> . . . qu'elle fût entrée

This tense may replace the past subjunctive (in history, literature, etc.) if the main verb is in a past tense or a conditional tense.

31. Uses of the subjunctive. The subjunctive is normally found in a dependent clause. Its uses fall into six major categories:

1. After expressions of emotion. Examples:

> *Je regrette qu'elle soit venue.*
> *Elle est jalouse que nous ayons gagné.*
> *Vous êtes heureux que nous partions demain.*

2. After expressions of doubt or negation. Examples:

> *Nous doutons que cela soit possible.*
> *Elle nie qu'il veuille partir.*

After *croire, penser* and *espérer,* use the subjunctive when they are in the negative or the interrogative; use the indicative when they are in the affirmative or the negative interrogative:

> *Je crois qu'il viendra.*
> *Je ne crois pas qu'il vienne.*
> *Crois-tu qu'il vienne?*
> *Ne crois-tu pas qu'il viendra?*

The reasoning behind this rule is that the negative and the interrogative make it merely possible that the following statement is true; the affirmative and the negative interrogative make it probable that the statement following is true. Possibility is doubtful, probability is not. Similarly, the expressions *il est probable que, il paraît que,* and *il me semble que* take the indicative, while *il est possible que* and *il semble que* take a subjunctive.

Verbs that state a fact, like *dire, constater* and *affirmer,* take the subjunctive only in the negative:

> *Je ne dis pas que ce soit vrai.*
> *Dites-vous que c'est vrai?*

3. After expressions of wanting or ordering:

> *Je veux qu'elle aille à la banque.*
> *Ils ordonnent que nous les suivions.*
> *Elle défend que Pierre sorte.*
> *Il faut que vous restiez.*
> *Nous préférons que vous finissiez demain.*

4. After certain conjunctions, including:

bien que	*jusqu'à ce que* (and other conjunctions ending in *à ce que*)
quoique	*avant que*
pour que	*pourvu que*
afin que	*autant que* (meaning *as far as*; indicative when meaning *as much as*: autant que je sache *but* autant que vous voudrez)
à moins que	*sans que*

5. After impersonal expressions that indicate a judgment, including:

il est bon que
il est logique que
il est dangereux que

Excluded are expressions of certainty: *il est clair que, il est sûr que, il est évident que*, and so on.

6. Special cases.

a. Hortatory subjunctive. This subjunctive acts much like an imperative for the first person singular and for the third person, the subjects that do not have an imperative form. The imperative gives a direct command, like *fermez la porte*. The hortatory subjunctive expresses a wish more than a command:

Qu'ils ferment la porte. Let them close the door.
Que je puisse finir bientôt. May I finish soon.
Vive la France! Long live France!

Note that an independent clause is unnecessary with a hortatory subjunctive.

b. Words ending in *-ever* in English.

Whoever	*Qui que* vous soyez, je ne vous croirai pas.
Whomever	*Qui que* vous voyiez, ne lui dites pas mon secret.
Whatever	*Quoi que* vous disiez, je ne changerai pas d'avis.
Wherever	*Où que* vous alliez, je vous retrouverai.

Exception:

Whenever	Venez *quand* vous voudrez. (indicative)

c. Superlatives. They often represent an opinion that could change from day to day:

C'est la plus jolie femme que j'aie jamais vue.

Seul and *dernier* are considered like superlatives:

Vous êtes la seule personne qui soit capable de m'aider.

Exception:
A superlative may serve to identify someone or something rather than to give an opinion:

C'est l'homme le plus grand du groupe qui m'a parlé.

32. Imperative. The imperative gives a kind of command:

Ouvrez la fenêtre. Open the window.

It is normally formed by dropping the subject and retaining the forms of the present indicative of *tu, nous,* and *vous.* With *-er* verbs, the *tu* form drops its final *-s:*

Parle. Speak.

See no. 35 for less common forms of the imperative.

33. In the affirmative imperative, pronoun objects follow:

Ouvrez-le-lui. Open it for him (her).
Donnez-le-moi. Give it to me.
Offrez-lui-en. Offer him (her) some.
Restez-y. Stay there.

Note that the direct object pronoun always precedes the indirect object pronoun in the affirmative imperative. *Y* and *en* come last.

34. In the negative imperative, pronoun objects have their usual order in the sentence, as outlined in no. 44.

a. *Ne le lui ouvrez pas.* Don't open it for him (her).
b. *Ne me le donnez pas.* Don't give it to me.

First and second person objects always precede third person objects (example b), and third person direct objects precede third person indirect objects (example a). *Y* and *en* come last.

35. Some less common imperative forms:

a. *Vas-y.* Go there. *Va* becomes *vas* before *y* for the sake of pronunciation.
b. Reflexive verbs include their object pronoun that makes them reflexive:

levez-vous, levons-nous, lève-toi

c. *Vouloir:* veuille, voulons, veuillez. *Veuillez* has the meaning of *please:*

Veuillez vous asseoir. Please be seated.

d. *Savoir:* sache, sachons, sachez

36. Spelling changes in verb tenses.

a. Verbs ending in *-ger.* (*changer, arranger,* etc.) In forms where *g* precedes *a* or *o,* a silent *e* is inserted between *g* and *a,* or between *g* and *o* in order to preserve the soft *g* sound:

present indicative: *nous changeons*
imperfect indicative: *je changeais*
simple past: *je changeai*
imperfect subjunctive: *je changeasse*

See verb no. 31 of Appendix B.

b. Verbs ending in -*cer*. (*avancer, commencer*, etc.) In forms where *c* precedes *a* or *o*, a cedilla is added beneath that *c* in order to preserve the soft *c* sound:

present indicative: *nous avançons*
imperfect indicative: *j'avançais*
simple past: *j'avançai*
imperfect subjunctive: *j'avançasse*

See verb no. 32 of Appendix B.

c. Verbs ending in -*eler* and -*eter*. (*appeler, jeter*, etc.) The first *e* in these four-letter endings is silent. If that silent *e* is followed by a second silent *e*, then the consonant between the two silent *e's* is doubled. The result is that the first silent *e* becomes a pronounced *e*:

present indicative: *j'appelle* but *nous appelons*
future: *j'appellerai*
conditional: *j'appellerais*
present subjunctive: *j'appelle* but *nous appelions*

See verb no. 33 of Appendix B. Exception: *acheter* goes to *ète*, not *ette*.

d. Verbs ending in *e* followed by a single consonant and -*er*. (*lever, peser*, etc.) The first *e* in these four-letter endings is silent. If that silent *e* is followed by a second silent *e*, then the first silent *e* becomes *è* and is pronounced:

present indicative: *je lève* but *nous levons*
future: *je lèverai*
conditional: *je lèverais*
present subjunctive: *je lève* but *nous levions*

See verb no. 34 of Appendix B.

e. Verbs ending with an *é* before a single consonant and -*er* (*préférer, répéter*, etc.) If *é* is followed by silent *e* in the present indicative and present subjunctive, then *é* becomes *è*:

je répète but *nous répétons* and *nous répétions*

In the future and conditional tenses *é* does not become *è*, but it is pronounced as though that change had been made.
See verb no. 35 of Appendix B.

37. Subject pronouns:

je	nous
tu	vous
il	ils
elle	elles
on	

38. Direct object pronouns

me	nous
te	vous

le	les
la	les
se	se

Examples:

Il me voit. He sees me.
Je la prendrai. I shall take it. (*it* replaces a feminine noun)
Ils se comprennent. They understand each other.   or
                                    They understand themselves.

39. Indirect object pronouns:

me	nous
te	vous
lui	leur
se	se

Examples:

Il lui donne un billet. He gives him (her) a ticket.
Elles se parlent. They speak to each other.

40. Disjunctive pronouns:

moi	nous
toi	vous
lui	eux
elle	elles
soi	

These pronouns are used after prepositions, for emphasis, or for two subjects:

Il faut garder ses photos pour soi. One must keep one's photos for oneself.
Toi, tu ne sais pas de quoi tu parles. You don't know what you're talking about.
Jean et moi, nous allons au cinéma. John and I are going to the movies.
Toi et moi le ferons. You and I will do it.

41. Reflexive pronouns:

me	nous
te	vous
se	se

They are either direct or indirect objects and can change the meaning of verbs that do not require a reflexive pronoun. Examples:

lever: to lift, to raise   *se lever:* to get up
voir: to see   *se voir:* to see oneself, to see each other, to find
                                            oneself

42. The pronoun *y* replaces the preposition *à* plus something, or it indicates a place. Examples:

Je pense *à mes vacances.*   J'y pense.
Je pense *à le faire.*   J'y pense.
Je vais *à Denver.*   J'y vais.
Je mets le livre *sur la table.* J'y mets le livre.
But:
Je pense *à Marie.*   Je pense à elle.

Marie is a person and cannot be replaced by *y.*

43. The pronoun *en* replaces the preposition *de* plus something. Examples:

Je viens *de France.* J'en viens.
Je me souviens *de ce journal.* Je m'en souviens.
Je me souviens *de l'avoir fait.* Je m'en souviens.
But:
Je me souviens *de Marie.* Je me souviens d'elle.

Marie is a person and cannot be replaced by *en.* Only a collective group of persons can be accounted for by *en:*

Avez-vous vu *des soldats?* Oui, j'en ai vu.

44.   Order and placement of object pronouns (direct, indirect, *y, en*):

me					
te					
se	before	*le*	before	*lui*	before *y* before *en*
nous		*la*		*leur*	
vous		*les*			
se					

First and second person pronouns and reflexive *se* precede third person pronouns; third person direct object pronouns precede indirect object pronouns; indirect object pronouns precede *y* and *en*; *y* precedes *en*. Examples:

Il me le donne. He gives it to me.
Je le lui donne. I give it to him.
Elle l'y a rencontré. She met him there.
Il y en a. There are some.

45. Relative pronouns *qui, que* and *dont.* Relative pronouns represent or "relate to" a noun or pronoun found earlier in the sentence; the noun or pronoun coming earlier is called the *antecedent* because it comes before (*ante* in Latin means before.) *Qui* is a subject for persons and things; *que* is a direct object for persons and things; *dont* represents *de* plus something or someone. In the following examples, the relative pronoun and its antecedent are indicated:

C'est *l'homme qui* est venu ce matin.
C'est *la dame que* vous avez vue.

C'est *le produit dont* il se souvient.
C'est *la femme dont* il se souvient.

Dont may mean *whose,* as in *C'est la fille dont le père est diplomate*; or *dont* may mean *including,* as in *J'ai acheté trois disques dont un de Mozart.* Note that *dont* meaning *whose* comes after the possessor and before the person or object that is possessed.

46. *Ce qui, ce que* and *ce dont* are used in place of *qui, que* and *dont* when there is no antecedent; *ce* becomes an antecedent:

Ce qui m'intéresse est la valeur. What interests me is the value.
Je ne sais pas ce que vous voulez. I do not know what you want.
Ce dont il a besoin n'est pas clair. What he needs is not clear.

These three expressions never represent persons. See no. 45 for *qui, que* and *dont. Ce* is optional with prepositions: *Je sais de quoi* (or *ce de quoi*) *il s'agit.*

47. Interrogative pronouns *qui, que, quoi, qui est-ce qui, qui est-ce que, qu'est-ce qui, qu'est-ce que.*

a. *Qui* represents persons and animals but not things. It may be a subject or an object:

Qui êtes-vous? (subject) Who are you?
Qui voyez-vous? (direct object) Whom do you see?
Avec qui sortez-vous? (object of a preposition) With whom are you going out?

b. *Que* represents things only. It is used as a direct object.

Que voyez-vous? What do you see?

c. *Quoi* is used for things that are an object of a preposition. It does not indicate gender:

Avec quoi écrivez-vous? With what are you writing?

Sometimes *quoi* is used alone or after a verb:

Quoi? What?
Je ne sais quoi. I don't know what.

d. *Qui est-ce qui* may replace *qui* as a subject:

Qui est-ce qui est là? Who is there?

e. *Qui est-ce que* may replace *qui* as a direct object:

Qui est-ce que vous voyez? Whom do you see? (No inversion of the verb)

f. *Qu'est-ce qui* represents things only. It is used as a subject.

Qu'est-ce qui est exigé? What is required?

g. *Qu'est-ce que* is used for things that are direct objects; it is used interchangeably with *que*:

Qu'est-ce que vous voyez? What do you see? (No inversion of the verb)

48. *Celui, ceux, celle, celles.* They are the pronoun forms of *ce, cette, ces* and are sometimes translated *this one* or *that one* in the singular, and *these* or *those* in the plural. They are followed by *-ci, -là,* a relative pronoun or a preposition. One should know the gender of the noun it replaces in order to select the correct form. Examples:

> Il y a deux magasins. Je préfère *celui-ci* à *celui-là.* (this one, that one)
> Nous avons deux secrétaires. Je préfère *celle qui* travaille mieux. (the one who)
> Voici le groupe de filiales. Je parle de *celles de* Paris. (those of)

Celui-ci (and *ceux-ci, celle-ci, celles-ci*) can mean *the latter,* and *celui-là* (and *ceux-là, celle-là, celles-là*) can mean *the former.*

49. *Ceci* and *cela.* When one is unable to determine a gender for *this* and *that, ceci* is used for *this* and *cela* for *that*:

> *Je préfère ceci à cela.* I prefer this to that.

50. *Lequel, laquelle, lesquels, lesquelles.* These are pronoun forms of *quel.* They may be translated *the one, the ones which, which one(s)* (in a question), and *whom.* They are usually objects of a preposition, but they may be direct objects or subjects when they appear in questions:

> C'est le garçon *avec lequel* j'ai parlé. (with whom)
> C'est le chemin *par lequel* nous sommes rentrés. (by which)
> Elle a deux bureaux. *Lequel* préférez-vous? (which one)

The forms of *lequel* are not followed by *-ci, là,* or relative pronouns. They are followed by prepositions only in questions. This contrasts with forms of *celui,* discussed in no. 48.

When forms of *lequel* are preceded by the preposition *à* they become: *auquel, à laquelle, auxquels,* and *auxquelles.* When forms of *lequel* are preceded by the preposition *de* they become: *duquel, de laquelle, desquels, desquelles.*

51. Possessive pronouns:

le mien	les miens	la mienne	les miennes	(mine)
le tien	les tiens	la tienne	les tiennes	(yours)
le sien	les siens	la sienne	les siennes	(his, hers)
le nôtre	les nôtres	la nôtre	les nôtres	(ours)
le vôtre	les vôtres	la vôtre	les vôtres	(yours)
le leur	les leurs	la leur	les leurs	(theirs)

The person is determined by the owner. The gender and number are determined by what is possessed. Examples:

> *Elle a sa voiture, et j'ai la mienne.* (feminine singular because *voiture* is feminine singular)
> *Vous avez vos amis, et nous avons les nôtres.* (masculine plural because *vos amis* is masculine plural)

52. Possessive adjectives:

mon	ma	mes	(my)	N.B. *Ma, ta* and *sa* become *mon, ton*
ton	ta	tes	(your)	and *son* before a vowel or unpro-
son	sa	ses	(his, her)	nounced *h*.
notre	notre	nos	(our)	
votre	votre	vos	(your)	
leur	leur	leurs	(their)	

The person is determined by the owner. The gender and number are determined by what is possessed. Example:

J'aime ma voiture et mon chien. (*ma* is feminine singular to agree with *voiture*, and *mon* is masculine singular to agree with *chien*)

53. Demonstrative adjectives *ce, cet, cette, ces*:

ce monsieur	this man, that man
cet homme	this man, that man (*ce* becomes *cet* before a vowel or unpronounced *h*)
cette femme	this woman, that woman
ces hommes	these men, those men
ces femmes	these women, those women

To distinguish between *this* and *that*, and between *these* and *those*, one uses *-ci* (for *this* and *these*) or *-là* (for *that* and *those*) at the end of the noun:

Ces femmes-ci sont plus grandes que ces femmes-là. These women are taller than those women.

54. Interrogative adjectives *quel, quels, quelle, quelles*:

Quel homme engagerez-vous? Which man will you hire?
Quels hommes engagerez-vous? Which men will you hire?
Quelle femme engagerez-vous? Which woman will you hire?
Quelles femmes engagerez-vous? Which women will you hire?

55. Negation.

ne . . . pas	*Je ne sors pas.* I am not going out.
ne . . . jamais	*Je ne sors jamais.* I never go out.
ne . . . guère	*Je ne sors guère.* I hardly ever (scarcely) go out.
ne . . . rien	*Je n'ai rien.* I have nothing.
ne . . . nulle part	*Je ne vais nulle part.* I go nowhere, I don't go anywhere.
ne . . . personne	*Je ne connais personne.*
ne . . . ni . . . ni	*Ni Claire ni Marie ne part.* Neither Claire nor Marie is leaving.
	Je n'ai ni poires ni pommes. I have neither pears nor apples.
ne . . . pas non plus	*Elle ne part pas. Son frère ne part pas non plus.* She is not leaving. Her brother is not leaving either.

ne . . . plus	*Je ne pars plus.* I am leaving no more, I am not leaving any more.
ne . . . que	*Je n'ai qu'un dollar.* I have only one dollar.
ne . . . aucun	*Je n'ai aucun des articles que vous voulez.* I have none of the items you want.

56. Placement of negatives. (Negatives are listed in No. 55)

a. *With compound verbs. Ne* precedes the auxiliary verb (*avoir* or *être*), and the following negatives go between the auxiliary verb and the past participle: *pas, jamais, guère, rien,* and *plus. Ne* precedes the auxiliary, and the following negatives come after the past participle: *nulle part, personne, ni . . . ni . . .* (depends on sentence), *non plus, que,* and *aucun. Ni* goes before the word it is negating, and *que* goes before the word it is limiting. Example:

> *Je ne suis (jamais) allé (nulle part) (que) le dimanche.*
> I never went anywhere except on Sundays.
> Only on Sundays did I ever go anywhere.

b. *With direct and indirect object pronouns and y and en. Ne* precedes the object pronouns including *y* and *en: Je ne les y vois pas.* I do not see them there.

c. *With more than one negative:*

| *guère* | before | *jamais* | before | *rien* | before | *aucun* | before | *nulle part* |
| *plus* | | | | | | *personne* | | |

non plus follows all of the above

57. Comparative and superlative forms of adjectives. The comparative forms involve comparing two persons or things. Comparisons may be made by placing *moins, plus,* or *aussi* before the adjective and *que* afterward:

> *Il est moins grand que son père.* He is less tall than his father.
> *Il est plus grand que son père.* He is taller than his father.
> *Il est aussi grand que son père.* He is as tall as his father.

In the negative, *aussi* becomes *si*:

> *Il n'est pas si grand que son père.* He is not so tall as his father.

The superlative resembles the comparative, but it is preceded by the definite article. Adjectives do not change their place before or after the noun even if two definite articles are used:

> C'est *le plus petit garçon* du groupe. (*petit* precedes its noun)
> Elle est *la duchesse la plus riche.* (*riche* follows its noun)

Unusual comparatives and superlatives:

bon	meilleur	le meilleur
mauvais	plus mauvais	le plus mauvais
	or	*or*
	pire	le pire

petit   plus petit   le plus petit
              or   *or*
              moindre   le moindre (*moindre* conveys the idea of *least*)

58. Articles:

Definite	*Indefinite*	*Partitive*
le	un	du
la	une	de la
l'		de l'
les	des	des

59. The definite article may replace possessives with parts of the body or clothing: *Elle se lave les mains.* Exceptions that allow a possessive adjective:

a. more than one person:

Elle lave mes mains. She washes my hands.

b. an adjective preceding:

Elle ouvre ses grands yeux noirs. She opens her large dark eyes.

60. The partitive (forms given in no. 58) indicates a part or a portion rather than all or a whole. Examples:

Je veux des pommes. I want apples, I want some apples.
Je prendrai de la salade. I'll have salad, I'll have some salad.

The word *some* in English may translate the idea of a partitive. When we say *some apples* in the example above, it is clear that we want only a small part of all the apples in the world. This contrasts with a sentence containing a definite article:

J'aime les pommes. I like apples.

The definite article shows that the speaker is referring to apples in general, or to all apples.

In the negative, the partitive form loses the definite article after *de*:

Je ne veux pas de pommes. I don't want (any) apples.
Je ne prendrai pas de salade. I won't have (any) salad.

61. Omission of the article with nationalities, religions and occupations:

Je suis Américain. I am an American.
Nous sommes protestants. We are Protestants.
Elle est professeur. She is a teacher.

Exceptions:
An adjective preceding the noun permits use of the article:

Il est un bon ingénieur.

The contraction *c'est* takes the indefinite article:

> *C'est un comptable.* He is an accountant.

62. Omission of the article after expressions of quantity:

> *beaucoup de* pommes   *peu de* pommes
> *moins de* pommes   *plus de* pommes
> *assez de* pommes

Exceptions:

> *bien des* pommes   *la plupart des* pommes

63. Feminine of adjectives. Normally one adds *e* to form the feminine. If the masculine form already has an *e* as its last letter, then the feminine is the same:

> important, importante
> incroyable, incroyable

> *-eux* becomes *-euse:*
>> *heureux, heureuse*
> *-on* becomes *-onne:*
>> *bon, bonne*
> *-er* becomes *-ère:*
>> *premier, première*
> *-el* becomes *-elle:*
>> *réel, réelle*
> *-et* becomes *-ette* or *ète:*
>> *cadet, cadette*   *désuet, désuète*
> *-f* becomes *-ve:*
>> *neuf, neuve*
> *-eur* becomes *-euse* or *-rice* or *-eure:*
>> *flatteur, flatteuse*   *conservateur, conservatrice*
>> *supérieur, supérieure*

> *Vieux, nouveau,* and *beau* have three forms in the singular:

masculine	masculine before a vowel or silent *h*	feminine
vieux	*vieil*	*vieille*
nouveau	*nouvel*	*nouvelle*
beau	*bel*	*belle*

Compound adjective colors are invariable:

> *une robe bleu clair, une robe bleu marine* but *une robe bleue*

Unusual feminines:

> *frais, fraîche*
> *favori, favorite*
> *faux, fausse*

doux, douce
blanc, blanche
public, publique
sec, sèche

64. Plural of nouns and adjectives. Normally one adds *s* to form a plural. If the noun ends in *s, x* or *z*, the singular is the same as the plural:

important, importants
nez, nez

-ou becomes *-ous* except in 7 nouns that add *x:*

hibou bijou genou chou pou joujou caillou

-ail becomes *-aux* or *-ails:*

travail, travaux   *détail, détails*

-al becomes *-aux:*

cheval, chevaux   *cordial, cordiaux*
Exceptions: *final, finals*   *banal, banals*

-eau becomes *-eaux*

beau, beaux

65. Formation of adverbs. Normally an adverb is formed by adding *-ment* to the feminine of an adjective:

lent, lente, lentement

Adjectives whose masculine form ends in a vowel other than silent *e* add *-ment* to the masculine form:

poli, poliment   *propre, proprement* (*propre* is fem. as well as masc.)

Adjectives whose masculine form ends in *-ent* or *-ant* change the *-ent* to *-emment* and the *-ant* to *-amment*:

récent, récemment   *élégant, élégamment*

66. Comparative and superlative of adverbs. *Plus, moins* or *aussi* may be placed before an adverb to form its comparative:

Il va plus lentement que son collègue. He goes more slowly than his colleague.
Il va moins lentement que son collègue. He goes less slowly than his colleague.
Il va aussi lentement que son collègue. He goes as slowly as his colleague.

Aussi becomes *si* in the negative:

Il ne va pas si lentement que son collègue. He does not go so slowly as his colleague.

For the superlative, add *le* before *plus* or *moins*:

Il va le plus lentement que possible. He goes the slowliest possible, he goes as slowly as possible.

Unusual comparatives:

bien, mieux
mal, plus mal or *pis*
peu, moins
beaucoup, plus

67. Verbs requiring no preposition when followed by an infinitive:

aimer	paraître	savoir
aller	penser	sembler
croire	pouvoir	valoir
désirer	préférer	venir
espérer	se rappeler	vouloir

68. Verbs requiring *de* when followed by an infinitive:

accepter	empêcher	persuader
s'agir	essayer	promettre
cesser	éviter	proposer
choisir	finir	refuser
conseiller	manquer	regretter
décider	ordonner	risquer
défendre	oublier	se souvenir
demander	permettre	venir

69. Verbs requiring *à* when followed by an infinitive:

aider	encourager	se mettre
apprendre	enseigner	obliger
s'attendre	forcer	penser (to think about doing
avoir	hésiter	something)
commencer	s'intéresser	réussir
se décider	inviter	servir

70. Prepositions and verb forms following. Most prepositions take an infinitive:

J'ai peur de le faire. I am afraid of doing it.

Two notable exceptions are *en* and *après*. *En* is followed by a present participle:

On apprend ce jeu en le jouant. You (One) learn this game by playing it.

Après is followed by the past infinitive:

Après avoir dîné, nous sommes sortis. After eating dinner (or After having eaten dinner), we went out.

71. *En* and *dans* with expressions of time. *En* indicates the duration, while *dans* tells how long from now:

a. *Je préparerai le contrat en un mois.* I shall prepare the contract within a month. (i.e. it will take a month)

b. *Je préparerai le contrat dans un mois.* I shall prepare the contract a month from now. (i.e. I won't prepare it right away)

The two French sentences above are more precise than another possible English translation: "I shall prepare the contract in a month." This sentence could be interpreted in either of two ways.

72. Numbers

1–10	*11–20*	*21–30*	*31–101* (by 10's)	*300*
un	onze	vingt-et-un	trente-et-un	trois cents
deux	douze	vingt-deux	quarante-et-un	trois cent cinquante
trois	treize	vingt-trois	cinquante-et-un	trois cent quatre-vingts
quatre	quatorze	vingt-quatre	soixante-et-un	trois cent quatre-vingt-
cinq	quinze	vingt-cinq	soixante-et-onze	dix-neuf
six	seize	vingt-six	quatre-vingt-un	
sept	dix-sept	vingt-sept	quatre-vingt-onze	
huit	dix-huit	vingt-huit	cent un	
neuf	dix-neuf	vingt-neuf		
dix	vingt	trente		

1000	*1 000 000*	*1 000 000 000*
mille	un million	un milliard *or* un billion
onze cents *or* mille cent	deux millions	deux milliards *or* deux billions
deux mille		
deux mille cent cinquante		

a. Note that *et* is used for 21, 31, 41, 51, 61, 71, but not for 81, 91, 101.

b. Note that *quatre-vingts* loses its *s* when followed by another number.

c. Note that *trois cents* loses its *s* when followed by another number. This is true of any multiple of *cent*: 200, 400, 500, etc.

d. *Million* and *milliard* and *billion* are followed by *de* when the noun in question is given:

  trois millions *de* dollars

73. Fractions

1/2   un demi, une demie
1/3   un tiers
1/4   un quart
1/5   un cinquième
1/21 un vingt-et-unième

74. Arithmetic

2 *et* 2 *font* 4	addition
4 *moins* 2 *font* 2	soustraction
2 *fois* 3 *font* 6	multiplication
6 *divisé par* 3 *fait* 2	division

75. Telling time

Quelle heure est-il? What time is it?

3	A.M.	3ʰ00	Il est trois heures du matin.
3	P.M.	15ʰ00	Il est trois heures de l'après-midi
8:45 P.M.		20ʰ45	Il est neuf heures moins le quart du soir.
10:15 A.M.		10ʰ15	Il est dix heures et quart.
12:40 P.M.		12ʰ40	Il est une heure moins vingt de l'après-midi.
12:05 P.M.		12ʰ05	Il est midi cinq.
12:05 A.M.		0ʰ05	Il est minuit cinq.
6:30 P.M.		18ʰ30	Il est six heures et demie du soir.

As in English, we have a choice in French between half-past six and 6:30 P.M.:

six heures et demie or *six heures trente* (written 18ʰ30) or *dix-huit heures trente*

Train and air travel, administrative schedules, and other official time scheduling tends to be done on a 24-hour system.

76. Dates

Months:

janvier, février, mars, avril, mai, juin, juillet, août, septembre, octobre, novembre, décembre

Days:

lundi, mardi, mercredi, jeudi, vendredi, samedi, dimanche

Dates:

January first: *le 1ᵉʳ janvier* or *le premier janvier*

January 25th: *le 25 janvier* (All dates but the first of the month give the number in this manner; *do not say le 25ᵉ janvier or le 25 de janvier*)

January 11th: *le 11 janvier* (no elision of the article)

Monday January 3rd: *lundi 3 janvier* (omit the article when the day of the week precedes)

Appendix D

Abréviations ou sigles

AR   avis de réception
B.N.P.   Banque Nationale de Paris
B.O.   bulletin officiel
B.P.   boîte postale
B.P.F.   bon pour francs (on checks, etc.)
C.A.   chiffre d'affaires
C.A.C.   Compagnie des Agents de Change
C.A.F.   Coût-Assurance-Fret
C.C.I.   Chambre de Commerce et d'Industrie
C.C.I.P.   Chambre de Commerce et d'Industrie de Paris
C.C.P.   compte courant postal, compte de chèques postaux
C.D.S.   Centre des Démocrates Sociaux
C.E.C.A.   Communauté Européenne Charbon-Acier
C.E.E.   Communauté Economique Européenne
C.E.E.A.   Communauté Européenne de l'Energie Atomique
C.F.   Coût-Fret
C.F.D.T.   Confédération Française Démocratique du Travail
C.G.C.   Confédération Générale des Cadres
C.G.T.   Confédération Générale du Travail
C.I.F.   Cost-Insurance-Freight
C.I.M.   Convention Internationale Marchandise
C.I.P.   Centre International de Paris
C.M.C.C.   Crédit de Mobilisation des Créances Commerciales
C.N.E.   Caisse Nationale d'Epargne
COFACE   Compagnie Française des Assurances pour le Commerce Extérieur
C.P.   case postale
ct   courant
cv   curriculum vitae
D.O.M.   Départements d'Outre-Mer
E.D.F.   Electricité de France
enreg.   enregistrement
E.S.S.E.C.   Ecole Supérieure des Sciences Economiques et Commerciales
F.A.P. sauf   franco d'avaries particulières sauf . . .
F.A.S.   free alongside ship
FF   franc(s) français

316

F.M.I.   Fonds Monétaire International
F.O.   Force Ouvrière
F.O.B.   Free on Board
G.A.T.T.   General Agreement on Tariffs
and Trade
G.D.F.   Gaz de France
G.I.E.   Groupement d'Intérêt
Economique
G.V.   grande vitesse
H.E.C.   Hautes Etudes Commerciales
(prestigious French business school)
H.L.M.   Habitations à Loyers Modérés
H.T.   hors taxe
I.A.T.A.   International Air Transport
Association
I.L.R.   Immeuble à Loyer Réduit
INSEE   Institut National de la Statistique
et des Etudes Economiques
kg   kilo
km   kilomètre
LTA   lettre de transport aérien
man.   manuscrit(e) (handwritten)
M.R.G.   Mouvement des Radicaux de
Gauche
MWe   Megawatts electric
N.F.   nouveau(x) franc(s)
O.A.C.I.   Organisation de l'Aviation
Civile Internationale
O.C.D.E.   Organisation pour la Coopéra-
tion et le Développement Economiques
ONU   Organisation des Nations Unies
OPEP   Organisation des Pays
Exportateurs du Pétrole
P.A.P.   programme d'action prioritaire
P.C.   Parti Communiste
PCV   PerCeVoir; *téléphoner en PCV*—to
call collect, to make a collect telephone
call
PDG   Président-directeur général
P. et T.   Postes et Télécommunications
P.I.B.   Production Intérieure Brute

(France); Produit Intérieur Brut
(Canada)
P.N.B.   Produit National Brut
P.S.   Parti Socialiste
P.S.U.   Parti Socialiste Unifié
P.T.T.   Postes, Télégraphe, Téléphone.
Today it is more broad and is known
more precisely as *P. et T.*, or Postes et
Télécommunications.
PUK   Péchiney-Ugine-Kuhlmann
P.V.   petite vitesse
P.W.R.   Pressurized Water Reactor
RC   Registre de Commerce
R.P.R.   Rassemblement pour la
République
R.V.I.   Renault Véhicules Industriels
S.A.R.L.   Société à responsabilité limitée
S.I.C.A.V.   Société des Investissements à
Capital Variable (mutual fund)
S.I.C.O.V.A.M.   Société Interprofession-
nelle pour la Compensation des Valeurs
Mobilières (mutual fund)
S.m.e.   Système monétaire européen
SMIC   salaire minimum interprofession-
nel de croissance
T.E.C.   tarif extérieur commun
T.E.E.   Trans-Europe-express
T.G.V.   train à grande vitesse
T.I.R.   Transport International Routier
T.O.M.   Territoires d'Outre-Mer
TTC   toute(s) taxe(s) comprise(s)
T.U.P.   Titre Universel de Paiement
T.V.A.   taxe à la valeur ajoutée
U.D.F.   Union pour la Démocratie
Française
U.N.G.G.   Uranium Natural Gas
Graphite
U.T.A.   Union des Transports Aériens
V.R.P.   voyageur-représentant-placier (a
kind of sales representative)

Appendix E

Glossary

French-English

s'abaisser: to fall
l'abondance (f): abundance
l'abonné (m): subscriber
l'abonnement (m): subscription
s'abonner à: to subscribe to
abord, d': at first, first
aborder: to approach, to broach
s'abstenir: to abstain
l'acceptation (f): acceptance
accompagner: to accompany
accomplir: to accomplish
accorder: to grant, to give
les accords (m): agreement
l'accréditif (m): letter of credit
l'accroissement (m): increase, growth
accroître: to increase
accueillir: to welcome, to greet
l'accusé de réception (m): acknowledgement of receipt
acharné: eager in pursuit, persistent
l'achat (m): purchase
acheter: to buy
l'acide (m): acid
l'acier (m): steel; *l'acier électrique*: steel-facing, copper-plating; *l'acier fin*: cast steel from which all foreign matter is removed
l'aciérie (f): steel-works
l'acompte (m): partial payment, installment
acquérir: to acquire
l'acquit (m): receipt, discharge or release from a promise; *l'acquit de la facture*: receipt
l'actif (m): asset, assets
l'action (f): share of stock, stock; *les actions de priorité*: preferred stock; *les actions privilégiées*: preferred stock; *les actions ordinaires*: common stock; *action positive*: affirmative action
l'actionnaire (m,f): stockholder
l'actrice (f): actress
actuel: present; *actuellement*: at present
l'adhérent (m): member
adhérer: to belong to (an organization)
admettre: to admit (p.p. *admis*)
affaiblir: to weaken
les affaires (f): business
l'affiche (f): poster
affliger: to afflict
affranchir: to stamp

l'affrètement (m): charter; freighting

afin de: in order to; *afin que*: in order that

l'agence de voyage (f): travel agency

l'agent de change (m): stockbroker

l'agio (m): agio; the combination of discount, endorsement commission, and handling commission all together

s'agir de: to be a question of

l'agrafe (f): staple

l'agrafeuse (f): stapler

s'agrandir: to enlarge (oneself)

agréer: to accept, to recognize

agricole: agricultural

l'agriculteur (m): farmer, agriculturalist

l'aide (f): help, aid

aider: to help

ailleurs: elsewhere; *d'ailleurs*: moreover

aimer: to like, to love; *aimer mieux*: to prefer

ainsi: thus; *et ainsi de suite*: and so on; *ainsi que*: as well as

aisé: easy; smooth

ajouter: to add; *s'ajouter*: to be added

l'alcool (m): alcohol

l'algol (m): algol (computer language)

alimentaire: pertaining to food

l'alinéa (m): paragraph; indented line

allouer: to allocate, to distribute

alors: then; *alors que*: while

l'allumette (f): match

l'alumine (f): alumina

l'aluminium (m): aluminum

l'amélioration (f): improvement

améliorer: to improve; *s'améliorer*: to improve, to improve oneself

l'aménagement (m): development

l'amende (f): fine

amener: to bring (someone)

amiable, vente à l': private sale

l'amiante (m): asbestos, amianthus

l'amortissement (m): amortization

l'ampoule (f): light bulb

ancien: former

l'anglophone (m,f): English-speaker

l'année (f): year

l'anniversaire (m): birthday, anniversary

annonces, les petites (f): classified ads

l'annuaire (m): telephone directory

l'anthracite (m): anthracite (grade of coal)

l'appareil (m): telephone; apparatus
    l'appareil photo: camera

l'appartenance (f): belonging

appartenir: to belong

l'appel (m): call; *l'appel en PCV*: collect call; *faire appel*: to call (upon)

appliquer: to apply (something)

les appointements (m): salary

l'apport (m): contribution (capital or other assets)

apporter: to bring

apposer: to affix, to place, to put

apprendre: to learn, to teach

l'apprenti (m): apprentice

l'apprentissage (m): apprenticeship

s'apprêter: to get ready, to prepare

l'approbation (f): approval

s'approcher de: to approach

approprié: appropriate

l'appui (m): support

appuyer: to push; to support; *s'appuyer*: to support oneself

après, d': according to

arable: arable, farmable

l'arbitrage (m): arbitration

l'argent (m): money; silver; *l'argent liquide*: cash

l'argile (m): clay

l'argot (m): slang

argotique: slang

l'armateur (m): shipowner

l'armée (f): army

s'arrêter: to stop

arrhes, verser des: to place a downpayment

l'arrivage (m): arrival (for merchandise)

l'arrivée (f): arrival

l'arrondissement (m): Paris district (there are twenty Paris districts)

l'ascenseur (m): elevator

l'Assemblée générale des Actionnaires (f): general stockholders meeting

assez: enough

l'assiette (f): dish

l'assignation (f): assignment, transfer; *chèque postal d'assignation*: postal check payable by the mailman

l'associé (m): partner, associate

l'assurance (f): insurance

l'assuré (m): the insured

assurer: to insure; to assure

l'assureur (m): insurer

l'atout (m): trump; strong point

atteindre: to attain, to reach, to strike

attendre: to wait for; *s'attendre à*: to expect

atterrir: to land

attirer: to attract

au-delà: beyond

auparavant: before, formerly

auquel: see *lequel*

aussi: also; therefore

autant: as much; *autant que*: insofar as, as far as

l'autofinancement (m): ploughing back of profits into a business

l'autoroute (f): super highway; *l'autoroute à péage*: toll road

autre: other; *vous autres*: you people, your country; *autre part*: elsewhere; *quelque chose d'autre*: something else

autrefois: formerly

Autriche (f): Austria

l'aval (m): guarantee, backing (effet de commerce)

l'avance (f): advance

avant: before (adv., prep.); *avant que*: before (conj.); *avant de*: before (prep. before an infinitive)

l'avantage (m): advantage

avantageux: advantageous

l'avarie (f): damage; average

l'avenant (m): additional clause (of insurance policy)

l'avenir (m): future

avertir: to notify; to warn

l'avertissement (m): warning, notification

l'avion à réaction (m): jet

l'avis (m): opinion; notice; *l'avis de réception*: acknowledgement of receipt; *l'avis de domiciliation*: statement of bills paid by bank for client; *l'avis de prélèvement*: deduction notice

aviser: to advise, to inform

l'avocat (m): lawyer

l'avoir (m): balance; credit side

les bagages (m): luggage

le bail: lease; *le crédit-bail*: leasing

la baisse: fall, decline; *en baisse*: falling, declining

baisser: to lower; to fall

la balance commerciale: trade balance

bancaire: pertaining to banks

le banc de pêche: fishing bank

la bande dessinée: comic strip

la bande magnétique: tape, recording tape

la banlieue: suburbs

la banque: bank; *la banque à charte*: charter bank

la banqueroute: bankruptcy

le banquier: banker

baptiser: to baptize

la barrière: dam

la basse-cour: farm-yard, poultry yard

le bassin: basin

le bateau: boat; *le bateau à voile*: sailboat; *le bateau-rail*: boat-train

le bâtiment: building; building industry

la bauxite: bauxite (ore that becomes aluminum)

beaucoup: greatly, much, a lot; *beaucoup de*: many, much

le bénéfice: profit(s)

le bénéficiaire: beneficiary

bénéficier de: to benefit from

le besoin: need; *avoir besoin de*: to need

le bétail: cattle, livestock

la betterave à sucre: sugar beet

le beurre: butter

la bibliothèque: library

le bien: asset, wealth; good

le bien-être: well-being

bien que: although

bien sûr: of course

la bière: beer

biffer: to cross out

le bilan: balance sheet; *le bilan social*: social balance sheet

le billet: ticket; bill, banknote; *le billet à ordre*: promissory note

blanc: white

le blé: wheat

bleu: blue

la bobine: spool

boire: to drink

la boîte: box; can

le bon: coupon; bond; *le Bon du Trésor*: Treasury bond; *le bon de caisse*: cash voucher; *le bon de commande*: order blank

bon marché: cheap, inexpensive

bord, à: on board

bordelais: pertaining to Bordeaux

le bordereau: written statement or list (financial)

le bouleau: birch tree

la boulette: pellet, small ball

la bourse: stock exchange; purse; *la Bourse*: Stock Market; *la bourse des marchandises*: commodity exchange

boursier: pertaining to the stock market

le bouton: button

le bovin: bovine (member of the cow family)

le bris: breaking

brûler: to burn

brut: gross

le bulletin de commande: order blank

le bureau: office; desk; *la bureautique*: office equipment (*bureau* & *informatique*)

le but: goal, aim

la butte: hillock

le cabinet d'affaires: business agency

le cabotage: coasting trade; short-sea trade

le cachet: seal

le cadeau: gift

le cadre: executive; member of managerial class; space, column, box (on a form); surroundings, setting; *le cadre supérieur*: high level executive

la caisse: cashier's window; crate; checkout counter

la caisse d'épargne: savings institution

la caisse populaire: caisse populaire

le caissier: cashier; teller

la cale: hold (of a ship)

le calendrier: calendar

le camarade de classe: classmate

le cambrioleur: burglar

le camion: truck

la campagne: campaign; country, countryside; *la campagne publicitaire*: advertising campaign

le canard: duck; newspaper (slang)

le caoutchouc: rubber

capturer: to catch; to capture

la carbochimie: coal chemistry

le carbone: carbon copy; carbon paper

la carbure: carbide

la cargaison: cargo

le carnet: book; *le carnet T.I.R.*: booklet with room for the stamp of customs officials at several borders; *le carnet de chèques*: checkbook; *le carnet du jour*: day's events

la carte: map; menu

le carton: cardboard box; cardboard

le cas: case; *au cas où*: in the event that; *le cas échéant*: should the occasion arise

la case: space, box

la casse: breakage

casser: to break

la cause: cause; *à cause de*: because of

la caution: security, guarantee

célibataire: unmarried, single

celle: that; she; the one (f); *celles*: those, they, the ones; see *celui-ci* and *celui-là*.

celui: that; he; the one (m); *celui-ci*: this one; the latter; *celui-là*: that one; the former; *ceux* is the masculine plural; *celle* the feminine singular; *celles* the feminine plural.

le centime: centime (100 centimes = 1F)

la centrale: power station

le centre-ville: downtown

cependant: however

la céréale: grain

certain: certain, sure; *certains* (pronoun): some

ceux: plural of *celui*

le chah: shah

la chaîne de montage: assembly plant; assembly line

le chalutier: trawler, drifter (boat)

la chambre: room; bedroom; house of Parliament; *la chambre individuelle*: single room; *la chambre à deux lits*: double room with two beds

le champ: field

la chance: luck

le change: exchange; *le marché des changes*: exchange market (foreign currencies)

le chantier: shipyard

le chapeau: hat

chaque: each

le charbon: coal

la charge: loading; *les charges*: expenses; utilities; *les charges sociales*: worker-related expenses; social insurance and contributions paid by the employer.

le chargement: loading; shipment

le chargeur: shipper

la charte-partie: charter party

le château: castle

le chef: leader, chief, head; *le chef-comptable*: chief accountant; *le chef de service*: department manager

le chemin de fer: railroad

le cheptel: livestock

le chèque: check; *le chèque barré*: crossed check; *le chèque certifié*: certified check; *le chèque de voyage*: traveler's check; *le chèque sans provision*: overdrawn check

cher: expensive; *coûter cher*: to cost a lot, to be expensive

chercher: to seek, to look for

les cheveux (m): hair

chez: at the home of; *chez nous*: in our country, in our home

chiens écrasés, une histoire de: human interest story

le chiffre: figure, number, numeral; *le chiffre d'affaires*: sales volume

la chimie: chemistry; the chemical industry

chimique: chemical; *les produits chimiques* (m): chemicals

le chlore: chlorine
le choix: choice
le chômage: unemployment
choquer: to shock
ci-après: following; *ci-dessous*: below
ci-dessus: above
le cidre: cider
ci-joint: enclosed
le circuit fermé: closed circuit; *le circuit courant*: open circuit
la circulaire: circular letter
clair: clear; light (in color)
le classement: classification
classer: to classify, to file
le classeur: file cabinet
le clavier: keyboard
la clef: key
le client: client, customer
la climatisation: air conditioning
la clôture: closing
le cobol: cobol (computer language)
le code: code of law, code; *le code postal*: zip code, postal code
le coffre-fort: safe
le coke: coke (grade of coal)
le colis: package; *le colis avion*: air mail package; *le colis voie de surface*: surface-mail package
le colorant: dye
combien: how many, how much
le combiné: telephone receiver
la commande: order
commander: to order
le commanditaire: silent partner
la commandite: limited partnership
le commandité: active partner
comme: as; like; since
le commencement: beginning
le commerçant: merchant
le commerce: trade; commerce
la commission: commission; committee
le commissionnaire: commission agent, commission merchant
commode: convenient
la compagnie: company. N.B. In Canada *compagnie* means corporation.
le compartiment de coffre-fort: safety deposit box
la compensation: call price; clearing (clearing house)
le complément: complement
complémentaire: complementary
comporter: to allow, to call for; to comprise
composer: to dial
le comprimé: tablet

compris: past participle of *comprendre,* to understand or to include; *y compris*: including
la comptabilité: accounting
le comptable: accountant
comptant: paying immediately; *comptant contre remboursement*: C.O.D.;*vente au comptant*: cash sale; *comptant compté*: cash paid (i.e. on or before delivery); *comptant d'usage*: cash on the usual terms (i.e. within a few days)
le compte: account; *le compte courant*: open account, current account; *le compte de chèques*: checking account; *le compte d'épargne*: savings account
compter: to count; to plan
le concédant: franchiser
le concentré: concentrate
concert avec, de: together with
la concertation: concerted efforts, negotiations
la concession: franchise; concession
le concessionnaire: concessionary; car dealer; franchisee
concevoir: to conceive, to create
le concours: contest
la concurrence: competition; concurrence, agreement
le concurrent: competitor, rival
le conditionnement: wrapping
la confiance: confidence; *faire confiance à*: to trust
confier: to entrust
le conflit: conflict
confondre: to confuse
conforme à: consonant with
le congé: leave, vacation
congelé: frozen
le conglomérat: conglomerate
le congrès: conference, congress
la conjoncture: economic conditions
conjoncturel, plan: contingency plan, cyclical plan
la connaissance: knowledge
le connaissement: bill of lading
connaître: to know (a person); to be familiar with
le conseil: advice; counsel; council; *le Conseil d'administration*: board of directors; *le Conseil des ministres*: cabinet, Council of Ministers
conservateur: conservative
le consignataire: consignee; *le consignataire du navire*: ship's broker
la consigne: baggage area

le consommateur: consumer

la consommation: consumption; consummation

le constat: official statement, report

constater: to attest to, to state

construire: to build, to construct

contenir: to contain

le contentieux: legal department

le contraire: opposite, the opposite; *au contraire*: on the contrary, on the other hand

contrairement: unlike

le contrat: contract

la contravention: infraction

contre: against; *par contre*: on the other hand

le contremaître: foreman

la contre-partie: other party

le contretemps: inconvenience; mishap

le contrôleur: comptroller; examiner

convenable: suitable

convenir à: to be suitable for

convenu: agreed upon

coordonner: to coordinate

corriger: to correct

la cotation: quoting, quotation (financial)

la cote: quotation (financial)

la côte: coast; *la Côte d'Azur*: the French Riviera

le côté: side; *à côté*: next door, nearby; *à côté de*: beside

coter: to quote (on the stock market)

côtier: pertaining to the coast

la cotisation: dues; assessment; contribution; *la cotisation de sécurité sociale*: social security contribution

cotonnier: pertaining to cotton

coudre: to sew; sewing

la couleur: color

la coupure: fractional share

courant: common; current

courant, au: acquainted with the facts, up to date

couronner: to crown

le courrier: mail

le cours: stock quotation; price; *en cours de*: in the course of; *la navigation au long cours*: deep-sea navigation; *à cours limité*: on a limit order (stock market); *le cours acheteur*: amount bid; *le cours vendeur*: amount asked; *les cours extrêmes*: highs and lows

court: short

le courtage: broker's commission

le courtier: broker

le coût: cost; *le coût de la vie*: cost of living

coûter: to cost; *coûter cher*: to cost a lot

la couverture: coverage

couvrir: to cover

craindre: to fear

le crayon: pencil

la créance: credit

le crédit: credit; *le crédit-bail*: leasing

créer: to create

la crise: crisis

croire: to believe, to think

la croissance: growth

croître: to grow

le crustacé: crustacean, shellfish

le cuir: leather

le cuivre: copper

le cultivateur: farmer, cultivator

la culture: culture; cultivation

le curriculum vitae: curriculum vitae, resumé

la dactylo: typist

dactylographier: to type

la date: date; *la date limite*: deadline

se débarrasser de: to get rid of; *bon débarras*: good riddance

le débarquement: disembarkation, unloading

le débit: debit

le débiteur: debtor

le débours: disbursement; paid-on charges (sums advanced by the SNCF at the expense of the goods, either when collecting or in transit)

le déboursement: expenditure, disbursement

débourser: to disburse

le début: the beginning

décédé: deceased

la décennie: decade

le décès: death

la déchéance: forfeiture

déchoir: to fall (from grace)

la déclaration: declaration, statement; *la déclaration d'expédition*: forwarding declaration; *la déclaration de chargement*: shipping declaration

décoller: to take off (plane)

le décompte: deduction; calculation

le découvert: short, sum overdrawn, overdraft

le décret: decree

décrire: to describe

décrocher: to pick up the receiver

le dédit: forfeit

défaire: to undo; to unpack (a suitcase)

défavorable: unfavorable

défavoriser: to disfavor, to disadvantage

défectueux: having a defect

défendre: to defend; to forbid

déficitaire: having a deficit

les dégâts des eaux (m): water damage

le degré: degree

le dégrèvement: reduction, relief (taxes)

dehors de, en: outside of

déjà: already

déjeuner: to have lunch

le délai: delay; time period

le délégué: delegate

le délit: misdemeanor

demande, faire une: to request; to apply; *la demande d'admission*: application

la démarche: step (as in a procedure)

déménager: to move

demeurer: to live

démissionner: to resign

la dénomination: denomination, appelation

le département: department (much like an American state)

dépasser: to go beyond, to surpass

dépit de, en: in spite of

le déplacement: business trip

se déplacer: to travel

le dépliant: folder

déposer: to deposit; to put down (something); to drop off

le dépôt: deposit

depuis: since

le député: deputy

dérangement, en: out of order

le dérivé: derivative

dériver: to derive

dernier: last; *ce dernier*: the latter

le désavantage: disadvantage

désigner: to designate, to choose

le désistement: waiver; withdrawal

désolé: heartbroken

le désordre: disorder

desservir: to serve, to offer service to

le dessin: drawing

dessiner: to draw

le destinataire: addressee

se destiner: to be destined

le détail: detail; list; retail; *le commerce de détail*: retail selling or store

le détaillant: retailer

détailler: to list

détenir: to have, to hold (stock, bonds, etc.)

le détenteur: the holder

détruire: to destroy

la dette: debt; *dettes passives*: accounts payable; *dettes actives*: accounts receivable

devant: in front; in front of; *aller au devant de*: to go to meet

dévaster: to devastate

la devise: currency

devoir: to owe; to have to; should, ought, must

dévoué: devoted

digérer: to digest

diminuer: to diminish; to become lower; to reduce

la diminution: decrease

dire: to say

direct, en: live

le Directoire: directorate

diriger: to direct; *se diriger vers*: to go toward

discuter: to discuss; to argue

la disparité: disparity, difference

disponible: available

la disposition: disposition, condition; *à votre disposition*: at your disposal

le dividende: dividend

la division des actions: stock split

le doit: debit, debit side; amount owed

le domicile: domicile, home

la domiciliation: domiciliation

domicilier: to domicile, to make payable

le dommage: damage

les données (f): data; givens; information

dont: of which; whose; that, which; including

la douane: customs; *les droits de douane*: customs duty

douanier: pertaining to customs

douter: to doubt

le drap: sheet; *le drap de bain*: bath towel

dresser: to set up

droit, tout: straight ahead

le droit: right; law, study of law; *le droit d'inscription*: registration fee; *le droit commercial*: commercial law; *le droit au bail*: leasing right; *le droit d'achat d'actions*: stock option; stock purchase warrant; *les droits de souscription*: subscription rights

la droite: right, right-hand side

droitiste: rightist

dû: due; past participle of *devoir* (feminine: *due*; plural: *dus, dues*)

le duché: duchy

dûment: duly

la durée: duration

durer: to last

l'eau (f): water; *l'eau de vie*: brandy

l'écaille (f): shell (of an oyster)

l'échange (m): exchange (of students, etc.)

l'échantillon (m): sample

s'échapper: to get away, to escape

l'échéance (f): date of maturity, maturity

l'échec (m): failure

l'échelon (m): grade, stage

échelonner les paiements: to pay on installment or in installments

l'éclosion (f): blossoming

l'écran (m): screen

écrire: to write

l'écu: ecu, European currency unit

effacer: to erase

les effectifs (m): number of people employed in a company, personnel

s'effectuer: to take place; to be carried out

l'effet (m): effect; *en effet*: in effect; *les effets de commerce*: commercial paper (including bills of exchange, promissory notes, warehouse warrants.)

l'église (f): church

s'élargir: to grow larger, to broaden

l'élargissement (m): broadening, enlargement

l'élastique (f): rubber band

l'élevage (m): animal husbandry

élève, ancien: alumnus

élevé: high; raised

l'éleveur (m): poultry or livestock producer

élire: to elect

éloigné: far off, distant

s'éloigner: to move away (from)

élu: past participle of *élire*

l'emballage (m): packing; *port et emballage*: shipping and handling

l'emballeur (m): packer

l'embarquement (m): embarkation, loading

l'embauchage (m): hiring (especially for blue collar positions)

embaucher: to hire (especially for blue collar jobs)

émetteur: issuing (fem.: *émettrice*)

émettre: to issue (stock, etc.)

l'émission (f): issuing; TV or radio program

l'emmagasinage (m): storage

emmagasiner: to store

empêcher: to hinder, to prevent

empirer: to worsen

l'emplacement (m): placing, placement

l'emploi (m): use; job; employment

l'employé (m): employee; clerk; *l'employé de bureau*: office clerk

empressé: fervent; *salutations empressées*: faithfully yours

l'emprunt (m): loan, borrowing

emprunter: to borrow

encaisser: to cash; to bank; to collect

enchaîné: enchained

l'enchère (f): bid; *la vente aux enchères*: auction

enchérir: to make expensive

encore: yet; again; still

endommager: to damage

l'endos (m): endorsement (of a check, etc.)

l'endossement (m): endorsement

endosser: to endorse

l'endroit (m): place

énergétique: pertaining to energy

l'engagement (m): hiring; commitment

engager: to hire

l'engin tactique (m): tactical device; *l'engin stratégique*: strategical device

l'engrais (m): fertilizer

engraisser: to fatten

enlever: to take off; to take out; to pick up

l'enquête (f): survey

l'enregistrement (m): recording

enregistrer: to record

enrichir: to enrich

l'enseigne (f): mark of quality, sign

l'ensemble (m): whole, whole group

ensemble: together

entendre: to hear

entériner: to confirm, to ratify

l'en-tête (m): heading of a letter; *le papier à en-tête*: letter-head stationery

s'entraider: to help each other

entraîner: to bring about, to drag

entraver: to prevent, to hinder

entre: between, among

entreposer: to store, to warehouse

l'entrepôt (m): warehouse

entreprendre: to undertake

l'entreprise (f): business, company; *l'entreprise individuelle*: sole proprietorship

entretenir: to take care of

envers: toward (non-physical)

environ: approximately; *les environs* (m): the suburbs

envisager: to plan, to foresee

l'envoi (m): mailing, something sent, shipment

envoyer: to send

épargne, le compte d': savings account

l'épuisement (m): exhaustion, running out

épuiser: to exhaust (a supply)

l'équipe (f): team

l'escalier roulant (m): escalator

l'escompte (m): discount; *escompte de règle-ment*: early payment discount

l'espèce (f): kind; *en espèces*: in cash

l'espoir (m): hope

l'esprit (m): spirit, mind

l'essai (m): trial

essayer: to try

l'essence (f): gasoline

et . . .et: both . . . and

l'étable (f): stable

établir: to establish

l'établissement (m): establishment; institution; drawing up (of a document); creation, foundation

l'étage (m): floor

l'étape (f): step (in a procedure, etc.)

l'Etat (m): State; *l'état*: state, condition

l'été (m): summer

éteindre: to extinguish, to put out

étendre: to broaden, to extend

l'étiquette (f): label

l'étoffe (f): fabric, material

l'étoile (f): star

étonner: to astonish, to surprise

étranger: foreign; *l'étranger*: foreigner; *à l'étranger*: abroad

étroit: narrow, close

l'événement (m): event

éviter: to avoid

évoluer: to evolve

excéder: to exceed, to surpass

excédentaire: having a surplus

l'excursion (f): short trip, excursion

excursionner: to go on an excursion

l'exemplaire (m): copy

l'exercice comptable (m): accounting period

l'exigence (f): requirement

exiger: to require

expédier: to send

l'expéditeur (m): the sender, the shipper

l'expédition (f): something sent, shipment

exploiter: to farm; to make use of

l'exposant (m): exhibiter

l'exposition (f): exhibit

exprimer: to express

extérieur: exterior; foreign

l'extrait (m): excerpt

la fabrication (f): manufacture, production

la fabrique: factory

fabriquer: to manufacture

face à: opposite

la façon: way

la facturation: billing

la facture: bill, invoice; *la facture simulée* or

la facture pro-forma: pro forma invoice; *la facture d'avoir*: credit memo

le facturier: invoice book; invoice clerk

les facultés (f): goods, cargo

faible: weak

la faille: fault (geological)

la faillite: bankruptcy; *faire faillite*: to go bankrupt

faire: to make, to do; *s'en faire*: to worry about (it); *faire contraste avec*: to contrast with; *faire face à*: to face; *le faire-valoir direct*: direct development

le fait: fact; *au fait*: in fact; *le fait comptable*: accounting entry; *tout à fait*: completely

falloir: to be necessary

familial: pertaining to the family

faut: present of *falloir*

le fer: iron

le fermage: tenant-farming

la ferme: farm

le fermier: farmer

ferreux: pertaining to iron

ferroviaire: rail, pertaining to railroads

le feu: fire

la feuille: sheet of paper

le feuilleton: serial TV show

la fiducie: legal trust

fier: proud

le fil de fer: wire

la filature: spinning mill

la filiale: subsidiary

la fin: end

la firme: firm

fixe: fixed; *le fixe*: fixed salary

fixer: to inform; to set up (a date)

la fleur: flower

fleurir: to flower, to flourish

le fleuve: river

fluvial: pertaining to rivers

la foire: fair

la fois: time (one of several or of two usually)

foncier: pertaining to land or real estate

la fonction: function, role

le fonctionnaire: public servant

fonctionner: to work, to function

le fonctionnement: the working (of)

le fond: bottom; end; essence

fonder: to found

le fonds: fund; *le fonds de commerce*: business and its goodwill; *le fonds mutuel*: mutual fund

la fonte: cast steel; steel casting

le football: soccer; *le football américain*: football

le forage: drilling

le forfait: forfeit, fine; contract; *la vente à forfait*: package deal; contract sale

la formation: training; education; background (of a person); *la formation continue*: continuing education; on-the-job training

le formulaire: form

la formule de politesse: closing (of a letter)

formuler: to formulate

fort: strong

le fortran: fortran (computer language)

fournir: to supply, to furnish

le fournisseur: supplier

la fourniture: supply

fracturé: broken

frais: fresh

les frais (m): costs, expenses

franc: free

le franchisage: franchising

la franchise: exemption (from tax or duty); freedom; franchise

le franchisé: franchisee

le franchiseur: franchiser

le franchising: franchising

la francisation: registration (of a ship) in France

franco: free of expense, free

le francophone: French-speaking person

la frappe: touch (typing)

frapper: to strike; to knock; to hit

le fret: freight (payment for shipment of goods, the goods shipped, or the amount for leasing a boat)

le fréteur: freighter; charterer; owner

froid: cold

le fromage: cheese

le front: forehead

la frontière: border

le fuel: oil (especially heating oil)

fur et à mesure que, au: to the extent that, in the proportion that

la fusion: merger; consolidation

gagner: to win; to earn

la gamme: range; scale

garder: to keep

la gauche: left

gauchiste: leftist

le gaulliste: follower of de Gaulle

le gazoduc: gas pipeline

le genre: kind; gender

géothermique: geothermal

le gérant: manager

gérer: to manage

la gestion: management

le gisement: deposit (of a mineral)

la glace: mirror; glass

le golfe: gulf

le goût: taste; *goûter*: to taste

le gouvernement: government; cabinet

grand: tall; large; great; *en grande vitesse*: via passenger train; *en petite vitesse*: via freight train

gratuit: free of charge

le gravier: gravel

gré à gré, vente de: sale according to mutual agreement

le greffe: registry; clerk's office

le greffier: clerk of the court

la grève: strike; *faire la grève*: to strike; *la grève sauvage*: wildcat strike

gros: fat, large; *en gros* (fig.): in general; *acheter en gros*: to buy wholesale

le grossiste: wholesaler

le groupement: group, grouping

la guerre: war

le guichet: service window, window

s'habiller: to get dressed

le hall: lobby

le hareng: herring

la hausse: increase; rise; *en hausse*: rising

haut: high

hebdomadaire: weekly

l'hectare (m): hectare (two and one-half acres)

hériter: to inherit

l'héritier (m): heir

l'heure (f): hour; time

heureux: happy

l'hiver (m): winter

le holding: holding company

le homard: lobster

les hommages (m): homage

l'horaire (m): time schedule

l'horlogerie (f): clock and watchmaking

Hors-Cote, le marché: over-the-counter market

l'hôtesse de l'air (f): stewardess

la houille: coal

la houille blanche: hydroelectric power

la houillère: coal mine

l'huile à moteur (f): motor oil

l'huître (f): oyster

l'hydrocarbure (m): hydro-carbon

l'hypothèque (f): mortgage

l'identité (f): identity; identification

l'immatriculation (f): registration, registering

immatriculer: to register; *s'immatriculer*: to register

l'immeuble (m): apartment building

immobilier: pertaining to real estate

implanter: to implant, to establish (a business, etc.); *s'implanter*: to establish oneself

l'impôt (m): tax, taxation

l'incendie (m): fire

inclure: to include

incomber: to behoove; *la responsabilité vous incombe*: it is your responsibility; *il vous incombe*: it behooves you

inconnu: unknown

incorporel: non-physical, intangible

l'indemnisation (f): compensation

indemniser: to compensate

l'indemnité (f): indemnity, compensation, claim; allowance (for travel)

l'individu (m): individual

l'industriel (m): industrialist

inférieur: lower; inferior

l'infirmière (f): nurse

influer sur: to influence

les informations (f): news

l'informatique (f): computer science; computer services

l'ingénieur (m): engineer

l'inondation (f): flood

inonder: to flood

l'insatisfaction (f): dissatisfaction

s'intéresser à: to be interested in

l'intérêt (m): interest

intérieur: interior, domestic

l'interligne (m): space between lines

l'interlocuteur (m): speaker

l'intermédiaire (m,f): middle man, intermediary

inter-syndical: between unions

intervenir: to intervene

introduire: to introduce

l'invalidité (f): disability

l'inventaire (m): inventory; *le livre des inventaires*: balance sheet book

investir: to invest

l'investissement (m): investment

l'investisseur (m): investor

l'iode (m): iodine

l'issue (f): exit; *à l'issue de*: at the end of

jamais: never; ever

la jambe: leg

japonais: Japanese

jauge brute, tonneaux de: gross register tonnage

jaune: yellow

le jet: jet

jeter: to throw, to throw away

joindre: to join; to contact; to enclose (p.p. *joint*); *ci-joint*: enclosed

jouer: to play

jouir: to enjoy

le jour: day; *de nos jours*: at present

le journal: newspaper

juger: to judge

jumelé: joined, twinned

juridique: legal, juridical

jusque: until, up to

jusqu'à: until (prep); *jusq.* (conj.)

juste: exact, precise, right

justement: precisely

là-dessus: about that

le laïc: layman

la laine: wool

lainier: pertaining to wool

laisser: to leave; to allow

le lait: milk

laitier: pertaining to milk

le laminoir: rolling mill

le lancement: launching

la langouste: spiny lobster

large: broad, wide

le leader: leader (of a party or of a country)

le lecteur: reader

légaliste: legalistic

le legs: legacy, inheritance

lent: slow

lequel: which (*lesquels, laquelle, lesquelles* are other forms depending on gender and number; with *de* it forms *duquel, desquels, de laquelle, desquelles*; with *à* it forms *auquel, auxquels, à laquelle, auxquelles*)

lesquels: see *lequel*

la lettre: letter; *la lettre de crédit*: letter of credit; *la lettre de change*: bill of exchange; *la lettre de voiture*: consignment note; *la lettre de transport aérien*: air bill of lading

leur: their (adj.); them, to them (pronoun)

libérer: to free

la librairie: bookstore

le libre-service: self-service

le licenciement: firing; *le licenciement pour raison financière*: layoff

licencier: to fire

lier: to tie, to join

le lieu: place; *au lieu de*: instead of; *avoir lieu*: to take place

le lin: flax; linseed
la lingerie: underclothing, lingerie; linen
le lingot: ingot
la liquidation: settlement; payment; liquidation; clearance sale
liquider: to liquidate, to sell out or off
lire: to read
lisible: legible, readable
la livraison: delivery
la livre: pound
le livre: book; *le livre journal*: day book, journal (book with daily operations); *le grand livre*: ledger; *le livre des inventaires*: balance-sheet book
livrer: to deliver
le livret: passbook
le livreur: delivery man; person presenting an item
la location: rental
le logement: housing, lodging, place to live
la loi: law
loin: far
lointain: far-off, distant
les loisirs (m): leisure time
long: long; *le long de*: along, the length of
lorsque: when
le lot régulier: round lot, board lot
le lot irrégulier: odd lot
le loyer: rent
louable: praiseworthy
louer: to rent; to praise
lu: past participle of *lire*
la machine à dicter: dictating machine
la machine à écrire: typewriter
le magasin: store; warehouse; *le grand magasin*: department store; *les magasins généraux*: bonded warehouses
le magasinage: storing, storage, warehousing
le magasinier: warehouseman; storekeeper
le magnésium: magnesium
le magnétophone: tape recorder
le maillot de bain: bathing suit
la main-d'oeuvre: labor, manpower
maintenant: now
le maintien: maintenance
le maïs: corn
la maison: house
maîtriser: to master
majeur: major, important; of absolute necessity
majorer: to increase
majuscule: capital (letter)
la manche: sleeve; *la Manche*: English Channel

les manchettes (f): headlines
le mandat: money order; *donner mandat à*: to give authority to
le mandataire: authorized agent
le manifeste: manifest
la manipulation: handling
le manquant: shortage
manquer: to be lacking or missing
la manutention: handling
le manutentionnaire: storekeeper, keeper of goods stored
marchander: to bargain, to dicker
la marchandise: merchandise; *la bourse des marchandises*: commodities exchange
le marché: market; *l'étude du marché* (f): marketing study
marcher: to work, to function; to walk
la marge: margin; *la marge brute*: gross profit
le mari: husband; *se marier*: to marry
la marque: brand; *la marque de fabrique*: trademark
le matériel: material(s)
la matière: matter; *en matière de*: concerning; *la matière première*: natural resource, raw material
le matin: morning
mauvais: bad
la mécanique: mechanics
la mécanographie: use of office machines
mécontent: discontent
le mécontentement: discontent
le médecin: doctor
meilleur: better (adj.); *le meilleur*: the best; *meilleur marché*: cheaper
mélanger: to mix
même: same (adj.); self (adj.); even (adv.); *ici même*: right here
menacer: to threaten
mener: to lead
mensuel: monthly
la mer: sea
les messageries (f): parcels service
la mesure: measure; moderation
la métallurgie: metallurgy
le métayage: share-cropping
mettre: to place, to put; *mettre en oeuvre*: to put into effect; *se mettre d'accord*: to agree, to be in agreement
la métropole: metropolitan area; France (as opposed to former colonies)
le meuble: piece of furniture; *les meubles*: furniture
mieux: better (adv.); *faire de son mieux*: to do one's best; *au mieux*: at market

value, at whatever price necessary (stock market)

le milieu: middle; social setting

le millier: thousand

le minerai: ore

le minéral: mineral

minérale, l'industrie chimique (f): inorganic chemistry industry

le ministère: ministry

mirent: simple past of *mettre*

la mise en oeuvre: putting into practice

le mobilier: furniture

la modalité: clause; method (of payment); condition, term (of issue)

moins: less

la moisson: harvest

la moissonneuse-batteuse: combine-harvester

la moitié: half

le mollusque: mollusk, shellfish

le monde: world; people; *tout le monde*: everyone

mondial: pertaining to the world

monétaire: monetary

la monnaie: change (money); currency (of a country); *la pièce de monnaie*: coin; *la monnaie de compte*: money of account; *la monnaie fiduciaire*; paper money; *la monnaie métallique*: coins, metal money; *la monnaie scripturale*: deposit money

le monopole: monopoly

le monsieur: gentleman

le montant: amount; *montant compensatoire monétaire*: subsidy (C.E.E.)

monter: to go up

la montre: watch

montrer: to show

se moquer de: to make fun of

la mort: death

la morue: cod

le motif: reason, motive

le mouchoir: handkerchief; *le mouchoir en papier*: tissue

la mouille: dampness

la moule: mussel

le mouton: sheep

moyen: medium, average; *le moyen*: means; *les moyens de transport*: transportation

muet: mute, silent

municipal: municipal, of the city

le mur: wall

le musée: museum

naître: to be born

naquit: simple past of *naître*

le nantissement: collateral

le naufrage: shipwreck; *faire naufrage*: to shipwreck

le navire: ship

ne . . . aucun: no

ne . . . jamais: never

ne . . . plus: no more

ne . . . que: only

n'est-ce pas?: right? isn't that so?

né: born

négocier: to negotiate

la neige: snow

net: net (financial or weight)

nettement: clearly

nettoyer: to clean

ni . . . non plus: neither, either

nier: to deny

le niveau: level; *le niveau de vie*: standard of living

le nom: name, noun; *le nom commercial*: business name, trade name

nominatif: nominal; to a named person (check, bills of lading, and other documents made out to a specific person are *nominatif*)

nommer: to name; to nominate

la note: bill; *la note de crédit*: credit memo

nourrir: to feed; to nourish

la nourriture: food

nouveau: new; *de nouveau*: again

numéraire, en: in cash

l'obligataire (m,f): bondholder

l'obligation (f): debenture; bond; obligation

obligatoire: obligatory

obligé: obligated

obtenir: to obtain

l'occasion (f): opportunity, chance

s'occuper de: to deal with; to take care of

l'offre (f): offer; supply

offrir: to offer

l'oléoduc (m): oil pipeline

opérer: to operate (on)

l'ordinateur (m): computer

ordonner: to order

l'ordre (m): order; *l'ordre de virement*: transfer order; *à ordre*: to order (may be endorsed to someone)

l'orfèvre (m): goldsmith

l'Organisation des Nations Unies: the United Nations

l'orge (f): barley

l'orine (f): urine

ôter: to take off (something)

ou . . . ou: either . . . or

où: where; when; in which; *où que*: wherever

oublier: to forget

ouest: west, western

l'ouie (f): hearing

l'outillage (m): equipment

outre, en: moreover; *l'Outre-Mer*: overseas

l'ouvrier (m): worker

le pain: bread

pair, aller de: to go together

le palais: palace; *le Palais des Papes*: Palace of the Popes

le palier: level

le panneau: sign; billboard

la parachimie: large scale chemical production; chemical related industries

paraître: to appear

la parcelle: parcel of land

parcourir: to travel through, to wander about

pareil: similar

parfois: sometimes

le parfum: perfume; flavor

le parking: parking lot

parmi: among

la parole: word

la part: share

part, à: aside from; *de la part de*: on behalf of

le partenaire: partner

le parti: political party; side (of an argument or question)

la participation: participation, financial interest

particulier: particular; referring to individuals; *le particulier*: the individual

partir: to leave; *à partir de*: as of

paru: past participle of *paraître*

parvenir à: to succeed in; to come to (someone)

le pas: step; *le pas de porte*: leasing right; deposit for a lease

le passager: passenger

le passavant: permit

le passé: the past

passer: to spend (time)

le passif: liability; liabilities

la pâte de bois: woodpulp

la pâte dentifrice: toothpaste

les patins à roulettes (m): roller skates

le patronat: employer(s); company management

le pays: country (nation); *le pays en voie de développement*: developing country; *les Pays-Bas*: Holland

le péage: toll

la pêche: peach; fishing; *la pêche fraîche*: freshly caught fish

pêcher: to fish

le pêcheur: fisherman

peindre: to paint

la pellicule: camera film

pénal: penal, criminal

pendant: during; *pendant que*: while

la péniche: barge

percevoir: to collect

perdre: to lose

la perle: pearl

la personne morale: artificial person (e.g. company); *la personne physique*: real person

la perte: loss

peser: to weigh

petite vitesse, en: via freight train

le pétrole: oil, petroleum

la pétrolochimie: petrol chemistry

le pétrolier: oil tanker

peu: few, little; *à peu près*: approximately, about

la peur: fear; *de peur que*: for fear that

peut: present of *pouvoir*

la pièce: room; *pièce de monnaie*: coin

le pipeline: pipeline

la piste: runway, track

la place: position; place; square

le placier: salesman; canvasser

la plage: beach

se plaindre: to complain

la plaine: plain

la plainte: complaint

plaire: to please

le plan: level; plan

la planification: planning; in French government planning it is the use of medium-range economic plans

le planificateur: planner

planifier: to plan

la plate-forme: platform; *la plate-forme continentale*: continental shelf

plein: full; *en plein air*: in the open air; *en pleine forme*: in fine form, in the best of health; *en plein après-midi*: in the middle of the afternoon

pleuvoir: to rain

le pli: fold; envelope; *sous ce pli*: enclosed

plier: to fold

le plomb: lead; lead weight

la plupart de: most of; *pour la plupart*: for the most part

plus: more; *ne . . . plus*: no more; *de plus*: moreover; *plus ou moins*: more or less; *de plus en plus*: more and more; *au plus*: at the most

plusieurs: several

plutôt: rather

le pneumatique: express letter sent by pneumatic tube; tire

la pneumonie: pneumonia

le poids: weight; *le poids lourd*: tractor trailer

le point: period (punctuation)

la poire: pear

le poirier: pear tree

le poisson: fish; *les poissons de fond*: deep sea fish

la police: policy (insurance, etc.)

la politique: politics; policy (toward something or someone)

la pomme: apple

le pommier: apple tree

le pompier: fireman; firefighter

le pont: bridge; deck (of a ship)

la population active: workforce

le porc: pork

le port: port; transportation (of something); *en port payé*: prepaid; *en port dû*: postpaid; *port et emballage*: shipping and handling

portée de, à: within reach of

le portefeuille: portfolio; wallet

le porte-parole: spokesman

porter: to carry, to bring

le porteur: bearer; *au porteur*; to the bearer (this describes bills of lading, bonds and other documents payable to the bearer)

poser: to ask, to pose

positif: positive; affirmative

le poste: position, post; extension phone; television; radio; *la poste*: post office; *la poste restante*: general delivery

poster: to mail

le postier: post office clerk

le pouce: inch; thumb

le pouls: pulse

pour: for; in order to; *pour que*: in order that, so that

le pourboire: tip

le pourcentage: percentage

pourquoi: why

pourtant: however

pousser: to push

pouvoir: to be able, can; *il se peut que*: it is possible that; *le pouvoir*: power; *les Pouvoirs Publics*: government

préalable: preliminary; *au préalable*: in advance

le préavis: notice

précaire: precarious

préciser: to make precise

préconiser: to recommend

la préfecture: prefecture; police headquarters; district

préférer: to prefer

prélever: to deduct; to set aside (a portion) in advance

le prélèvement: deduction

premier: first, foremost

prendre: to take; *s'y prendre*: to go about it

le préposé au crédit: loan officer

près de: close to; *à peu près*: approximately

le Président-directeur général: president of a corporation, chief executive officer

la prescription: prescription, statute

pressé: pressed, rushed

les prestations (f): benefits

prêt: ready; *le prêt*: loan

prêter: to lend

la prévision: forecast

prévoir: to foresee

prier: to beg, to ask

la prime: bonus; option; premium

les prises en mer (f): catch from the sea

privé: private

le prix: price; *le prix de revient*: cost price

prochain: next

proche: near, close

procurer: to obtain, to procure

le producteur: producer, maker

produire: to produce

le produit: product; revenue; *les produits de mer*: seafood

la proie: prey; *tomber en proie à*: to fall prey to

profiter de: to take advantage of

profond: deep

le projet: plan

la promotion: promotion; promotional item

propos de, à: concerning

propre: clean, own

le propriétaire: owner, proprietor

la propriété: ownership

le propylène: propylene

la prorogation: extension

protéger: to protect

le protêt: protest

la provenance: origin
provenir de: to come from
les provisions (f): supplies; groceries
le prunier: plum tree
publicitaire: pertaining to advertising
la publicité: advertising publicity
publier: to publish
puis: then
puisse: subjunctive of *pouvoir*
le quai: quay, wharf, pier
quant à: as for
la quantité minima: minimum quantity
le quartier: section (of a city)
quasi: almost
quelquefois: sometimes
quelques-uns: some
quelqu'un: someone; *quelqu'un d'autre*:
    someone else
la queue: line; *faire la queue*: to wait in line
le quintal: quintal, hundred weight; *le quintal métrique*: quintal (equal to 100 kilos)
la quittance: receipt, discharge (of a debt)
quitter: to leave (something or someone)
quoi que: whatever
quoique: although
le rabais: markdown, reduction
raccrocher: to hang up
racheter: to buy back
raconter: to tell
le raffinage: refining
la raffinerie: refinery
le raisin: grape
la raison sociale: firm's name
le rang: row, level; *au troisième rang*: in
    third place
se rappeler: to remember
le rapport: report; *par rapport à*: in relation
    to
rapporter: to report; to bring back
rapprocher: to bring closer; to bring
    together
le rassemblement: assemblage, assembly
rayer: to cross out
la rayonne: rayon
réaliser: to realize; to make (a profit)
le récépissé: receipt; *le récépissé de dépôt*: acknowledgement of receipt; *récépissé-warrant*: warrant (for goods in a public warehouse)
le réceptionnaire: receiving clerk; receiving
    agent
la recette: cash received; recipe
recevoir: to receive (p.p. *reçu*)
la recherche: seeking; *les recherches:* research

rechercher: to look for, to seek
la réclamation: complaint
la réclame: advertisement
réclamer une indemnité: to file a claim
recommandé: registered; recommended
reconstruire: to reconstruct, to rebuild
recourir à: to have recourse to
le recouvrement: recovery
le reçu: receipt
recueillir: to gather, to collect
le rédacteur: editor
rédiger: to edit; to draw up; to write up
réduire: to reduce
le refroidissement: cooling
la régie: state-owned company; administration
le régime de pension: pension plan
la règle: rule
le règlement: rule, regulation; payment (of a bill)
la réglementation: regulation
régler: to regulate; to pay (a bill)
le règne: reign, rule
rejeter: to reject
relevant de: dependent upon
le relevé: statement (from bank on your transactions)
relever de: to belong to
relier: to connect
remboursable: reimburseable
le remboursement: reimbursement; *le remboursement échelonné*: reimbursement in installments
rembourser: to reimburse
le remède: remedy
le remembrement: reallocation, regrouping of land
réméré, vente à: sale with repurchase option
remettre: to hand over
la remise: handing over; discount
le repas: meal
remplacer: to replace
remplir: to fill; to fill out
la remorque: towing
remorquer: to tow
le remplacement: replacement
la rémunération: remuneration; consideration (for services rendered); payment
rémunérer: to pay, to remunerate
le rendement: yield
rendre: to return (something); *se rendre à*: to attend, to visit; *rendre visite à*: to visit (a person)
renommé: famous

la renommée: renown, fame

le renseignement: information, piece of information

renseigner: to inform

rentabilisé: made profitable

rentable: profitable

la rente: annual income under French law that resembles an annuity

renvoyer: to send back; to fire

répandre: to spread out

répartir: to divide up

la répartition: distribution

le répertoire des métiers: index of trades

le répondeur téléphonique: telephone answering device

répondre: to answer

le report: difference between cash and term prices

reporter: to carry (term market); *se reporter à*: to refer to, to consult

le représentant: sales representative

requérir: to solicit, to request

le réseau: network

le réservoir: tank, reservoir

résider: to lie, to remain, to consist

la résiliation: cancellation (of a policy)

résoudre: to resolve

la responsabilité civile: civil liability

responsable: responsible; liable

ressembler à: to resemble

le ressort: jurisdiction

la restauration rapide: fast food

le résultat: result; *comme résultat*: as a result

résumer: to summarize

retarder: to delay

retenir: to keep, to retain; to restrain

retirer: to withdraw

le retrait: withdrawal; indentation

la retraite: pension; retirement

réunir: to bring together; *se réunir*: to meet

réussir: to succeed

la réussite: success

revendre: to resell

la revente: resale

le revenu: income, revenue; yield (of an investment)

la revue: journal, magazine

rire: to laugh

la rive: bank (of a river)

le roi: king

le rôle: role

le roman: novel

rouge: red

rouillé: rusted

la rubrique: heading; headline

la rumeur: rumor

le sable: sand

sage: wise

le salaire: salary

le salarié: salaried employee

saluer: to greet

satisfaire: to satisfy

sauf: except

savoir: to know (a fact)

le scellement: seal, sealing

la scie: saw

le scientifique: scientist

se scinder: to split; *la scission*: split

la scorie: slag, scoria

la séance: session

sécher: to dry

le séchoir: dryer

le secrétariat général: secretarial staff

le sein: breast; *au sein de*: in the middle of

le séjour: stay

le sel: salt

selon: according to

la semaine: week

le sens: meaning

servir: to serve; *se servir de*: to use

seul: only (adj.)

seulement: only (adv.)

la sidérurgie: siderurgy, the metallurgy of iron and steel; steel industry

le siècle: century

le siège: seat; *le siège social*: main office (where a business is registered)

le sien (la sienne, les siens, les siennes): his, hers

le sigle: abbreviation

le signataire: signer

signifier: to signify, to mean

le silice: silica

le sinistre: disaster; casualty; accident, wreck; loss; claim

sinon: if not

la situation: job; employment

la société: society; company; N.B. In Canada *société* means partnership and does not refer to other types of businesses; *société à responsabilité limitée*: a limited liability company with attributes of both partnerships (*sociétés de personnes*) and corporations (*sociétés de capitaux*); *la société de capitaux*: company issuing stock, corporation (includes *société anonyme* and *société en commandite par actions*); *la société de personnes*: partnership without stock (includes *société en commandite simple* and *société en nom collectif*); *la société en commandite par actions*: limited partnership with stock (kind of *société de capitaux*); *la société en commandite simple*: limited partnership (no stock, kind of *société de personnes*); *la société en nom collectif*: partnership in which partners have unlimited liability (kind of *société de personnes*); *la société mère*: parent company; *les sociétés en participation*: joint ventures; *la société de fiducie*: trust company

le socle: base

la soie: silk

la soierie: silk industry

le soin: care

les soldes (m): sale; *le solde de la facture*: remainder of the bill

solidaire: jointly responsible

la somme: sum; *en somme*: in sum, in short

le stade: stadium

la souche: stub (of a check)

le souci: trouble

se soucier de: to worry about

la soude: soda

souder: to weld, welding

la souffrance: suffering

souffrir: to suffer

le soufre: sulfur

souhaiter: to wish, to want

soumettre: to submit

sous: under

le souscripteur: subscriber, underwriter

souscrire: to subscribe; *souscrire à forfait*: to underwrite

le soussigné: the undersigned

soutenir: to support

souterrain: underground

le souvenir: remembrance; souvenir

se souvenir de: to remember

souvent: often

la souveraineté: sovereignty

le stage: internship, apprenticeship

le or la standardiste: switchboard operator

stationner: to park

la sténo-dactylo: shorthand typist

le stock: supplies, sales stock

le stockage: stocking

le stylo: pen

le subordonné: subordinate

substituer: to substitute

subventionner: to subsidize

succéder: to follow, to succeed (someone or something)

la succession: estate (legal)

la succursale: branch office, branch

le sucre: sugar

le sucrier: sugar bowl

suffir: to suffice

le suffrage: suffrage, vote, right to vote; *le suffrage universel*: universal suffrage

la suite: sequel, follow up; *à la suite de*: following; *comme suite à*: following up

suivant: following

suivre: to follow; *faire suivre*: to forward

la superficie: surface area

le supermarché: supermarket

supplémentaire: supplementary, extra

supprimer: to eliminate

sur: on

surnommer: to nickname

la surprime: additional premium

la surproduction: overproduction

surtout: especially

surveiller: to watch over

survenir: to occur, to take place

survivre: to survive

sus: above

le syndicat: union

la syndicate: joint venture (Canada)

synthétiser: to synthesize

le système bancaire à succursales: branch banking system; *le système bancaire unitaire*: unit banking system

le tabac: tobacco

le tableau: table; painting; board

la taille: size

tailler: to shape

se taire: to be silent, to be quiet

le talon: heel; check stub, part of check or money order returned to the drawer of the check or money order

tandis que: while

taper: to type

tard: late

le tarif: rate; fare; tariff

la tarification: tariffication, rating

le tas: pile

le taux: rate; *le taux de change*: exchange rate

la taxe: tax (not income tax)

tel: such; *tel ou tel*: such and such

le téléviseur: television
témoigner: to witness; to attest to; to testify
le témoin: witness
tempérament, la vente à: sale on the installment plan
tempérer: to moderate, to temper
la tempête: storm
le temps: time; weather; *de temps en temps*: from time to time
la tendance: tendency
la teneur: grade (mineral)
tenir: to hold, to keep; *tenir à*: to insist on
la tension artérielle: blood pressure
la tenue: keeping (of books); dress, attire
le terrain: land, piece of land
tertiaire: tertiary
la tête: head
thermique: thermal
le thon: tuna
le tiers: third; third party
le timbre: stamp
le tiré: person or institution who pays a promissory note, a check, etc.
tirer: to draw (a check, etc.)
le tireur: drawer (of a check, etc.)
le tissage: cloth mill
le titane: titanium
le titre: stock or bond certificate; title; *à titre d'exemple*: as an example; *le titre au porteur*: bearer bond, bearer stock; *le titre de civilité*: salutation, form of address in a letter
la tôle: sheet metal
tomber: to fall
tôt: soon; early
la touche: key (typewriter)
toucher: to touch, to concern; to cash (a check, etc.); to receive
toujours: always, still
tout: all, every (adj.); *le tout*: the whole, everything; *tout de suite*: right away, immediately
la traduction: translation
traduire: to translate
le train: train; *être en train de*: to be in the middle of (doing something)
traîne, à la: lagging
traîner: to drag; to go slowly
traire: to milk; *la machine à traire*: milking machine
la traite: draft
le traité: treaty
traiter: to treat, to deal (with)

le trajet: journey, trip
tramping, la navigation au: tramping
la tranche: slice; nuclear reactor, section
le transbordement: transshipment
le transfert: transfer
la transformation: transformation; *l'industrie de transformation*: processing industry
le transitaire: transit agent
le transport: transportation
le travail: work; *les travaux publics*: public works
travailler: to work
travailleur: hard-working
le traveler: traveler's check
la traversée: crossing (ship)
traverser: to cross
le trésor: treasure; treasury
le trimestre: quarter
le troc: barter
le trombone: paper clip
se tromper: to be wrong
trop: too much
trouver: to find; *se trouver*: to be found, to be located
le tube: tube
ultérieur: later
unir: to unite, to join; *s'unir à*: to join
l'unité (f): unit
urbain: urban, pertaining to cities
l'usage (m): usage; custom; *d'usage*: customary
l'usine (f): factory
l'utopie (f): utopia
les vacances (f): vacation
la valeur: value; *les valeurs mobilières*: stocks and bonds; transferable securities; *la valeur vénale*: market value, sale value; *la valeur nominale*: par value; *la valeur nette*: net worth
la valise: suitcase
valoir: to be worth
valoir mieux: to be better; *il vaut mieux*: it is better
varié: varied, various
le veau: veal
vécu: past participle of *vivre*
la vedette: star (person)
végétal: plant (-life); vegetable (kingdom)
le véhicule utilitaire: commercial vehicle
la veille: preceding day, eve
veiller à ce que: to see to it that
la veine: vein; chance
le vendeur: salesman

la vendeuse: saleswoman
vendre: to sell
se venger: to avenge oneself
venir: to come; *venir de* (+ inf.): to have just
le vent: wind
la vente: sale
véritable: real
vers: toward
le versement: payment; deposit
verser: to pour; to pay; *verser des arrhes*: to place a downpayment
vert: green
le vêtement: article of clothing
veuillez: please (imperative of *vouloir*)
veut: present of *vouloir*
la veuve: widow
la viande: meat
la vie: life
vieux: old
la vigne: vine; vineyard; grape production
vigueur, en: in effect (a law, etc.)
la ville nouvelle: new city (created by the government)
le virement: transfer (of funds in a bank or postal account)
virent: simple past of *voir*; present of *virer*
virer: to bank, to deposit; to transfer (money)
la virgule: comma
vis-à-vis de: with respect to
le viticulteur: wine producer
la viticulture: wine production
vivre: to live
la voie: waterway; track; way; *le pays en voie de développement*: developing country
voir: to see
voisin: neighboring; *le voisin*: neighbor
la voiture: automobile; rail car; *la lettre de voiture*: consignment note
le voiturier: transporter
la voix: voice; vote
le vol: flight; theft
la volaille: poultry
le volet: shutter; part (of a check)
le volontaire: volunteer
volontiers: willingly, freely
vouloir: to wish, to want; *vouloir dire*: to mean; *veuillez*: please (plus infinitive)
voyager: to travel
le voyageur: traveler; *le voyageur de commerce*: traveling salesman
la vue: sight; view; *à vue*: on sight, immediately

le wagon: train car; wagon

English-French

about: de, sur; *about that*: là-dessus
abroad: à l'étranger
according to: selon, d'après
account: le compte; *checking account*: le compte de chèques; *open account*: le compte courant; *savings account*: le compte d'épargne
accountant: le comptable; *chief accountant*: le chef-comptable
acquire, to: acquérir
active partner: le commandité
addressee: le destinataire
admission: l'admission (f)
advantage: l'avantage (m); *to take advantage of* (an opportunity, etc.): profiter de
after: après (adv. and prep.), après que (conj.)
age: l'âge (m); *to be the same age*: avoir le même âge
agent: le courtier; l'agent (m)
ago: il y a (plus the amount of time)
agree, to: se mettre d'accord, s'accorder
agreement: l'accord (m), les accords
air conditioning: la climatisation
air mail: par avion; *air mail package*: le colis avion
all: tout; tous
allow, to: permettre
almost: presque
aluminum: l'aluminium (m)
announce, to: annoncer
another: autre
answer, to: répondre (à)
answering device, telephone: le répondeur téléphonique
anything at all: n'importe quoi
application form: la demande, le formulaire
apply, to: faire une demande, poser sa candidature
apprentice: l'apprenti (m)
approve, to: approuver
approximately: à peu près
arm: le bras
arrange, to: arranger
arrive, to: arriver
as: comme; que; *as much*: autant
asbestos: l'amiante (m)

ask, to: demander; *to ask for*: demander

asset: l'actif (m); *assets*: les actifs (several assets), l'actif (all assets considered as a whole)

at: à

authorized agent: le mandataire

avoid, to: éviter

baggage: les bagages

bankrupt, to go: faire faillite, faire banque-route

bath towel: le drap de bain

bauxite: la bauxite

be, to: être; *to be able*: pouvoir

because: parce que; *because of*: à cause de

before: avant (prep.), avant que (conj.)

begin, to: commencer

believe, to: croire

belong to: appartenir

belt: la ceinture; *seat belt*: la ceinture de sécurité

better: meilleur (adj.); mieux (adv.)

bill: le billet (bank note); la facture, la note (for a purchase)

board of directors: le Conseil d'administration

bond: l'obligation (f); *Treasury bond*: le bon du Trésor

bondholder: l'obligataire (m,f)

borrow, to: emprunter

borrowing: l'emprunt (m)

box: la boîte

branch office: la succursale

brand: la marque

break, to: casser; *to break one's arm*: se casser le bras; *broken*: cassé, fracturé

breakage: la casse, le bris; *breakage of glass*: le bris de glace

bring, to: apporter; *to bring together*: réunir

broad: large

broadcast, to: radiodiffuser

broker: le courtier; *insurance broker*: le courtier d'assurances, le courtier en assurances; *stockbroker*: l'agent de change; *ship's broker*: le consignataire du navire; *broker's commission*: le courtage

build, to: construire

building industry: l'industrie du bâtiment

burn, to: brûler

business: les affaires (f); l'entreprise (f), la firme, la compagnie

button: le bouton

buy, to: acheter

cabinet: le Conseil des ministres

can: pouvoir (verb form)

canvasser: le placier

car: la voiture

cargo: la cargaison

cash, to: toucher (un chèque)

catch, to: attraper; *to catch cold*: s'enrhumer, attraper un rhume

cause, to: causer

centimeter: le centimètre

centrist: centriste

certain: certain

change, to: changer

cheap: bon marché

checking account: le compte de chèques

chief-accountant: le chef-comptable

chief executive officer: le Président-directeur général

childhood: l'enfance (f); *childhood disease*: la maladie d'enfance

city: la ville

civil servant: le fonctionnaire

clay: l'argile (m)

clean, to: nettoyer

coal: le charbon; *coal mine*: la mine de charbon, la houillère

code: le code; *criminal code*: le code pénal

coin: la pièce de monnaie

collateral: le nantissement

collect, to: toucher (a salary)

collect phone call, to make a: téléphoner en PCV

collectively responsible: solidaire

come, to: venir

comic strip: la bande dessinée

commission: la commission; *broker's commission*: le courtage; *commission agent*: le commissionnaire

common stock: les actions ordinaires (f)

company: la compagnie, la firme, l'entreprise, la société

competition: la concurrence

concern, to: concerner, toucher (à)

concerted efforts: la concertation

conflict: le conflit

conservative: conservateur, -trice

consignee: le consignataire

consular invoice: la facture consulaire

consumption: la consommation

continental shelf: la plate-forme continentale

contract: le contrat

contribution: l'apport (m); *social security contribution*: la cotisation à la sécurité sociale

coordinate, to: coordonner

copper: le cuivre

copy: l'exemplaire (m) (of a publication)
corporation: la société anonyme; la société de capitaux
cost price: le prix de revient
could: pouvoir
count, to: compter
course, of: bien sûr, bien entendu
cover, to: couvrir
coverage: la couverture
credit card: la carte de crédit
criminal code: le code pénal
crisis: la crise
crown, to: couronner
current: actuel
customs: la douane (at a border); *customs office*: le bureau de douane; *customs duty*: les droits de douane (m); *customs declaration*: la déclaration en douane
damage: le dommage; *water damage*: les dégâts des eaux (m)
day: le jour; *day's events*: le carnet du jour
dealer: le concessionnaire
death: la mort; le décès
declaration: la déclaration
decline: la baisse, le déclin
deep: profond
delivery: la livraison; *special delivery*: par exprès
deposit: le dépôt (bank, etc.); le gisement (minerals, etc.)
depositor: le déposant
deputy: le député
deserve, to: mériter
desk clerk: l'employé de bureau (m)
destined, to be (for): se destiner à
dial, to: composer
dictating machine: la machine à dicter
difficult: difficile
directorate: le Directoire
directory: l'annuaire (m)
disapprove, to: désapprouver
disaster: le sinistre (insurance)
discount rate: le taux d'escompte
discuss, to: discuter
disease: la maladie
distribution: la répartition
dividend: le dividende
do, to: faire
domestic market: l'intérieur (m); le marché intérieur
double: double
draw up, to: rédiger
drilling: le forage
driver's license: le permis de conduire

during: pendant, lors de
duty: les droits (m)
east: est
easy: facile
economy: l'économie (f)
effects, personal: les effets personnels (m)
effort: l'effort (m)
either: ni . . . non plus (negative sense)
elect, to: élire
election: l'élection (f)
elegant: élégant
employ, to: employer
employees: le personnel, les effectifs
employer: le patronat; l'employeur (m)
encourage, to: encourager
energy: l'énergie (f); énergétique (adj.)
enough: assez (de)
enter, to: entrer (dans)
erase, to: effacer
especially: spécialement, surtout
establish itself, to: s'installer
event: l'événement (m)
every: chaque; *everyone*: tout le monde; *everything*: tout
example: l'exemple (m); *as an example*: à titre d'exemple
except: sauf, excepté
exchange, to: changer (money)
exchange market: le marché des changes
exchange rate: le taux de change
executive: le cadre
exercise: l'exercice (m)
exercise, to: exercer; *to exercise an option*: consolider un marché à prime, lever une prime
expensive: cher
experience: l'expérience (f)
export: l'exportation (f)
exporter: l'exportateur (m)
eyesight: la vue
falling market: le marché en baisse
few: peu
figure: le chiffre (number); la figure
fill, to or to fill out: remplir
find, to: trouver
fine: l'amende (f)
fire: l'incendie (m)
firm: la firme
first: le premier, la première
fisherman: le pêcheur
fixed salary: le fixe
flight: le vol
foreman: le contremaître
form: le formulaire

formality: la formalité
former: ancien
formerly: autrefois
forward, to: faire suivre
found, to: fonder
free of charge: gratuit
furniture: le mobilier
future: l'avenir (m); futur (adj.)
garden: le jardin
gas: le gaz; *gas pipeline*: le gazoduc
gasoline: l'essence (f)
gasoline station: la station service
general: général; *general delivery*: la poste restante; *general stockholders meeting*: l'Assemblée générale des actionnaires
geothermal: géothermique
get, to: recevoir; obtenir; prendre
give, to: donner
glance, to: jeter un coup d'oeil (à)
go, to: aller; *to go bankrupt*: faire faillite; *to go down*: baisser (stock market)
government: le gouvernement (includes prime minister and other ministers); les Pouvoirs Publics (broad sense)
great: grand
growth: la croissance
guarantee, to: garantir
half: la moitié
hand: la main; *on the one hand . . . on the other hand*: d'une part . . . d'autre part
handling: la manutention
handsome: beau
happy: heureux
have, to: avoir; *to have just*: venir de; *to have to*: avoir à, devoir; *to have* (something done): faire
headline: la manchette, la rubrique
hearing: l'ouïe (f)
help, to: aider
her: son, sa, ses; *hers*: le sien, etc.
here: ici
high: élevé; *high level*: supérieur (adj.)
him: le; lui
his: son, sa, ses; le sien, etc.
hit, to: frapper
hold, to: détenir (stock)
holder: le détenteur
hour: l'heure (f)
how: comment; *how much*: combien; *how many*: combien (de)
however: pourtant, cependant
human interest story: une histoire de chiens écrasés

Human Relations Department: Le Département des Relations Humaines
if: si
immediate: immédiat; *immediate payment market*: le marché comptant
important: important
importer: l'importateur (m)
improve, to: s'améliorer
inch: le pouce
include, to: comprendre, inclure; *including*: y compris
increase, to: s'augmenter, augmenter
indicate, to: indiquer
industry: l'industrie (f)
inform, to: informer
information: les renseignements; *information desk*: le bureau de renseignements
instead of: au lieu de
insufficient: insuffisant
insurance: l'assurance (f)
insured, the: l'assuré(e)
insurer: l'assureur (m)
intelligent: intelligent
interest: l'intérêt (m)
inventory: l'inventaire (m)
invest, to: investir
investment: l'investissement (m)
issue, to: émettre
job: l'emploi (m)
join, to: s'adhérer à; s'unir à
joint venture: la société en participation
journey: le trajet
key: la touche (typewriter)
kilogram: le kilo, le kilogramme
kind: la sorte
know, to: savoir
label: l'étiquette (f)
lack, to or to be lacking: manquer
large: grand, gros
late: en retard; récent
latest: dernier, le plus récent
latter: celui-ci, celle-ci, ceux-ci, celles-ci
law: la loi
lawyer: l'avocat(e)
lead, to: mener
leader: le leader; le chef
leanings: les tendances (f)
learn, to: apprendre (p.p. appris)
lease: le bail; *leasing*: le crédit-bail
least: moindre
leave, to: partir; laisser (someone or something)
left: la gauche

leftist: gauchiste
lend, to: prêter
lender: le prêteur
less: moins
letter: la lettre
letterhead paper: le papier à en-tête
like, to: aimer; *to be liked by someone*: plaire à quelqu'un; *I like that*: j'aime cela, cela me plaît (object or person liked becomes the subject)
limit, to: limiter
limited: limité
little: peu de
live: en direct
loading: le chargement
loan: le prêt
lobby: le hall (of a building)
long: long
longer, no: ne … plus
look, to: regarder; *to look for*: chercher; *to look out onto*: donner sur
lose, to: perdre
loss: la perte
low: bas
lower, to: baisser
magazine: la revue, le magazine
magnesium: le magnésium
maid: la bonne
mail: le courrier
mail, to: poster
make, to: faire; *to make fun of*: se moquer de; *to make a collect phone call*: téléphoner en PCV
manage, to: gérer
management: la gestion, le management
manager: le gérant, le manager
manpower: la main-d'oeuvre
manufacture: la fabrication
many: beaucoup de
market: le marché
material: le matériel
meeting, general stockholders: see *general*
member: l'adhérent (m), le membre
merchandise: la marchandise
message: le message
middle: le centre, le milieu; *to be in the middle of*: être en train de; *in the middle of the night*: en pleine nuit
mine: la mine; *coal mine*: la mine de charbon, la houillère
ministry: le ministère
money: l'argent (m)
month: le mois

more: plus, plus de; *more or less*: plus ou moins; *more and more*: de plus en plus
mortgage: l'hypothèque (f)
mother: la mère
move away from, to: s'éloigner de
much: beaucoup (de); *as much*: autant (de)
my: mon, ma, mes
myself: moi-même
name: le nom
narrow: étroit
natural resources: les matières premières, les ressources naturelles
necessary: nécessaire
necklace: le collier
need: le besoin
need, to: avoir besoin de
network: le réseau
new: nouveau, nouvel, nouvelle
new city: la ville nouvelle
newspaper: le journal
news program: les informations (f), les nouvelles (f)
next: prochain; *next door*: à côté
none: aucun(e), ne … aucun(e)
nothing: rien, ne … rien
notice: l'avertissement (m); *seven day notice*: le préavis de sept jours
now: maintenant; *from now*: d'ici
number: le nombre; le chiffre; le numéro; *number of people employed in a firm*: les effectifs
observe, to: observer
offer, to: offrir
office: le bureau
oil: le pétrole; le fuel (especially home heating oil); *oil pipeline*: l'oléoduc (m)
only: seulement; ne … que
OPEC: OPEP
open, to: ouvrir (p.p. ouvert)
open account: le compte courant
opinion: l'avis (m), l'opinion (f)
opportunity: l'occasion (f); l'opportunité (f)
option: la prime; *to exercise an option*: consolider un marché à prime, lever une prime
ore: le minerai
other: autre
overdrawn sum: le découvert
Over-the-counter market: le Marché Hors-Cote
owe, to: devoir
own: propre (placed before noun)
own, to: posséder

package: le colis, le paquet; *air mail package*: le colis avion; *surface mail package*: le colis voie de surface

paper: le papier; *paper clip*: le trombone

par: see *par value*

park, to: stationner

parking lot: le parking, le parc de stationnement

Parliament: le Parlement

part: la partie

par value: la valeur nominale

partner: l'associé (m), le partenaire. See *active* and *silent.*

party: le parti (political)

pay, to: payer

people: les gens (m, f)

percentage: le pourcentage

permit: le passavant (customs)

phone: le téléphone; *extension phone*: le poste; *phone jack*: le conjoncteur

pipeline: le pipeline; *oil pipeline*: l'oléoduc (m); *gas pipeline*: le gazoduc

place: le lieu; l'endroit (m)

plan: le plan

planner: le planificateur

pleasant: agréable

please, to: plaire à

pneumonia: la pneumonie

point of view: le point de vue

policy: la police (insurance); la politique

political: politique

poor: pauvre, mauvais (quality, etc.)

port: le port; *river port*: le port fluvial; *sea port*: port maritime, port de mer

portfolio: le portefeuille

power: le pouvoir; *power station*: la centrale

prefer, to: préférer, aimer mieux

preliminary: préalable

premium: la prime

present: actuel; présent

present, to: présenter

president: le président; *president of a corporation*: le Président-directeur général

pressure: la pression

price: le prix; *cost price*: le prix de revient

probable: probable

profit: le bénéfice

profitable: rentable

program: l'émission (f) (on television or radio)

protect, to: protéger

province: la province

public: le public

pulse: le pouls

purchase: l'achat (m)

push, to: pousser, appuyer

put, to or *to put on*: mettre

quality: la qualité

quotation: le cours (financial)

radio: la radio, le poste

rate: le taux; le tarif

rather: assez, plutôt

receipt: le récépissé; le reçu, la quittance, l'acquit (m) de la facture

receive, to: recevoir (p.p. reçu)

recent: récent

record, to: enregistrer

reduce, to: réduire; *at the reduced rate*: au tarif réduit

reduction: la remise

refuse, to: refuser

regulate, to: régler

rent: le loyer

rent, to: louer

rental: la location

report: le rapport

report, to: rapporter

representation: la représentation

require, to: exiger

responsible: responsable. See *collectively.*

result: le résultat; *as a result*: comme résultat

retail: le détail

retailer: le détaillant

return receipt: l'avis de réception (m)

reveal, to: révéler

rich: riche

right: la droite; *right away*: tout de suite

rise, to: être en hausse (stock market)

rise: la hausse

room: la chambre; *room with two beds*: la chambre à deux lits; *single room*: la chambre individuelle

rubber band: l'élastique (f)

sad: triste

safe: le coffre-fort; *safe deposit box*: le compartiment de coffre-fort

sailboat: le bateau à voile

salesman: le vendeur; le représentant (sales representative); le V.R.P.; *traveling salesman*: le voyageur

sales representative: le représentant

sales volume: le chiffre d'affaires

saleswoman: la vendeuse

sample: l'échantillon (m)

sand: le sable

satisfied: satisfait, content

savings account: le compte d'épargne

say, to: dire

security: la caution (financial sense, similar to collateral)
seem, to: sembler
sell, to: vendre
send, to: envoyer (future: j'enverrai, etc.)
serial TV show: le feuilleton
settlement: la liquidation (financial)
seven: sept
several: plusieurs
share of stock: l'action (f)
sharpener, pencil: le taille-crayon
sheet: le drap
ship's broker: le consignataire du navire
shipment: l'expédition (f)
shipowner: l'armateur (m)
shortage: le manquant
shorthand typist: la sténo-dactylo
should plus *verb*: usually the conditional of *devoir* plus the infinitive; *should have* plus the *past participle*: past conditional of *devoir* plus the infinitive
show, to: montrer
showing signs of having been used: usagé
sign, to: signer
silent partner: le commanditaire
similar: pareil, semblable
situation: la situation
six: six
size: la taille
slang: l'argot (m)
so: si; *so on*: ainsi de suite; *so that*: pour que
social security contribution: la cotisation de sécurité sociale
sometimes: quelquefois
sorry, to be: être désolé
source: la source
sovereignty: la souveraineté
speak, to: parler
special: spécial
special delivery letter, to send a: envoyer une lettre par exprès
spend, to: passer (time)
split: la scission; *to split*: se scinder
stagflation: la stagflation
stamp, to: affranchir (a letter, etc.)
star: l'étoile (f)
start, to: commencer
stay: le séjour
stay, to: rester
stock: l'action (f) (share of stock); le stock (stock in a warehouse, etc.)
stockbroker: l'agent de change (m)
stock certificate: le titre

stock exchange: la bourse
stockholder: l'actionnaire (m,f); *Stockholders' Meeting*: l'Assemblée Générale des Actionnaires (f)
Stock Market: la Bourse
stop, to: s'arrêter
storage: le magasinage
store: le magasin
street: la rue
strike: la grève
strike, to: faire la grève (unions)
strong: fort
subject: le sujet
subscribe to, to: s'abonner à
subscriber: l'abonné(e)
subsidiary: la filiale
succeed, to: réussir (à); *succeeded in*: compound past or simple past of *pouvoir* plus the *infinitive,* or réussir à
such: tel; *such and such*: tel ou tel; *such as*: tel(s) que, telle(s) que
suffrage: le suffrage
suitable: convenable, approprié
sulfur: le soufre
sum: la somme; *overdrawn sum*: le découvert
supermarket: le supermarché
supplies: les provisions (f) (food), la fourniture (office)
support, to: soutenir
suppose, to: supposer
surface mail package: le colis voie de surface
take, to: prendre; *to take off*: décoller (airplane); *to take out*: enlever, sortir
talk, to: parler
tape: la bande magnétique
tax: l'impôt (m); la taxe
taxation: l'impôt (m), l'imposition (f)
team: l'équipe (f)
telegraph money order: le télégramme-mandat
telephone: le téléphone; *telephone answering device*: le répondeur téléphonique
tell, to: dire; raconter
temporary: temporaire
ten: dix
tendencies: les tendances (f)
terms: les termes (m); les clauses
than: que; de (before numbers)
thank, to: remercier
thanks: merci; *thanks a million*: merci mille fois (thousand)
that: cela (pronoun)
theft: le vol

their: leur, leurs
then: alors, à ce moment-là, puis
think, to: penser
third party: le tiers
three: trois; *three times*: trois fois
through: par, à travers
ticket: le billet
time: la fois (number of times); le temps
together: ensemble
too much: trop; *too*: trop (adv.)
trade: le commerce
training: la formation
transferable securities: les valeurs mobilières (f)
transferring: le transbordement
transit, in: en transit
transit agent: le transitaire
transport, to: transporter
traveler: le voyageur; *traveler's check*: le chèque de voyage, le traveler
treat, to: traiter (de)
trump: l'atout (m)
twice: deux fois
two: deux
typewriter: la machine à écrire
understand, to: comprendre
undertake, to: entreprendre
undo, to: défaire
unemployment: le chômage
unhappy: mécontent
union: le syndicat (labor); l'union (f)
universal: universel
until: jusqu'à (prep.), jusqu'à ce que (conj.); *until executed*: à révocation
use: l'emploi (m)
use, to: utiliser, employer
vacation: les vacances (f)
very: très

view: la vue
vote, to: voter
want, to: vouloir, désirer
war: la guerre
warehouse: l'entrepôt (m); *general warehouses*: les magasins généraux (m)
warehouseman: le magasinier
watch over, to: surveiller
water damage: les dégâts des eaux (m)
way: la façon; *in this way*: de cette façon
weak: faible
weeks, two: quinze jours, deux semaines
weigh, to: peser
weight: le poids
well: bien
Western: de l'Ouest, occidental
what: quoi, qu'est-ce que, qu'est-ce qui, ce qui, ce que, ce de quoi, ce dont, (all of these are pronouns); quel (adjective)
when: quand, où
where: où
wholesaler: le grossiste
why: pourquoi
wide: large
wildcat strike: la grève sauvage
window: la fenêtre; le guichet
with: avec
withdrawal: le retrait (bank, etc.)
woodpulp: la pâte de bois
work: le travail
work, to: travailler
worker: le travailleur, l'ouvrier (m)
worry, to (about it): s'en faire, s'inquiéter de
worth, to be: valoir
worst: le *or* la pire
year: l'an (m), l'année (f)
yield: le rendement

Appendix F

Select Bibliography

The following works have been helpful sources for this text. Those with asterisks have been cited in the text or suggested as supplementary readings in the "Approfondissement" exercise of section 2 of the chapters. All were in print in 1980.

Books on France and French Terminology

*Aide-Mémoire Dunod. See Rideau and Pécoup.

ALBERTINI, JEAN-MARIE. *L'Economie française-initiation.* Paris: LeSeuil, 1978.

*BALESTE, M. *L'Economie française.* 4ᵉ edition. (Collection géographique) Paris: Masson, 1976.

BALESTE, M. and L. PERNET. *Histoire-Géographie 3ᵉ.* Paris: Hachette, 1980.

*BOUREAU, J. et al. *Commerce.* 2 vols. Paris: Foucher, 1956.

La Bourse en 100 questions. Publication of the Compagnie des Agents de Change. (Address in appendix A)

CLAS, A. and P. HORGUELIN. *Le Français, langue des affaires.* Montréal: McGraw-Hill, 1979.

CRESSON, B. *Introduction au français commercial.* Paris: Didier, 1972.

DANY, M. et al. *Le Français des hommes d'affaires.* Paris: Hachette, 1975.

*FROMENT, R. and S. LERAT. *La France.* Tome 1 *Géographie économique.* Montreuil: Bréal, 1977.

*GARNIER, P. *Comptabilité commerciale.* 4ᵉ édition (Dunod entreprise). Paris: Dunod, 1972.

Géographie économique de la France. (Collection "Que sais-je", no. 1239) Paris: Presses Universitaires de France.

HOLVECK, A. et al. *Correspondance commerciale.* Paris: Delagrave, 1975.

*MAUGER, G. and J. CHARON. *Le Français commercial.* Tome 1. Paris: Larousse, 1975.

MICHAUD, G. and G. TORRÈS. *Nouveau Guide France.* Paris: Hachette, 1974.

*PRÉVOT, V. et al. *Connaissance de la France.* Paris: Belin, 1969.

*RAPIN, A. *Cours de commerce.* 13ᵉ édition. Paris: Dunod, 1976.

*RIDEAU, M. and J. PÉCOUP. *Commerce.* 2 vols. (Aide-Mémoire Dunod). Paris: Dunod, 1969 and 1971.

SAFRAN, W. *The French Polity.* New York: McKay, 1977.

*SAINMONT, M. and J. VATIN. *Le Commerce et les documents de l'entreprise.* (Collection Claude Burgod). Paris: Foucher, 1953.

Numerous publications of the French Embassy and French government agencies.

Books on Canada, Quebec, and French Canadian Terminology

ARMSTRONG, M. *The Canadian Economy and its Problems.* 2nd ed. Englewood Cliffs, NJ: Prentice-Hall, 1977.

Les Banques à charte du Canada. 1979. (Also available in English: *The Chartered Banks of Canada*). Publication of the Canadian Bankers' Association. (Address in appendix A)

BÉGUIN, LOUIS-PAUL. *Vocabulaire correctif des assurances.* (Cahiers de l'Office de la Langue Française, no. 16). 1972. (Address in appendix A)

Canadian Minerals and International Economic Interdependence. (Mineral Policy Series). New York: Unipub, 1978.

CAPRON, J. et al. *Lexique de la bourse et du commerce des valeurs mobilières.* Anglais-Français. (Cahiers de l'Office de la Langue Française, no. 17). (Address in appendix A)

*COLLARD, E. A. *Du Tableau noir à l'électronique (Chalk to Computers).* 1974. Publication of the Montreal Stock Exchange; text in French and English. (Address in appendix A)

DEVINDEX. *Canada.* New York: Unipub, 1978.

ELLIOTT, J. *Two Nations, Many Cultures: Ethnic Groups in Canada.* Englewood Cliffs, NJ: Prentice-Hall, 1979.

FELDMAN, E. and N. NEVITTE, eds. *The Future of North America: Canada, the United States and Quebec Nationalism.* (Studies in International Affairs no. 42) Cambridge, MA: Harvard University International Affairs, 1979.

HOROWITZ, G. *Canadian Labour and Politics.* Toronto: U. of Toronto Press, 1968.

LAROUCHE, L. and J.-Y. PILON. *Terminologie de la gestion. Les Organigrammes.* (Cahiers de l'Office de la Langue Française, no. 24). 1974. (Address in appendix A)

LEBLANC, A. and J. THWAITES. *Le Monde ouvrier au Québec.* Québec: Presses de l'Université du Québec, 1973. (a bibliography)

RICOUR, P. et al. *Lexique de la banque et de la monnaie.* Anglais-Français. (Cahiers de l'Office de la Langue Française, no. 14). 1978. (Address appendix A)

SMYTH, J. E. and D. A. SOBERMAN. *Law and Business Administration in Canada.* 3rd ed. Englewood Cliffs, NJ: Prentice-Hall, 1976.

*"Systèmes bancaires canadien et américain: quelques comparaisons," *Bulletin abc.* Vol. 15, no. 4, novembre 1972. Available from the Canadian Bankers' Association in French or English. (Address in appendix A)

Le Ticker et tout le reste. (Also available in English: *Ticker tape and all that*) Available from the Toronto Stock Exchange. (Address in appendix A)

VILLERS-SIDANI, M.-E. et al. *Vocabulaire de l'économie.* 1975. Publication of the Office de la Langue Française. (Address in appendix A)

Numerous publications provided by the Quebec Government House, the Canadian Embassy, and several government agencies.

Magazines Published in France

L'Entreprise

*L'Expansion

*L'Express

*Le Nouvel Economiste

*Le Nouvel Observateur

Le Point

Problèmes économiques

French Newspapers

Les Echos

Le Monde

American Business Practices

*BOONE, L. E. and D. L. KURTZ. *Contemporary Business.* Hinsdale, IL: Holt, Rinehart, Winston (Dryden Press), 1976.

*MURPHY, H. A. and C. E. PECK. *Effective Business Communications.* New York: McGraw-Hill, 1976.

*RACHMAN, D. J. and M. MESCON. *Business Today.* New York: Random House, 1976.

TAFF, CHARLES. *Management of Physical Distribution and Transportation.* 1978.

Dictionaries

ANDERLA and SCHMIDT-ANDERLA. *Dictionnaire des affaires anglais-français, français-anglais.* Paris: Delmas, 1972.

DERENTY, I. *Lexique quadrilingue des affaires.* Paris: Hachette, 1977.

KETTRIDGE, J. O. *French-English and English-French Dictionary of Commercial and Financial Terms, Phrases and Practices. Dictionnaire français-anglais et anglais-français des termes, locutions, formules de commerce et finance.* London: Routledge and Kegan Paul, 1976.

PÉRON, M. et al. *Dictionnaire français-anglais anglais-français des affaires.* Paris: Larousse, 1968.

SERVOTTE, J. V. *Dictionnaire commercial et financier.* Verviers, Belgium: Editions Gérard (Collection Marabout Service, No. 20), 1963.

Several Office de la Langue Française glossaries are listed under BOOKS ON CANADA . . .

Subject Index

This index indicates the chapters which cover particular subjects. If the number of the chapter is followed by *Appr.*, the subject is found in the outside readings recommended in the *Approfondissement* exercise at the end of the chapter. If the number of the chapter is set in italics, the subject is included in the exercises following the chapter rather than in the text of the chapter.

garantie: *X-1*
GATT: *VI-2*
gaz: *VIII-1*, XII-1
General Agreement on Tariffs and Trade: *VI-2*
gérant: *I-1*
gestion: II-1, X-1
gouvernement: *XII-1*
grand livre: *X-2*
grande vitesse: *IV-2*
grandes écoles: *V-2*
Grenoble: *XI-2*
grèves: *VI-1*
grossiste: I-1
G.V.: *IV-2*

Hainaut: XI-2
Hautes Etudes Commerciales: V-2
H.E.C.: V-2
H.L.M.: *III-1*, VIII-2
holding: I-2
horlogerie: *III-2*
hors Bourse: XIV-2
Hors-Cote: *VII-3*
Humanité, L': XIV-3
Hydro-Québec: XII-1
hypothèque: *X-1*

IATA: *IV-2*
Ile-de-France: XII-2
I.L.R.: *III-1*, VIII-2
implantation: II-1, III-1
importation: II-3, IX-1
impôts: I-2 Appr., III-1
indemnité: assurance *IV-3*
industrie: II-2, III-2, III-2 Appr., *VII-2, VIII-2*, XI-2
industriel: II-1
inflation: VI-2
informatique: VII-2 Appr.
ingénieur: V-2
Inspection du Travail: I-2, *V-2*
intermédiaire: I-2 Appr.
International Air Transport Association: *IV-2*
investir: I-1
investissement préalable, déclaration d': *I-1*
IREQ: XII-1

journaux: XIV-3
Jura: XIII-2

La Ciotat: XI-2
Lacq: VIII-1
Languedoc: III-2, XIII-2
La Rochelle: XIII-2
lettre-chéque: *XI-3*

lettres commerciales: Comparison with American letter I-3; importateur-exportateur II-3; chercher un emploi V-3; commandes VIII-3; administration XII-3; réclamation XIII-3
lettre de change: IX-2, *IX-3*
lettre de crédit: IX-2, *IX-3*
lettre de voiture: *IV-2, IV-3*
Lévesque: *XIV-1*
libre-service: *VI-3*
licenciement: *V-2*
lignes régulières: *IV-2*
Lille: III-2, *XI-2*
Limoges: III-2
Limousin: VIII-1, XI-2 Appr.
liquidation: *VII-1, VII-3*
liquidation des biens: IX-2 Appr.
livraison: V-1
livre de paye: *X-2*
livre des inventaires: *X-2*
livre journal: *X-2*
location: I-1
loi 101: XII-1
loi sur le bilan social: *VI-1*
Loire: III-2
Lorient: XIII-2
Lorraine: III-2, III-2 Appr., VII-2, XII-2
lot irrégulier: *XIV-2*
lot régulier: *XIV-2*
LTA: IV-2 Appr., *IV-3*
Lyon: III-2, VIII-2, *XI-2*

magasinage: V-1
magasinier: V-1
magasins généraux: *III-3,* V-1
main-d'oeuvre: III-1, *V-2*, XI-2
mais: XIII-2
mandat: *IX-2*, IX-3, *XI-3*
mandataire: IV-1
manifeste: IV-2 Appr.
manquant: IV-1
manutention: IV-1
Marchais: VI-1, XIV-1
marchandises, bourse des: VII-3
marché à terme: *VII-3*
marché comptant: *VII-3*
Marché Commun: *II-2,* VI-2, VI-2 Appr., XII-2, XII-2 Appr.
marge: XIV-2 Appr.
marge brute: *X-2*
Marignane: XI-2
marque de fabrique: *I-2*
Marseille: VIII-1, VIII-2, *XI-2*

Massif Central: III-2 exer., VIII-1
Matane: XIII-1
m.c.m.: *II-2*
messagerie: *IV-2*
métallurgie: *VII-2*, XI-2, XIII-1
métayage: *XII-2*
Metz: XI-2 Appr.
mieux, au: *VII-1*
Mitterand: XIV-1
Monde, Le: VI-1, *XIV-3*
monnaie de compte: IX-2 Appr.
monnaie fiduciaire: IX-2 Appr.
monnaie métallique: IX-2 Appr.
monnaie scripturale: *IX-2*, IX-2 Appr.
monopole d'Etat: I-2 Appr.
montants compensatoires monétaires: *II-2*
Montréal: XIII-1

Nancy: XI-2 Appr.
Nantes: XI-2 Appr.
nantissement: *X-1*
navigation: *IV-2*
Nice: XI-2 Appr.
nom commercial: I-2 Appr.
Nord: III-2 Appr., VII-2, VIII-2, XI-2
Normandie: III-2, VIII-2, XII-2
note: *III-3*
note de crédit: *III-3*
Nouvel Observateur, Le: XIV-3

obligataire: *VII-1*
obligations: *VII-1*
obligations convertibles: *VII-1*
O.C.D.E.: *VI-2*
oeufs: XII-2
offres d'emploi: *V-2*
OPEP: VI-2, *VIII-1*
ordre, à: warrant III-3, voir *cheques* aussi
Organisation de l'Aviation Civile Internationale: IV-2
Organisation et le Coopération et le Développement Economiques: *VI-2*

orge: *XIII-2*

Paris: III-1, VIII-1, VIII-2, *XI-2*
Paris Match: XIV-3
partenaires sociaux: *VI-1*
Parti Conservateur: *XIV-1*
Parti Communiste: *VI-1, XIV-1*
Parti Libéral: *XIV-1*

Grammar Index

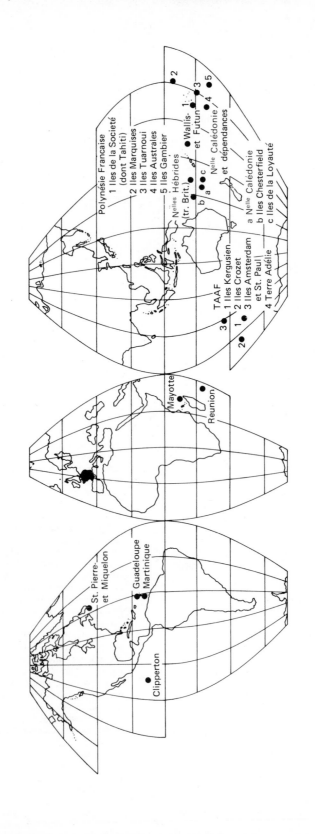

Polynésie Francaise
1 Iles de la Societé
  (dont Tahiti)
2 Iles Marquises
3 Iles Tuarnoui
4 Iles Australes
5 Iles Gambier

N^elles Hébrides
(tr. Brit.)

Wallis- 1
et Futun

N^elle Calédonie
et dépendances

a N^elle Calédonie
b Iles Chesterfield
c Iles de la Loyauté

TAAF
1 Iles Kergusien
2 Iles Crozet
3 Iles Amsterdam
  et St. Paul
4 Terre Adélie

Mayotte

Reunion

St. Pierre
et Miquelon

Guadeloupe
Martinique

Clipperton